就业、利息和货币通论

〔英〕凯恩斯◎著　辛怡◎译

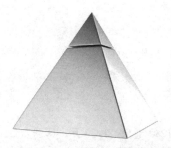

The General Theory of Employment,
Interest and Money

中国华侨出版社

·北京·

图书在版编目（CIP）数据

就业、利息和货币通论／（英）凯恩斯著；辛怡译.
—北京：中国华侨出版社，2017.10（2025.2 重印）
ISBN 978-7-5113-7052-5

Ⅰ.①就…　Ⅱ.①凯…　②辛…　Ⅲ.①凯恩斯主义
Ⅳ.①F091.348

中国版本图书馆 CIP 数据核字（2017）第 226110 号

就业、利息和货币通论

著　　者：〔英〕凯恩斯
译　　者：辛　怡
策划编辑：周耿茜
责任编辑：高文喆　桑梦娟
责任校对：吕栋梁
封面设计：胡椒设计
经　　销：新华书店
开　　本：880 毫米×1230 毫米　1/32 开　印张：11　字数：264 千字
印　　刷：三河市华润印刷有限公司
版　　次：2017 年 10 月第 1 版
印　　次：2025 年 2 月第 13 次印刷
书　　号：ISBN 978-7-5113-7052-5
定　　价：42.00 元

中国华侨出版社　北京市朝阳区西坝河东里 77 号楼底商 5 号　邮编：100028
发行部：(010) 64443051　　传　真：(010) 64439708

如果发现印装质量问题，影响阅读，请与印刷厂联系调换。

原序

  本书主要是写给我的同行经济学家的，当然，我期待其他人也能看明白。本书旨在探讨很多理论上的难题，至于如何在实践中加以运用倒是其次。原因是，假如正统经济学存在谬误的话，那一定是因为其前提比较模糊，过于狭隘，不是因为其上层建筑有问题——从逻辑上来说，上层建筑通常极少遭到责难。为了能让经济学家们重新从批判的角度对个中最基础的若干假定进行考量，我必须使用非常抽象的论据，必须多次进行辩驳。我希望后者能尽可能少。可是我认为，我不仅需要对自己的观点进行说明，还需要指出我的观点和同行理念相悖的地方。在那些与"经典学派理论"有着深厚渊源的人看来，我的观点若不是全部错误，就是全都缺乏创新。这其中的是是非非只能交由他人来评判了。以下驳斥的部分，就是为了给别人的评判提供相关资料。为了区分开不同的观点，我的驳斥难免会比较犀利，如果出现这种情况，还请大家谅解。我现在所驳斥的理论，我也曾经深信许久，我想我不会把它的优点忽视掉的。

  我们所争论的对象可以说非常重要。可是，假如我的解释没错，那么我必须先让我的同行经济学家信服我的观点，之后再去说服群众。现阶段，尽管我们也欢迎群众加入论战，可是他们只能作为旁听者清晰地提出经济学家之间观点的不同点。这种不同点，导致现阶段的经济理论在实际生活中根本发挥不了任何作用，这种不同点存在一日，那么其在现实生活中就一日不能发挥作用。

这本书和五年前出版的《货币论》之间是什么样的关系，也许我本人要清楚一些。我觉得只是长久以来思考的演变而已，而读者却会觉得我的看法可能发生了变化，让人觉得混乱。我将术语改换之后，这种疑惑依旧十分严重。在下文中我将对那些必须要更改的术语一一指出。两本书之间的关联，简单的陈述如下：在我开始对《货币论》进行撰写的时候，我依循的还是货币并不属于供求通论范畴的传统理论。当这本书创作完成时，我已经进步了不少，认为货币理论为社会总产量论更合适。但是那个时候受先入为主的束缚，想要摆脱过去理论的深刻影响真的很困难，因此便没有对因为产量的改变而引发的诸多后果进行充分的探讨。现在觉得，这是此书理论部分（也就是第三、第四两编）最明显的不足之处。这本书中所提到的"基本公式"其实不过是瞬间的图景，必须以一定产量为前提才能得到。以这种假设为基础，那些公式试图说明：为什么导致利润失衡的诸多因素会出现，为什么必须让产量发生改变。但是，因为和刹那的图像有区别，动态的发展反倒出现了残缺，异常不清晰。与之相反的是，本书以导致总产量与总就业量改变的因素为主要研究对象；另外，尽管在经济结构中，货币所处的地位一直十分关键且与众不同，但本书对其技术方面的细节却还是做了忽略，不做论述。货币经济的特征就是，当处于货币经济体系中的人对未来的看法发生改变的时候，无论是就业方向还是就业数量都会受到一定影响。尽管现在的经济行为也经常被人们对未来的已经改变的想法影响，且想法也经常发生改变，但我们对当下经济行为进行分析时所采用的方法却仍基于供求之间的交互反应。由是，分析法与价值论之间的衔接顺利完成，我们也得出一个普遍的理论：我们所熟知的经典学派的理论，在这普遍的论述中只是一个与众不同的例子。

作者必须另辟蹊径，才能创作这样一本书。为了避免出现太多的错误，作者参考了他人的很多评论和指正。假如一个人潜心钻研，那么就算再荒谬的事，也会短时间内深以为然。所有的社会科学都如此，经济学更是如此，因为一般说来在做具有决定意义的试验时，我们不能以一个人的思想为准，也不能单纯地以逻辑的方法或者现实的方法为准。撰写本书时，卡恩先生给了我许多建议与批评性的意见，和撰写《货币论》时相比，也许还要更多一些，根据他的建议，我对书中的很多观点进行了修正。另外，罗宾逊夫人、郝特雷先生和哈罗德先生也曾阅读过本书的全稿，并为之进行了校对，我从中获益良多。而本书最后的索引则是剑桥皇家学院的本苏珊·布特先生编写的。

撰写本书于我而言就是一段漫长的挣扎之旅，一个摆脱传统理论与思想的漫长过程。假如我的努力没有白费，那么绝大多数的读者在阅读这本书的时候一定会有相同的感触。尽管本书采用了极复杂的方式对书中所含思想进行表述，但实际上它是极简单的，所有的人都应该知晓。我们中绝大部分的人都受过传统思想的熏陶，传统思想已经深深地铭刻于我们心中。因此真正的困难并不在新思想本身，而在于怎样脱离传统思想的桎梏。

凯恩斯

1935 年 12 月 13 日

目录

第一编
引论

第一章
正名

本书的名字叫"就业、利息和货币通论",重点在一个"通"字。之所以取这个名字,就是为了对比我和经典学派①在同类问题上的观点和结论。理论层面也好,政策方面也好,统治阶级和学术界的经济思想已由经典学派掌控了一百多年,我也成长于这种传统思想中。接下来,我会说明:只有在一种特殊情况下,经典学派的存在才是合理的,经典学派所假设的场景,是各种也许会出现的均衡位置的极限点,而且,这种特殊情况的属性在现实经济社会中恰好是找不到的。最后的结局只能是现实和理论不相符,运用到实践中也会极其糟糕。

---

① 经典学派这个名词来源于马克思,用来涵盖李嘉图、杰姆斯·穆勒和他们之前的经济学家。经典学派经济学是由李嘉图集大成的经济学。可是我一直都用的"经典学派"这个词,也把李嘉图的后来者包括进去了,也就是那些认同李嘉图经济学并继续推广的人,像约翰·斯图亚特·穆勒、马歇尔、艾其伟斯,还有皮古教授,我这种用法,也许犯了文法错误。

第二章
经典学派的基本假设

大部分对价值和生产进行讨论的作品，主要探讨的有这样两个问题：（一）怎样把定量（given volume）资源更好地派上用场；（二）假设雇用的资源刚好为这个量，怎样决定各资源的相对回报和产品的相对价值。[①]

可用（available）资源有多少，像有多少就业人口，自然资源是否丰富，资本设备怎样，通常只是简单说明。而在这个可用数量中，到底有多少实际就业的人口，什么力量起到了决定性作用，则鲜少仔细阐述。如果说根本没有研究过这种理论，当然也是不符合实际的。因为有很多人都探讨过就业量的变化，而只要对就业变化进行探讨，就一定会提及这种理论。我并不是说人们忽视了这一问题，而是说，人们一向觉得有关这个问题的基本理论太明显，太不值一提了，顶多就是一笔带过。

[①] 这个传统是李嘉图留下来的。李嘉图明确地表示过，对于国民所得的数量——和国民所得之分配不同——问题，一点兴趣也没有。他这样做，也确实称得上有自知之明。其后起者没有察觉到，依然用经典学派理论来对财富的本源问题进行探讨。

I

乍一看上去，经典学派的就业理论简单明了，实际上却有两大基本前提，可是却几乎找不到任何对于这两个前提本身的探讨。这两个前提是：

Ⅰ. 工资和劳力的边际产物相等。

也就是说，一个就业人员所获得的报酬，就相当于减少一个就业人员所引起的价值上的净损失。所谓净者，也就是因为产量降低而带来的其他成本开支的减少。假如市场的竞争不充分，那么根据这一原则，工资和劳力的边际产物就不相等。

Ⅱ. 当就业量一定时，工资的效用和该就业量的边际负效用相等。

也就是说，每个就业人员实际所获得的报酬，根据就业人员自身的预测，就足够让实际工作于此的人口数持续工作下去。就好像在第一个前提条件下，如果竞争不充分，就会出现例外情况，同样的道理，假如可就业人员都聚集在一起，那么第二个等式也不一定在所有劳工身上都通用。这里所说的负效用，是指基于各种理由，造成个人或团体宁愿放弃工作，也不想从事低于某种最低效用的工资的工作。

第二前提和"摩擦性"失业之间并没有矛盾。因为在现实生活中运用这个前提时，必须要把所有的不完美都考虑进去，所以连续的充分就业是不可能的。比如说，或因为预估失误，或因为需求不连续，导致不同专门性的资源的相对数量短时间内失衡。抑或因为一些未曾预料到的变化，导致出现一些时间上的中断，或因为从某一种职业改换到其他职业中去，中间也要等待一定的时间，所以，在动态的社会中，总有一部分资源在改换职业的过程中出现短暂的失业，以上种种都会造成失业。不仅存在"摩擦性"失业这一说，还有"自愿性"失业一说，它也和第二前提之间没有矛盾。这里所说的"自愿性"失业，是因为立法、社会风俗、适应滞后、集体讨论、固执己见等多种关系，工人不接受或难以接受其劳动报酬为其边际生产力的产物价值，导致失业的出现。可是"摩擦性"和"自愿性"这两个范畴，已经把所有失业都涵盖进去了。在经典学派的前提下，第三范畴是不可能出现的，也就是我下面会说到的"不自愿性"失业。经典学派把这两个作为前提，来对就业资源量进行决定，上面已经论述了其特殊情况和修订的地方。第一前提会生成就业的需求表格，第二前提会生成就业的供应表格，就业数量就由这一点来决定，那就是边际生产物的效用和边际就业的负效用正好相等。

由此我们可以得出，要想增加就业人口的数量，就必须采用以下四种方法：

首先，对机构进行改革，提高远见卓识，以把"摩擦性"失业减少。

其次，把劳力的边际负效用减少，以让"自愿性"失业数量减少，前者的表示方法可以是多增加一个雇用人员所必须给付的真实工资。

再次，提高工资品（wage-goods）工业中劳力的边际生产力（用实物计算）。"工资品"这个名词是由皮古教授所创的，使用起来很是方便。货币工资的效用，则取决于工资品的价格。

最后，在价格的上涨幅度方面，让非工资品比工资品要高，再让非工资劳动者的支出不再停留在工资品上，而是转移到非工资品上。

据我所知，上面所论述的就是皮古教授所著《失业论》一书中的主旨——这本书是现在仅有的对经典学派就业理论进行详细说明的书。

II

经典学派的这两种失业范畴，可以把所有失业现象都概括进去吗？其实，总存在那么一部分人，他们愿意接受现有的工资，却找不到工作。通常情况下，只要有这方面的需求，在现有的工资水平下，工作人数是会增加的。经典学派觉得他们和第二前提之间是没有矛盾的。原因如下：在现行货币工资水平下，虽然劳力的数量当然有可能供大于求，可是之所以会出现这种情况，是因为劳工间有公开的约定或形成某种默契，拒绝从事工资低的工作。只要劳工们愿意把货币工资水平下降一点，自然就会增加就业量。所以这种失业，表面上看好像是"不自愿性"，事实上并不是这样，应该把它归到因为集体议价等原因所造成的"自愿"失业的范畴中。

这让我开始了两方面的观察：第一方面涉及劳工对实际工资和货币工资的真实态度，从理论上来说无关紧要，而第二方面则重要得多。

我们先假设：对于货币工资更低的工作，劳工的确不想接受，现行货币工资下降时，的确会出现罢工等现象，让一部分正在工作的人员从劳工市场中退出来，可是我们是不是可以从中得出结论，说如今的实际工资率真的准确评价了劳力负效用呢？那可说不准。因为，把现有货币工资降低，当然会使得一部分劳工从劳工市场退出去，可是假定因为提高了工资品价格，导致现有的货币工资能买到的工资品要少于以前时，却也许不会出现同样的现象。也就是说，可能在某种范围内，劳工所需要满足的只是一个最低水平的货币工资，而不是一个最低水平的现实工资。经典学派一直私底下假设，这点不会多么明显地影响他们的理论，实际上却不是这样。因为，假如劳力的供给函数并不只有现实工资这一自变量，那么他们的论证就彻底崩塌了，实际就业量会处于不断的变化中。经典学派好像并没有充分意识到：只有当劳力的供应只是现实工资的函数时，他们的劳力供给曲线才会因为价格的变化而变化。所以他们的方法和他们的特殊假设自成一体，对于普遍情况来说，是不适用的。

从平常的经验中，我们也可以得出这样的结论：在某种限度以内，劳动所需要满足的只是货币工资，而不是现实工资，在这样的情况下，远远不只是一种可能的情况，而是一种普遍的情况。尽管工人时常对货币工资的降低提出反抗，可是他们并没有在每次工资品价格上涨时选择罢工。有人说，假如工人只能对货币工资的下降提出抗议，而对现实工资的下降不提出抗议，不管怎么说都是违背常理的。在以后（本章第三节）的章节中，我们会列出充分的缘由，对其进行充分的说明，它并不是像表面看上去那么违背常理，而且还要感谢其多亏是这样。可是不管它是否有违常理，经验告诉我们，工人确实是这样表现的。

　　而且，把产业低迷所出现的失业现象归因于工人不愿意降低货币工资，也明显有违事实。假如说美国 1932 年出现失业现象的原因，是因为劳工们执意不降低货币工资，或一直声称要保持一个比经济结构生产能力可以承受的真实工资率还要高的水平，也不太能让人信服。有时就业量会发生很大的变化，可是劳工的生产力或劳工的最低要求（用实物来表示）却没有明显的改变；相比好转时期，工人在萧条时期也不会坚强一些——根本不是这样，在经济萧条的时期，劳力的物质生产力也不会变差。这些来源于经验的事实已经给出我们第一个理由，让人开始质疑经济学派的分析有没有不妥当的地方。

　　货币工资的改变和现实工资的改变之间到底存在什么关系，对研究结果进行统计，应该会引起人们的兴趣。假如这种改变只发生在一种工业上，那么现实工资的改变和货币工资的改变基本在方向上是一致的。假如改变达到了普通工资标准，那么我们也许就会察觉到，货币工资和现实工资不仅在方向上不一样，而且通常是反着的。现实工资在货币工资上涨时反倒会下降，在货币工资下降时反倒会上涨。原因就是在相当短的时间内，货币工资的下降和现实工资的上涨常关联就业量的下降。二者都有自己关联的原因：就业量下降时，工人愿意接受较低标准的工资水平；当产量下降，而资本设备保持原貌时，劳力的边际生产力会上升，所以就会提高现实工资。

　　假如现在的实际工资的确是一个最低值，如果再低，不管怎样，愿意就业的人数都不可能比现在实际就业的人数多，那么就只会有摩擦性失业，不自愿性失业就不会存在。可是说现实情况就一定是这样，也不太合常理。因为，即便出现工资品价格上升，现实工资下降的情况，相比实际就业的人数，愿意接受现行货币工资的人在数量上还是占优势。假如这是事实，那么，现行货币工资能够买到的工资品在考核劳力的边际负效用时就不太精准，所以第二前提被推翻了。

可是还存在一个更为基本的不同观点。经典学派的第二前提来源于这样的理念：真实工资是由劳资双方的工资议价来决定的。他们没有否认，事实上只是对货币工资进行商议，而且劳方愿意接受的真实工资率，也关系到当时货币工资水平的高低。可是他们觉得，货币工资由劳资议价来决定，而真实工资又由货币工资来决定。所以他们觉得，只要劳力愿意降低货币工资，那么相应地，真实工资也会下降。得出真实工资通常等于劳力的边际负效用这个结论时，有一个很明显的前提，那就是可接受并且愿意为之工作的真实工资率可由劳工自己做主，尽管在这个工资水平下，他们无法决定会有多少人就业。

总的来说，以往的观点都觉得真实工资由劳资双方的工资议价来决定。因此，但凡雇主间存在自由竞争，劳工间没有成立种种限制性的组合，那么只要劳工们愿意，他们总能让真实工资率和在这个工资下雇主愿意雇用的人数的边际负效用相等。否则就没有充分的理由来说明真实工资和劳力的边际负效用是趋向于一致的。

我们不能忽视的一点是，经典学派的结论是要具有普遍的适用性的，并不只是适用于假如一个人愿意接受其他人不愿意接受的工资减少，那么这个人就可以实现就业。他们又觉得他们的结论运用到闭关经济体系（closed system）或国际经济体系中的一个也是适用的，而其之所以对于后者也适用，并不是因为后者具有很多特点，也不是因为当一国削减它的货币工资时，将会对其对外贸易所产生的影响。这些当然不属于本书的研究范畴。他们的结论也不是建立在当货币工资总支出（total wage bill）下降时，银行制度和信用状况会发生某种反应，进而造成很多间接影响的基础上的。在第十九章中，这些问题会被拿出来具体分析。他们的结论只是以下列思想理念为基础：在一个封闭的经济中，当货币工资的普通标准下降时，那么最起码短时间内，肯定会出现很多（尽管不一定成同比例）真实工资下降的现象。这中间也许会出现特殊的情况，可是特殊情况并不重要。

认为真实工资的普通标准是由劳资双方的货币工资议价来决定的——这种结论，不可能一眼就看穿其本质，可是一直以来，却鲜少有人对其进行证明或反驳，实在是太让人讶异了。可能是因为这样的假设和经典学派一般的论点也是不相融的。经典学派告诉我们，价格取决于边际直接成本（marginal prime cost），而边际直接成本又很大程度上由货币工资来决定。则当货币工资下降时，在我们看来，经典学派就会发表这样的论点：价格所发生的变化差不多会是同比例的，而使得真实工资和就业水平基本上不变。假如会给劳工带来什么利弊的话，原因就是边际成本中有很多因素还是不变的，致使劳工蒙受损失或获得利益①。经典学派没有按照这个思路一直探究下去，原因有二，一是他们始终相信，劳工的实际工资率可由自己做主；二是

_____

① 我觉得这种说法是有一定的真实性的，尽管当货币工资变化时，其产生的所有后果，比这个要复杂多了。参阅下文第十九章。

他们存在一个偏见，觉得物价是由货币数量来决定的。而且，如果劳工的实际工资率可由自己做主的假设成立，那么就会和另一个真命题相混淆，导致出现真真假假的局面。这个命题就是：劳工们在什么样的实际工资率以下可以实现充分就业（full employment），是由劳工们自己决定的。这里所说的充分就业者，是指在某个特定真实工资率之下，可以实现的最大就业量。

归纳起来，我们会对经典学派的第二前提提出两个不同观点。第一个是有关劳工的实际行为的。通常情况下，当物价上升，而货币工资维持原状，从而导致实际工资下降时，现行货币工资下的劳力供应量不会比物价未上升前的真实就业量低。持肯定论调的，就是在说：在现行货币工资下有工作的意向，可实际上并没有工作的人们，只要生活费用略微上涨，就不会再有工作的意愿。可是这个奇怪的假设，却好像在皮古教授《失业论》全书中都可以找到，而且得到所有正统学派的支持。

另一个更基本的驳斥，在以后的数章中还会反复出现。这个不同观点就是，对于经典学派关于假设工资议价由实际工资的普通标准来决定的前提，我们表示质疑。经典学派进行这样的假设，实际上错得很离谱。原因是，所有劳工可能在让货币工资的普通标准能够得到的工资品，和当前就业量的边际负效用一致上是无能为力的，所有劳工可能在通过工资议价时更改货币工资，进而让实际工资率下降到某特定水准上是无路可走的。我们的论点是这样的。下面我们会提出，决定实际工资的普通标准的，主要是一些其他的力量。搞明白这个问题，将是本书的一个主题。我们将解释清楚，我们对于如何使用现实中的经济制度，一直以来都存在很深的误解。

III

在货币工资方面，个人或团体之间常常争论不休，尽管常被看作是对实际工资的普通水准进行决定，但事实上，争执对象全非如此。因为劳工的流动性是有缺陷的，所以工资和在各个行业工作的净益（net advantage）并不能完全一致，因此那些愿意让自己的货币工资低于别人的个人或团体，其实际工资也会相应下降。这就是为什么他们会对前者进行反抗的原因。相反，当货币的购买力发生变化时，所有劳工都不能幸免，要想抵抗每一次因此所带来的实际工资的下降，是不太可能的。实际上，加以抵抗的只是因此所带来的实际工资的下降到了一个极限值。而且，劳工这种态度（即和局部的相抵抗，在一二工业上是适用的，货币工资的下降），给总就业量上升所带来的障碍，根本比不上抵抗每次实际工资的下降那么严重。

也就是说，在货币工资方面所引发的争论，主要是对怎样把真实工资总额分配到各劳工团体上进行决定，而不是对单个就业人员的平均实际工资进行决定，后者是由另一组力量来决定的，在后面我们会了解。劳工组织只是对其相对实际工资进行保证，对于实际工资的普通标准，则由经济机构中的其他力量来决定。

货币工资的下降，通常不会发生在所有劳工的身上，所以劳工们会提出抗议——尽管现行工资可以买到的实物，还比现在就业量的边际负效用要高；反之，实际工资下降，而相对货币工资维持原貌，可以增加总就业量，所以不会提出抗议——

除非下降的幅度太大，让实际工资比现在就业量的边际负效用还低。从这一点来说，劳工们自己所掌握的经济学，反倒无形中比经典派经济学家所知道的还要丰富。幸亏是这样，对于货币工资的下降，无论下降的幅度多么微乎其微，每个工会都会提出抗议。可是工会不愿意每次当生活费用略微上调时，就让劳动者都退出工作岗位，因此并不像经典学派所批驳的那样，工会会对总就业量的增加带来阻碍。

IV

现在，我们不得不对第三类失业，也就是严格意义的"不自愿"失业给出一个概念。经典学派是否认这种形式的失业的。

很明显，我们所谓的不自愿的失业，并不是指我们具备多种工作能力，可是并没有派上用场。比如说，我们并不会因为一个人每天的工作时间可以是十个小时，而把每天工作八个小时称为失业。我们也不能将一些人宁愿不工作，也拒绝接受比某种限度低的实际工资的情况归入到不自愿失业的范畴。考虑方便性，摩擦性失业也没有被划归到不自愿失业的范畴。于是我们给出这样的概念：假设工资品的价格——相对于货币工资来说——略微上涨时，而在现行货币工资下，劳力总供应量和总需求量都会上升，就称之为不自愿失业。下一章还会给出另外一个概念，可是二者实际上是一样的（参考下文第三章第一节末段）。

根据这个概念，那么第二前提所说的，实际工资和就业的边际负效用相等这句话，就可以理解成：在现实生活中，不可能存在不自愿失业。这样的情况，我们就叫作充分就业。不管是摩擦性失业也好，还是自愿性失业也好，都不悖于"充分"就业。这种理解和经典学派理论的其他特点倒还比较一致。经典学派理论被理解成充分就业情况下的分配论更为合适。经典学派的第二前提只要成立，那么这里的不自愿失业就不会出现。所有失业都可以归为以下原因中的一种：（a）在变换职业的过程中，短时间内没有就业；（b）具有极高的专业化水平，所以需求会不连贯；（c）工会实行排外（closed shop）政策，工会以外的工人不允许就业。经典学派经济学家因为忽视了其理论背后的特殊前提，肯定会形成这样的逻辑结论：所有失业，把以上那些特殊情况排除在外，追根溯源，还是因为失业人员拒绝接受一个和其边际生产力对应的回报造成的。当劳工们不愿意接受货币工资的下降时，一个经典学派经济学家可能会对他们表示怜悯，他也会坦承，为了缓解一时的局面而让工资水平下降或许是不太明智的行为，可是因为他研究学问必须要真实，因此他只能说，工人不接受（货币）工资的下降是失业的根源所在。

　　显而易见，假如经典学派理论只在充分就业的情况下有用，那么在不自愿失业的问题上也使用这种理论，当然会出现很多漏洞。可是，这个问题谁也不能视而不见。经典学派经济学家，刚好和欧氏几何学家生活在非欧世界里很像。当他们从平常的生活经验中觉察到，两条看上去是平行的直线有可能产生交集时，他们就会埋怨直线为什么不好好直走。他们觉得，为了预防两条线发生碰撞，仅有的一个办法就是让直线走直。可是，唯一的补救办法就是将平行公理弃之一旁，创造一个新的非欧几何。如今的经济学也需要被这样变革。我们要否认经典学派的第二前提，承认也许有不自愿失业，而重新创设一套经济体系的行为规则。

V

尽管我们对不同于经典学派的地方进行了重点说明，可是也一定不能忽略一个很关键的共同之处：他们的第一个前提我们还是认可的，并对这个前提进行了修正，也就是经典学派所加的修正。请先停一会儿，对这个前提的含义探讨一下。

这个假定是指：假定组织、设备、技术都维持原样，那么在实际工资和产量之间（也就是实际工资和就业量之间）就存在仅有的一个关系，因此在一般情况下，当就业量上升时，实际工资率肯定会下降。这就是经典学派觉得至关重要的事实，作者也持肯定意见。假定组织、设备和技术都维持原样，那么一单位劳力（a unit of labour）可以获得的实际工资，肯定和就业量之间形成仅有的一种单一的反向的关系。所以，在一段时间内，当就业量上升时，以工资品来计算一单位劳力所获得的回报一般会下降，而利润却会上升。事实上这只是和另一个大家都知道的命题相反的命题：在一段时间内，因为设备一类的东西可以假设维持原状，所以通常情况下，工业会被回报递减规律所掌控，所以当就业量上升时，工业品工业的边际产物必然会下降，可是实际工资由后者来决定，所以实际工资会下降。这个命题只要可以成立，那么不管用什么办法来提升就业量，都会减少边际产物量，假如用这个产物来对工资进行权衡，那么工资水平也会下降。

　　经典学派的第二前提被否定以后，当就业量下降时，劳工得到的工资率（用工资品来计算）自然要高一些，可是就业量之所以减少，却不一定要归咎于劳工对工资率（用工资品来计算）提出了更高的要求。即便劳工们愿意接受更低的货币工资，也不一定能对抗失业。这里关系到工资和就业的关系，在第十九章和附录会对其进行仔细阐述。

VI

　　自萨伊和李嘉图时代以来，经典学派一直都有这样一个观点：供给的需求可以由自己开创（supply creates its own demand）。这句话的意思应该是，所有生产成本最终都会运用到这一产物的购买上，可是他们没有把这句话真正的意思解释清楚。

　　在约翰·斯图亚特·穆勒所著的《政治经济学原理》中，这个学说得到了更清晰的说明：

　　但凡用来购买商品的，都只是商品。所有人都只是用他自己的产品来购买别人的产品。从字面意思来看，所有卖产品的人都一定是买产品的人。因此，如果一国的生产力猛然间增长一倍，那么所有商品的供应量也会增长一倍，人们的购买力也会同时增长一倍。也就是说所有人的供和求都在以往的基础上增长了一倍，所有人的购买量也会增长一倍，因为所有人可以用来购买的东西也增长了一倍。

　　通过这个学说可以推导出这样一个观点：如果有人有能力消费却不消费，那么这种行为肯定会让——而且就是让——劳力和商品，从供给消费中脱身，而去进行投资，生产资本品。
以下引文，来自于马歇尔所著的《国内价值纯理论》，可以对传统的观点进行解释：

个人得到的所有东西，其用途都是购买劳力和商品。我们经常听到这样的说法，某人用掉了他所得到的一部分，还保留了一部分，可是从经济学角度来看，大家都一致认为：他所保留下来的那部分和他用掉的那部分是一模一样的，都是用于购买劳力和商品的。当他把劳力和商品买过来，用于当下的享受，那么我们就用花费来定义它；当他把劳力和商品买过来，用于制造财富，期待这个财富可以带给他将来的享受，那么我们就把它叫作储蓄。

不管是马歇尔的后期著作，还是艾其伟斯或皮古教授的著作，我们都很难在其中找到相似的语句了。这种学说不会再如此粗糙地出现在今日。可是它依然是整个经典学说理论的核心，如果它不存在了，那么整个经典学派理论就会溃不成军。当代经济学家在认可穆勒时也许会犹豫一下，可是他们却全盘接受以穆勒学说为前提的很多结论。拿皮古教授来说吧，在他的大部分著作中，他依然相信，货币的存在与否，除了带来很多摩擦阻力以外，没什么分别。像穆勒一样，经济学可以从实物交换的情形出发，制定生产论和就业论，之后再随便搪塞一下，把货币引进来——经典学派的现代说法就是这样。当代经济思想还是执着于这样一种坚不可摧的理念，觉得人反正要消费，只是消费的方式不一样而已。战后的经济学家中极少有人能一直坚持这个观点，原因有二，一是被反向思潮所影响，二是要归咎于阅历和实践，明显和旧说不一致。① 可是对于因此所带来的后果，他们还不敢全盘接受，因此其基本学说依然维持原样。

在鲁宾逊·克鲁索（Robinson Crusoe）经济体系中，没有交易这回事，个人的所得都是来源于生产活动。他所花掉的或保留的，确实是他自己所生产出来的实物，而且也只有可能是他自己生产的。经典学派将来自于鲁宾逊·克鲁索经济体系中的结论，用错误类比法运用到实际经济体系中。这可能可以用来对谬误进行解释。此外，产品的售价总是可以把其所有成本都予以弥补——这个命题为什么那么容易让人相信，就是因为存在另外一个看上去差不多而且不容置疑的命题，二者难以分辨。这个命题就是：在一种生产活动中，社会所有成员的所得总额，刚好和产物的值一样。

假如一个人可以让自己变富有，而看上去好像不会对他人的利益造成损害，那么就一定会让社会整体财富增加，这又是极其正常的想法，经典学派（见上引马歇尔文句）却通过这个想法得出以下结论：个人进行储蓄，势必带来平行的投资行为。遗憾的是，这个命题和另一个看上去相似又不容置疑的命题混淆在了一起。那个命题是：个人财富增加的净值总和，刚好和社会财富总量的净增量一样。

可是有这种想法的人，都是被错误的观点蒙骗了，将两种完全不一样的活动混淆在一起。他们误以为，在对现在的不消费和准备未来消费进行决定之间，存在一种关联。事实上两者

① 罗宾斯（Robbins）教授倒是很不一样，差不多只有他一个人还一直坚持着前后一致的思想体系。他的现实意见和他的理念是相吻合的。

被取决的动机是完全不一样的。

和几何学的"平行公理"相类似的，可以在经典学派经济理论中找到的是：总产量的需求价格刚好和供应价格相等。认可这一点，其他一套，像节俭论（觉得节俭是高尚的品质，会对社会带来好处）、利率论、失业论、货币数量说、国际贸易论（觉得放任自由只有好处没有坏处）等，都跟着来了。我们都会在后面对这些提出质疑。

<h2 style="text-align:center">VII</h2>

在这一章的各个小节，我们不断提出，经典学派理论有这样三个假定：

（一）实际工资和现行就业量的边际负效用相等；

（二）从严格意义上来说，不自愿失业并不存在；

（三）供给会自主创造需求，也就是说，不管产量和就业量处于什么样的水平，总需求价格和总供给价格都是相等的。

上面三个假定，实际上是合为一体的。三者共存亡，从逻辑上来说，不管哪一个都会把剩下两个包括进去。

第三章
有效需求原则

I

有几个名词，我们要先借用一下，至于其准确的定义，留待以后再说。假设技术、资源和成本都固定，那么当一个雇主把一定量的劳工雇用为其所用时，他就会产生两个方面的支出：首先是他在生产原素（不涵盖其他雇主）方面所支出的，用来得到当前（current）的劳动者，这一方面的支出就叫作该就业量的原素成本（factor cost）；另一方面是给其他雇主支付的，用来把他的产品买过来所付出的成本，还有机器设备上所产生的损耗，这方面的支出叫作该就业量的使用者成本（user cost）。这样所得到的产值高出原素成本和使用者成本的部分，就叫作利润。利润归雇主所得（income）。所谓原素成本，是站在雇主的角度来说的。当然，从原素的角度来看，原素成本就是他们的所得。所以原素成本和雇主利润合起来就是雇主雇用一定量的劳工以后所产生的总所得（total income）。在决定雇用多少劳动量时，雇主的衡量标准就是要得到最大利润。为了阐述方便，我们可以把雇主的观点借用过来，把一定量的就业量所带来的总所得（也就是原素成本加利润），叫作该就业量的收益（proceeds）。在雇主看来，每个劳动者都有一个最低预期收益，假如比这个值还低，那么他就不会雇用这个人为其工作。这个最低预期收益，可以叫作该劳动者所生产的产物的总供给价格（aggregate supply price）。

因此，假设技术、资源和原素成本都是一个固定值，那么每个厂家、每个行业，和社会总体的就业量，都取决于雇主们从相应产量中可以取得的预期收益[①]。雇主们必定会竭尽全力让就业量达到某一水平，高于这个水平时，雇主就可以获得最大利润，也就是说，此时预期收益比原素成本数所高出的值是最大的。

假设 Z 代表雇用 N 人所生产的产品的总供给价格，那么 Z 和 N 的关系，可写作 $Z = \Phi(N)$，叫作总供给函数（Aggregate Supply Function）[②]。一样的道理，假设 D 代表雇主们雇用 N 个劳动力可以取得的预期收益，那么 D 和 N 之间的关系，可写作 $D = f(N)$，叫作总需求函数（Aggregate Demand Function）。

现在假设 N 等于某个特定值，预期收益比总供给价格要大，也就是说 D 比 Z 要大，这时，雇主们见利润可观，一定会增加更多的劳动力，当情况需要时还会把价格抬高，在生产原素方

---

① 当雇主对其生产规模进行考量时，对于某特定产量的售价，假想预期是有多个的，每个都有不同的确定性，我这里所说的雇主的售价预期，是指假如这种预期不包括任何不确定的成分，那么因此所产生的行为，刚好和该雇主在实际预期情形——也就是一堆广泛的、程序不一致的可能性——下所作决定，完全一样。

② 在第二十章中，有一个函数和它密切相关，我们把它叫作就业函数。

面展开竞争，一直到 N 所决定的 Z 和 D 平衡以后结束。所以，就业量就取决于总需求函数和总供给函数相交的这个点，因为在这一点，雇主们会取得最大的预期利润。在总需求函数和总供给函数相交的那个点，D 值就是有效需求（effective demand），就业通论的主旨就在于此。下面各章，基本上都用于讨论这两个函数由哪些因素所决定。

反过来说，经典学派所说的"供给的需求会由自己创造"这句概括性的话，事实上对这两个函数之间的关系给出了一个特定的前提。因为，"供给的需求由自己创造"这句话，必然是想表达这样的意思：不管 N 值是多少，也就是说不管产量和就业量处于何种水平，f(N) 和 Φ(N) 的值是一样的。所以当 Z 上升，Z[=Φ(N)]上升时，D[=f(N)]也一定会和 Z 一样上升。也就是说，经典学派有这样的假设前提：总需求价格（或收益）和总供给价格通常是相匹配的，所以不管 N 值是多少，收益 D 和总供给价格 Z 都是一样的。这就告诉我们，所谓有效需求，其均衡值并不仅有一个，而是有无限个，每个值都有可能达到相同的目的，所以当就业量处于变化的状态时，它的最高值只有劳动力的边际负效用才能给予。

如果这个结论没错，那么就业量势必会因为雇主间的竞争而达到一个点，这时，总产量（output as a whole）的供给就失去了弹性，也就是当有效需求继续上升时，产量也保持不变。很显然，这就是充分就业。在前面的章节中，我们着眼于劳工，定义了充分就业。我们现在达到了另外一个等值（equivalent）标准：所谓充分就业者，也就是当持续增加劳力产物的有效需求时，总就业量保持不变。所以萨伊定律所说的，不管产量在一个什么样的水平，总产量的总需求价格都和总供给价格相等，事实上就是说，充分就业不会受到任何社会力量的干扰。可是，假如有关总供需函数没有这样一条真正的定律，那么经济学就确实欠缺了一个重要章节，所有讨论总就业的部分都实属徒劳。

Ⅱ

现在，我们先简单概括一下以后各章节会细致阐述的就业理论，也许会对读者有帮助——尽管有些可能难以理解。所用到的名词，以后还会详细解释。在这个概要中，我们假设货币工资率是固定的，每雇用一个新的劳动力，其他原素成本也维持原状。这些假设只是为了方便叙述，以后可以撤销。这个理论最重要的一个特点，就是不会因为货币工资率等因素的改变而受到影响。

这个理论可以这样简单阐述出来。当就业量上升时，总的实际所得也上升了。可是社会心理却通常是这样的：总的实际所得上升时，总的消费量也跟着上升了，不过比不上所得上升的幅度。所以，整个就业上升量都用于对消费需求的上升量进行满足了，那么雇主们就会亏损。因此，想要维持某个特定就业量，那么，目前（current）投资量肯定足够把这个就业量下，总产量比社会消费量大的部分吸引过来。因为如果投资量比这个量小，那么雇主们的收入就难以把相应的就业量吸引过来。所以，假设社会的消费倾向（propensity to consume）是固定的，那么就业量的平均水平就由目前的投资量来决定，所谓平均水平，也就是说达到这个水平时，雇主们既不想再扩大规模，也不想减少雇用人数。目前投资量则由投资引诱（inducement to invest）来决定，投资引诱则由两组势力间的相互关系来决定，这两组关系就是资本的边际效率表和各种不同期限、不同风险的贷款利率。

因此假定消费倾向和新投资量维持原状，那么和平均相符的就只有一个就业水平，在任何其他标准下，总产量的总供给价格都和总需求价格不一致。这个平均水平不能比充分就业大，也就是说实际工资不能比劳力的边际负效用小。可是通常情况下，我们不能底气十足地说，我希望这个平均水平和充分就业相等。和充分就业相一致的有效需求，确实只是一种特殊情况，只有当消费倾向和投资引诱之间存在一种特殊关系时，才能达到。经典学派就是把这种特殊关系的存在作为前提条件。从某种意义上来说，这种特殊关系就是最适度（optimun）关系，这种关系只有可能因为机缘巧合或特意安排，在目前投资量正好和充分就业前提下，总产量的总供给价格和社会消费量之差相等时才存在。

这一理论可以概括为如下几个命题：

（一）假设技术、资源和成本三种情况维持原状，那么所得（货币所得和实际所得）就由就业量 N 来决定。

（二）一个社会所得和这个社会的消费量（后者用 D_1 表示）之间的关系，由社会的心理特点来决定。这种关系可以叫作消费倾向。换句话说，假设消费倾向维持原状，那么消费量就由总所得量来决定，也就是说取决于总就业量 N。

（三）雇主们打算雇用的劳工数 N，取决于二者之和（D），也就是能够提前预测到的社会消费量 D_1 和可以提前预测到的社

会的新投资量 D_2。D 就是上面所说的有效需求。

（四）因为 $D_1 + D_2 = D = \Phi(N)$，其中 Φ 代表总供给函数，又因为从上面的（二），D_1 是 N 的函数，可表示成 $x(N)$，x 由消费倾向来决定，所以有 $\Phi(N) - x(N) = D_2$。

（五）所以，平均就业量就由（i）总供给函数 Φ、（ii）消费倾向 x 和（iii）投资量 D_2 来决定，这就是就业通论的关键之处。

（六）工资品工业中劳力的边际生产力和 N 成反比关系，而实际工资率又取决于前者，所以（五）要受到下列约束：当实际工资率减少到等于劳力的边际负效用时，N 就达到了最大值。所以不是 D 取任何值货币工资都可以维持原样的，所以要想概览整个就业理论，假设货币工资率不变这个前提就不能成立。

（七）根据经典学派理论，不管 N 是多少，D 都等于 Φ(N)，所以只要 N 比其最大值小，就业量就处于中立均衡状态（neutral equilibrium）。而雇主们之间的竞争，必然会让 N 达到最大值。经典学派觉得这一点才是稳定（stable）均衡点。

（八）当就业量上升时，D_1 会上升，可是比不上 D 上升的幅度大。因为当我们的收入上升时，消费量也会跟着上升，可是消费量的上升肯定比收入的上升幅度要小，要想对实际问题进行解决，就必须从这个心理法则出发。通过这个法则，我们就可以得出，就业量越大，Z（相应产量的总供给价格）和 D_1（雇主们预期能从消费者身上回收的部分）之间就会形成更大的差距。如果消费倾向维持原状，那么就业量就只会在一种情况下上升，那就是 D_2 持续上升，把 Z 和 D_1 之间逐渐拉大的差距填补了。所以，假如真的像经典学派所假设的那样，当就业量上升时，D_2 总会在很多力量的推动下上升，可以把 Z 和 D_1 之间逐渐拉大的差距填补了，要不然也许 N 还没有达到充分就业的水平，经济体系已实现了稳定均衡，N 的实际水平则取决于总需求函数和总供给函数相交的那个点。

因此劳力的边际负效用（拿实际工资来考量）并不会对就业量起决定性作用，在某特定实际工资率之下也许会出现的劳力供给量只对就业量的最高水平发挥决定性作用。消费倾向和新投资量二者才对就业量起到决定性作用，就业量又对实际工资水平起到决定性作用——顺序并不是反过来的。假设消费倾向和新投资量所产生的有效需求不够，那么真实就业量将比现行真实工资率之下也许会出现的劳力供给量要小，而平均真实工资率将比均衡就业量的边际负效用要大。

这种研究，可以对可富可不富（poverty in the midst of plenty）这种相互冲突的现象进行解释。因为只要有效需求有所欠缺，那么就业量在充分就业水平还没有实现前就停止增加了，而且这种情况还很常见。有效需求的欠缺经常会给生产带来阻碍——尽管劳力的边际产物还比就业量的边际负效用要大。

而且，社会的财富程度越高，其真实产量和可能产量之间就会出现越大的差距，经济制度的不足之处就会暴露得越发明显，而让人愤怒。一个财富不足的社会，通常把大部分产品都用于消费，所以只要投资很少一部分就可以实现充分就业。相反，在一个拥有很多财富的社会中，假设想让富人的储蓄倾向和穷人的就业机会之间不发生矛盾，那么投资机会一定要比财富不足的社会多得多才行。假如在极有可能走向富裕的社会中，投资吸引力很小，那么尽管这个社会具有很大的富裕可能，可是有效需求原则肯定会强制性让其实际产量减少，直到这个社会抵达一种财富不足的程度，让其实际产量比消费量大的部分刚好和其极少的投资吸引力相对应。

可是还有比这不幸的情况。在一个社会财富足够多的社会中，不仅边际消费倾向较差，而且因为其已具有很大的资本累积量，所以只有当利率能够快速下跌，才能具有足够的投资吸引力。这里就说到了利息论，还有利率为什么不能主动下降到一个合适的水平。这些留到第四编再进行探讨。

所以我们如今所掌握的知识中的三大不足之处，就是对消费倾向的研究、资本的边际效率的定义，还有利率论，这些一定要加以完善。做好这步以后，也就确立了价格论的地位——价格论只是我们通论上的附属品。我们会察觉到，货币在利率论上占有举足轻重的地位。我们会想办法搞明白，货币和其他物品不一样的特点是什么。

III

李嘉图经济学中的基本观念——总需求函数完全可以放到一边。一百多年以来，我们所学到的经济学的基础都是这个理念。李嘉图觉得有效需求不可能会欠缺，马尔萨斯尽管曾经激烈反对过，可是毫无意义，因为后者只能从平常生活中的发现来予以说明，而不能更加详细地解释：为什么，怎么样，有效需求会欠缺或过剩，他不能由此把另一个学说提出来。李嘉图让英国彻底臣服在他的脚下，就好像异教裁判所（Inquisition）让西班牙臣服在它的脚下一样。不仅金融领域、政治领域和学术领域都接受了他的观点，而且争论到此结束，其他的观点都从此消失不见，没有人再提及。马尔萨斯没有解决的这个大难题，从此没有再出现在经济文献中。在马歇尔、艾其伟斯和皮古教授手中，经典学派理论已经发展到了鼎盛时代，可是在三氏著作中，竟只字未提有效需求。

有效需求这个定义，只能悄悄出现在卡尔·马克思、西尔维·盖塞尔（Silvio Gesell）或道格拉斯（Douglas）少校这些人中。

李嘉图为什么会获得这样惊人的成功，一直都让人费解。也许是因为这个学说和当时的社会环境是相匹配的吧。这个学说所得出的结论通常不同于一般人的预期，这（我觉得）反倒让它的学术权威性增加了。这个学说被运用到现实中时，通常很残酷，难以下咽，这倒让人相信这是好药。在这个学说的基础上，可以建立起更博大、逻辑上不会遭人质疑的上层结构，这就让它更美了。通过这个学说，社会上很多有失公允的地方和残忍的地方，都被解释成社会进步中必然会出现的偶然事件，这使得它备受统治者的青睐。这个学说站在资本家自由企业那边，所以统治者背后的社会骨干力量也是支持它的。

尽管直到最近，传统经济学家依然对这个学说矢志不移，可是在科学预测时用这个学习说却非常失败。因此他们的权威性已开始遭到质疑。从马尔萨斯以来，职业经济学家尽管没有采取任何动作，虽然他们已经发现理论和事实是相悖的，可是普通人却发现了，最后的结果就是他们对经济学家不再像对其他科学家那样，抱以如此恭敬的态度，因为后者的理论运用到现实中经常可以得到证实，可是经济学却并非如此。

　　传统的经济学说一直都非常乐观，人们将经济学家看作是甘迪德（Candide）一样的人物，他脱离实际生活，而去把自己的小天地开垦出来，之后告诉别人说，只要听之任之，则所有的一切都存在于最好的世界中，朝最好的方向前进。之所以会出现这种乐观态度，我觉得是因为他们对某一点视而不见，那就是有效需求的欠缺会阻碍经济的发展。假如一个社会的发展就像经典学派所假设的那样，那么这个社会的资源就业量就自然会走向最合适的标准。经典学派理论或许象征着我们对经济体系的希望，可是假如实际经济体系确实像这样发展，那就相当于把我们所要研究的问题都假定成不存在了。

第二编

定义和观念

第四章
单位的选择

I

在本章以及接下来的三个章节中，我们想廓清一些疑问。可是这些疑问和我们目前所研究的问题并没有特殊的关联，因此，这几章是偏离主题的，先让思绪在这些疑问上飞一会儿。我在这里把这些疑问拿出来讨论，原因是我要探讨的问题并不适合用别人的那些解决方法。

在写本书的过程中，我遇到了三个疑问，阻碍了我的工作进度，在这些疑问没有被解决以前，我难以酣畅淋漓地表达我自己的意见。这三个疑问是：首先，怎样对单位进行选择，可以用于解决整个经济体系中的诸多问题；其次，预期在经济分析中的地位要如何确定；最后，所得的概念要如何规定。

II

经济学家惯常用的几个单位常常无法令人满意，可以举（一）国民收入，（二）实际资本的数量（stock）和（三）一般物价水平这三个例子来进行说明：

（一）国民收入（ National Dividend），根据马歇尔和皮古教授所给出的概念，是对本期（current）产量或实际收入进行评定，而不是对本期产量的价值或货币收入进行评定。① 而且国民收入是一个纯粹的概念，必须从本期产品中把原有的资本设备在本期产品的生产过程中所产生的损耗减掉，所得到的差额才是国民收入，才是社会资源的净增量，可以消费掉，也可以保留下来。经济学家想以此为基础，成立一个量的科学。可是，如果这个概念的目的就在于此，那么我们就会遭到强烈的质疑，因为社会所生产出来的物品和劳力并不是一个同源的复杂体（non-homogeneous complex），准确来说，是不可评定的，除非是特殊情况下，比如说所有产品的增加比例是一样的。

（二）如果想把净产量计算出来，或者先把资本设备的净增值评定出来，难度就更大了。因为我们必须先找到一个相同的基础，之后才能对新资本项目和本期内损耗的旧项目二者间的数量进行对比。为了把净国民收入计算出来，皮古教授把可以看作正常的折旧（obsolescence）等减掉。而正常与否，则要视

---

① 国民收入尽管应该把所有实际收入都包含进去，可是出于现实方便的考虑，只把可以用货币购买的物品和劳役包括进去。

这些损耗的发生频率高不高而定，如果不能非常具体地说出来，最起码要说出个大概。可是因为皮古教授的计算单位并不是货币，所减掉的也不是金钱，因此，事实上，他是假定尽管物质没有变，可是物质的量已然发生改变。也就是说，他还是隐性使用了价值改变（changes in value）这一理念。当生产技术发生变革，新的资本设备不同于旧设备时，在对新旧两种设备的价值进行对比时，皮古教授也没有找到一个理想的办法。皮古教授所孜孜以求的概念，我相信从经济分析的角度来说是一个非常科学的概念。可是如果没有用到一组理想的单位，想要精准地定义它确实是天方夜谭。要对比两个实际产量（real output），再用新的资本设备项目把旧的、损耗了的项目抵消掉，从而把净产量计算出来，这确实很让人为难。而且可以实事求是地说，这个难题是无解的。

（三）大家都知道，一般物价水平这个概念的内容比较空洞，而且没办法准确化，所以用在精准的因果分析（causal analysis）上不太合适。

可是这些难题也只是存在于理论上而已，它从来没有影响过工商界进行商业决断，而且和经济事态（economic events）的因果程序（causal sequence）也没有关联。因此我们可以得出这样的结论，这些概念不仅不准确，而且没有必要。很明显，数量分析必须要用数量清晰的概念才行。而且数量分析开始以后，我们就会发现，这些概念只会添乱。

从数量的角度无法进行比较的两堆东西，用来进行数量分析当然是不可取的，可是我们依然可以进行一些大致的统计对比。后者不需要经过准确的计算，只需要大体上没有误差就行。所以在一定限度内，统计比较（statistical comparisons）反倒是有价值的、完备的。净实际产量、一般物价水平等这些东西，最好还是从历史的、统计的角度进行阐述，让历史的、社会的求知欲得以满足。因此，完全准确既没有必要，也不平常。可是因果分析则要求完全准确，我们不管对于有关数量的真实值是否知道得完全精确。说如今的净产量比十年或一年以前要高，可是物价水平却低于十年或一年以前，这句话的性质类似于另一句话，那就是，维多利亚女王从女王的角度来比较，要好过伊丽莎白；如果从女人的角度来看，则不一定比她快乐——这句话是有意义的，也是有趣味的，可是用来进行数量分析却不太合适。如果我们将这些非量的（non-quantitative）、空洞的概念用来进行数量分析，那么我们的准确性就是不靠谱的。

III

我们要牢记这样一点，在每个特殊的情景下，雇主得做出决策：用多大的规模，来把某定量的资本设备运用到位。当我们说，如果雇主预期需求加大（也就是总需求函数提升），那么总产量会上升，其实是说，厂家基于同量资本设备，会雇用更多的劳动力。假如，一个厂家或一个企业所生产的商品只有一种，那么这里所说的产量增减还是有价值的。可是，假如我们把各厂生产活动进行汇总，那么只有用特定资本设备的就业量来进行衡量，我们才能准确地说出来，产量究竟是上升了还是下降了。社会总产量和一般物价水平的概念在这里根本派不上用场，因为我们不需要完全评定当前的总产量，以对如今产量和资本设备、就业量都不一样的情况下的产值进行对比。假如为了方便阐述，或为了大致上做一个比较，我们想把产量增减这种说法派上用场，那么，我们必须凭借以下假设：一特定资本设备上可以就业的人数，确实是因此而生产的产量的良好指数；也就是说，尽管二者之间不成比例，我们依然假设二者同增同减。

因此，在对就业理论进行探讨时，我提议只用两种数量，那就是币值量（quantities of money-value）和就业量。前者是绝对齐性的（homogeneous），后者则可以变为齐性。因为，只要各种劳动层次和劳动种类的回报保持在一个相对稳定的状态，那么为了方便计算就业量，我们可以拿一小时普通劳动力的就业作为单位，而一小时特种劳动力的就业则依据其所得回报的多少加权。比如说，如果一小时特种劳动力所获得的回报是一小时普通劳动力的两倍，那么一小时特种劳动力就计作二单位。对就业量进行评定的单位，我们叫作劳力单位（labour-unit）；一劳力单位所取得的货币工资，叫作工资单位（wage-unit）。假设 E 代表的是工资和报酬支出，W 代表的是工资单位，N 是就业量，那么 $E = N \cdot W$。

每个工人所掌握的特殊技能，以及和各个岗位的匹配度，很明显都是不一样的，可是这个事实还不足以把我们的假设驳倒，也就是说劳力供给是齐性的。因为，假设工人所得到的回报和其效率是成比例的，那么，因为我们在对劳动力供给进行计算时，依据的是其回报，因此我们已经计算了这种效率差。又假设当产量上升时，一个厂家所雇用的劳动力，因为对这个厂的业务还不是太熟悉，所以，雇主付出的一工资单位所得到的工作成效就会慢慢下降。假设出现这种情况，只是让某特定资本设备上所雇用的劳力逐步增加，而资本设备的（边际）产量却逐步下降的众多因素中的一种。也就是说，回报一样、效率不一样这一点劳力不齐性，被我们涵盖在资本设备里，理解成资本设备的性能。所以当产量上升时，我们不认为是劳动力慢慢不太适合采用一个齐性的资本设备，而认为是这一资本设备慢慢不太适合雇用劳动力。所以，假设专业技工已充分就业，所以必须把较次的劳工雇用进来，导致产品的平均劳力成本上升——这种状况会告诉我们：当就业量上升时，这一资本设备的回报下降的速率，要大于有此类劳动力过剩时。假设备劳动力更专业，所以不同劳动力之间无可取代，即使在这种极端的情况下，也没有什么不方便的地方，因为这只是说明，当只适合在某种资本设备上使用的劳动力都用完时，那么这种设备的产品供给弹性就突然变成零，所以，只有当各种劳动力的相对回报极其动荡，假设劳力齐性才会很有难度。就算相对回报极其动荡，我们依然有解决的对策：我们只需要假设劳力供应和总供给函数的形状都会快速发生改变。

我觉得，对整个经济体系的行为进行探讨时，假如我们只用货币和劳力这两个单位，就可以省掉很多麻烦。可是在对一个厂家或一个企业的产量进行个别研究时，就还是采用特种单位对该厂或该企业的产量与设备进行评定比较好。而总产量、资本总量和一般物价水平这些空洞的定义，则需要等到进行历史对比时再用，因为在某种（比较宽）限度内，历史的对比原本就不需要多么准确，只要不出现大的偏差就好了。

由此我们从现有资本设备上的工作时间（无论是用来消费，还是用来生产新资本品）的多少来出发对目前的产量变化进行衡量，技术工人的工时则依其所得报酬加权。我们不需要从量上对比这个产量和由另一级工人、资本设备所生产的另一个产量。我们没必要知道当雇主们拥有一特定设备时，当总需求函

数发生变化时，他们会有什么反应，会有什么样的预测，以及
怎样对比由此所形成的产值、生活水准和一般物价水平，和另
一国或另一时的产值、生活水准和一般物价水平。

IV

不管我们是对一个厂，还是一个行业，抑或整个经济体系
进行探讨，我们都可以将产量放到一边，只用总供给函数和我
们所选择的两个单位，来把供给情况和供给弹性表示出来。比
如说一个厂的总供给函数（一个行业或工业整体的总供给函数
可以以此类推），可以表达为：

$$Z_r = \Phi_r(N_r)$$

其中 Z_r 是预期回报（排除使用者成本）；预期此数足以吸引雇主
雇用 N_r 人。假设就业量和产量的关系可以表示为 $O_r = \Psi_r(N_r)$，
也就是当就业量为 N_r 时，产量为 O_r，那么

$$P = \frac{Z_r + U_r(N_r)}{O_r} = \frac{\Phi_r(N_r) + U_r(N_r)}{\Psi_r(N_r)}$$

也就是我们常说的供给曲线，其中 $U_r(N_r)$ 代表的是，当就业
量为 N 时，雇主预料中的使用者成本。所以假定商品是齐性的
［也就是当 $O_r = \Psi(N_r)$ 有具体意义时］，那我们就可以采用一贯
的方法，预测 $Z_r = \Phi_r(N_r)$；可是这样做也有一个优点：O_r 不
能叠加，因为 ΣO_r 并不是一个数量，可是若干个 N_r 却可以叠
加。而且，假设我们可以提出一个前提：在某一特定环境中，
只有一个方法，可以把一特定总就业量分配到各个行业中去，
也就是 N_r 为 N 的函数，那么问题就变得更简单化了。

第五章
预期和就业

I

无论什么生产，到最后都是为了满足消费者。可是从生产者投入成本开始，一直到最后产品生产出来被消费者买走，中间要经过一段漫长的岁月。经历这段岁月以后，等到消费者可以购买这种产品时，消费者愿意支付的代价会是什么样的，雇主（包括生产者和投资者两类）是不可能知道的，只能竭尽所能进行预测而已。但凡雇主必须经过一段时间的生产才能制造出产品，那么雇主就只能把这个预测当作依据，没有更好的办法。

有关业务决策（business decisions）所依据的预期，我们可以把它分为两类。一部分人和工厂被划分到第一类预期中，而另一部分人则被划分到第二类预期中。第一类预期的是价格，也就是制造者投入生产以后，预测这种产品完成时（finished）可以卖个什么价钱。从制造者的角度来看，一件产品可以发挥作用或可以卖给另一方时，那么这件产品就算完工了。第二类预期的是将来的回报，这种预测值只会在雇主购买（或自己制造）制成品来增加其资本设备时才会计算。前者可以叫作短期预期（short-term expectation），后者可以叫作长期预期（long-term expectation）。

所以在对每日产量订计划时，每个厂的行为是由这个厂的短期预期来决定的，也就是当生产规模不一样时，对产品的成本和售价进行预测。

假设此产品是被他人买去用来增加资本设备的，或卖给中间商（distributors），那么这里所说的短期预期，很大程度上取决于他人的长期（中期）预期。这些预期都会对雇主提供的就业量起到决定性作用。而产品生产和销售的实得（actually realised）情况，如果不能对之后的预期产生影响或修改，就和就业量扯不上关系。又当要对第二日的产量制订计划时，尽管当时的资本设备、半成品和没有完工的原料等等的存量，是根据之前的预测所储备的，但是之前的预期也和第二日的就业量没有关系。因此，雇主每次做决定时，当然要以当时所有的设备和存货作为参考，可是主要还是要根据当时对将来成本和售价的预测值。

假设预期（不管是长期的还是短期的）发生变化，那么依照惯例，这种变化会对就业量产生的影响，必须经过很长一段时间的酝酿才能彻底发挥出来。所以即便预期只发生一次变化，可是预期变化以后每两日的就业量就会不一样。原理是这样的：假设短期预期向逆转的方向变化，那么此预期的变化应该不会太过于激烈，以致雇主会中途停止已经开始的生产——尽管从修订后的预期出发，是不应该开始这些生产过程的。假设短期预期向好的方向发展，那么必须度过一个准备期，就业量才能达到和修订后的预期相符合的水平。假设长期预期向不好的方向发展，那么虽然有些设备不需要再次购进，可是在能够持续工作时，还必须雇用人维持它的运转。假设长期预期往好的方向发展，那么相比资本设备已经和新环境协调的就业量，一开始的就业量兴许还要高一些。

假设一种预期状态已经持续了太长时间，所以这种预期对就业所产生的影响已经完全释放出来（也就是在这个预期状态下，所有应该走上工作岗位的人都走上了工作岗位，所有不应该走上工作岗位的人都离开了工作岗位），那么这种稳定的就业量，可以叫作和这个预期状态相匹配的长期（long-period）就业水平。

由此我们可以知道，就算预期一直处于动态变化中，导致实际就业量从来都没有达到和现行预期状态相对应的长期就业水平的时候，每个预期状态都一定对应有一个具有针对性的长期就业水平。

现在我们假设预期发生变化，改变以后，不会再出现新的变化与之相混淆，那我们想问一下：在这种状况下，达到长期状态要经历一个什么样的过程？先假设新的长期就业水平比旧的要高。那么通常情况下，一开始时受到影响的只有进货（input）速率，也就是说，只有新生产过程中一开始的工作受到影响，而消费品产量和在预期发生变化以前已经开始生产的后期工作，基本上和前面的是一样的。假如一开始就存在半制品，那么上面结论或许要经过调整，可是一开始就业量的增加幅度基本上依然很和缓。随着岁月的流逝，就业量在逐步上升。而且，我们极易在我们的大脑里产生这样的画面：在某阶段上，就业量也许会比新的长期就业水平要高。因为，在建立资本以和新的预期状态相适应的这个过程中，就业量和当前消费量都可以超过长期状态达到以后的水准。所以预期的变化会带来就业量的逐步增加，达到一个巅峰，之后跌至新的长期水准。即便新的长期水平相比旧的并没有变化，可是假设预期发生了变化是因为消费方向变化了，导致现有很多生产过程和资本设备都和当前情境不相符，那么就可能发生类似的情况。又假设新的长期就业量比旧的要小，那么在转折时期，就业量就会比新的长期水平要低。所以，期望这件事情发生转变本身在其往前运行的过程中就会出现一种循环形的波动。在我所著的《货币论》中，当我对因为情况发生变化，使得运用（working）资本和流动资本也发生变化这种情况进行探讨时，我就是对这种波动进行探讨。

尽管像上面所说，实现一个新长期状态的过渡还是比较顺利的，可是却会有很多错综复杂的细节，而且现实过程中还要更复杂一些。那是因为预期状态可以一直处于动态中，一个旧的变化还没有完全发挥其影响力时，一个新的变化已经扑上来了。所以在任何一特定时间，经济机构中都会存在很多之前各种预期状态下的产物。

II

上述讨论的目的是什么，到这里大家就明白了。通过上面的描述，我们明白了，从某种意义上来说，任何时间的就业量不仅由当前的预期状态来决定，也由过去某段时间以内的很多预期状态来决定。尽管这样，过去预期没有充分发挥其影响力者，已在当前的资本设备中定形（embodied），而雇主在制订今日的计划时，一定会以今日的资本设备作为参考，而且，过去的预期只能在今日的资本设备中定形，才会对今日的决定产生影响。因此说今日的就业量，要以今日的资本设备作为参考，取决于今日的预期——这句话还是没错的。

现阶段的长期预期，通常必须清楚地说明白，而短期预期则往往可以忽略不计。因为对短期预期的过程进行修订，实际上是一步步来的、持续不断的，基本上都是以实得结果为依据的，所以预期结果和实得结果之间是互相影响的。产业和就业量当然由生产者的短期预期来决定，而不是由过去的结果来决定，可是最近结果通常起到了决定性作用，可以对这些短期预期进行决定。假设生产过程只要一开始，短期预期都要推翻再来一次，则会过于烦琐，而且也会白白浪费时间，因为大部分情况在一段时间内并没有明显的变化。所以只有生产者具备充分的理由，预料到将来会发生明显的变化，才会认为预期最近实得结果也会有所改变。所以实际上从对就业量产生影响的这一点来说，现阶段产量的预期售价，基本上都是最近过去产量的实际售价。生产者常从实得结果出发，对其预测进行一步步改变，而不是凭空想象。

尽管这样，我们还是要记住这样一点，假设所生产的商品可以长期使用（durability），那么生产者的短期预期可以以投资者当前长期预期为依据，而长期预期有一个特点，也就是不能间隔时间太短，就从实际结果出发进行考核。而且，长期预期会突然被修改，到第十二章讨论长期预期时，我们还会具体对这一点进行探讨。所以现阶段我们必须探讨一下长期预期这个因素，不能用实得结果取而代之。

第六章
所得、储蓄和投资的定义

I

用 A 来代表一个雇主在任何一段时期内，把自己制造出来的产品兜售给消费者或其他雇主所得到的货款。用 A_1 来表示他从其他雇主那里购买若干制成品所支付的代价。一期结束时，他拥有一个资本设备，半制成品（或叫作运用资本）和制成品的存货都包含在其中，用 G 来代表其价值。

$A + G - A_1$ 中，有一部分是雇主原有的资本设备，不属于本期生产活动所产生的结果。因此，为了把本期所得计算出来，必须从 $A + G - A_1$ 中，把上一期过渡过来的资本设备的价值减掉才行。如果我们可以找到一个理想的办法，把这个减数计算出来，那么就可以很好地解决所得的概念问题。

在计算这个减数时，可以用到两个可能的原则，一个关系到生产，一个关系到消费，都具有不同的价值。现在我们就来一一探讨。

（一）在一期结束时，资本设备的实际价值 G 是相悖的两种势力产生的净结果。雇主不仅要从其他雇主手中购进，或自主生产，以对现有的资本设备进行改良，而且资本设备因为要用于生产产品，必须会有折损。即便雇主让其闲置，也依然要投入资金进行改良，假设 B′ 为这笔费用最合适的数量；把这笔费用花出去以后，在本期结束时，资本设备的价值为 G′。这也就是说，假设雇主不在 A 的生产上面使用，那么 G′ − B′ 也许就是上期遗留下来的最大净值。这个最大可能净值，比 G − A$_1$ 高出的部分，也就是

$$(G' - B') - (G - A_1),$$

是对为了生产 A 所付出的价值进行评定，可以叫作 A 的使用者成本（user cost），用 U 代表使用者成本。雇主给其他生产原素支付费用，把劳役者交换过来，叫作 A 的原素成本。从原素的角度来看，原素成本就是原素的所得。用 F 代表原素成本。U 和 F 相加，就叫作产量 A 的直接成本（prime cost）。

现在我们可以定义雇主的收入（income）了。就本期所出售的产品价值把其直接成本减掉，就是雇主的收入。也就是说，雇主的收入，就是通常所说的毛利（gross profit）。毛利取决于生产规模的大小，也就是雇主尽可能要使毛利达到最大。这个定义符合常识。又因为社会其他人员的收入即为雇主的原素成本，因此总收入就是 Σ(A − U)。

这样定义以后，收入就是一个非常清楚的数量。而且，当雇主们对其他生产原素的雇用量作决策时，在预期中，他们会想方设法让其成为最大量者，这样就可以得到收入和原素成本的差额，所以在就业理论上，收入具有因果意义。

当然，G − A$_1$ 有时会比 G′ − B′ 要大，导致使用者成本变成

了负数。比如说，假设我们刚好选取了这样的时期：不断进货，可是产品还没有完工和用于出售；再举一个例子，假设工业的整体程度相当高，大部分资本设备都是由各个厂家自主制造出来的，而投资量又是正数。在上面两种情况下，使用者成本都是负数。而使用者成本要想变成负数，只有当雇主增加资本设备时用的是自己劳工才可以。因此在一个分工合作的社会里，资本设备的制造者和使用者通常是分开来的，我们可以把使用者成本正常地看作正数。而且，我们很难设想，当 A 增加时，边际使用者成本（也就是 $\dfrac{dU}{dA}$）可以不是正数。

这里可以先简单提一下本章接下来要说的内容。拿整个社会来说，一期的总消费（C）就是 $\Sigma(A-A_1)$，总投资（I）就是 $\Sigma(A_1-U)$。而且，如果不计 A_1（从其他雇主那里购进来的东西），那么 U 就是雇主负投资于自己的资本设备，负 U 才是投资。所以假定所有工业都由一个人制造出来，那么 A_1 就是零，消费就和 A 的值相等，投资就和负 U 的值相等，也就是说相当于 $G-(G'-B')$。上面把 A_1 引进来，让情况变得不那么简单的原因，就是想要找出一个更具有普遍性的方法，在工业分布在更多人手上时依然是适用的。

还有，有效需求的概念是，雇主们从现阶段可以提供的就业量出发，预期可以得到的总收入或利益——其他生产原素的收入（也就是雇主的原素成本）也包括在内。总需求函数是对二者之间的关系进行表示：一是各种想象中的就业量，二是从这个想象出发所生产的产品的预期收益。有效需求之所以能成为总需求函数上有效的一点，就是因为假如就业量处于这个水平，那么供给和需求两种状况正好可以让雇主得到最大利润。

有些经济学家刻意忽略了使用者成本，或者假定它是零，那么供给价格就和边际原素成本相等了，所以就得出这一结论：边际收入（或所得）就和边际原素成本相等。运用这组概念对我们有一个好处：假定我们使用和他们一样的假设，也可以得到同样的结论。

（二）现在我们要对上面提到的第二个原则进行讨论。资本设备最初的价值和期末的价值是不一样的。之所以会出现这种变化，一部分原因是雇主自主决定的，目的就是为了得到最大收益，这一部分属于我们上面讨论的内容。可还有一部分却不是雇主愿意的，而是雇主能力以外的原因。比如说，因为市场价值的变化、折旧、时耗（wastage by the passage of time）、战乱、地震等天降灾祸种种原因，资本设备的价值被强行改变。在这个因为外力所造成的损失中，有一部分当然是无可规避的，可并不是难以预料的，比如说时耗和正常折旧，后者就像皮古教授所说，"发生的频率很高，就算不能详细预料到，但最起码可以大致估计一下。"除此以外，社会上经常还会有其他损失出现，因此一般情况下被叫作"可保风险"（insurable risks）。这些预期损失有多大，当然要取决于预期形成于什么时候。让我们先把这件事实放到一边，而称不自愿可并不是不可预料的资本设备的折旧——也就是预期折旧比使用者成本高出的部分——为补充成本（supplementary cost），用 V 表示。我想不用明确指出，这里补充成本的概念和马歇尔所下的定义的不同之处。可是我们两人都想要对直接成本以外的那部分预期折旧进行处理的观念是基本一样的。

在对雇主的净所得、净利润进行计算时，一般必须从其收入和毛利（定义见上）中，把一笔预估的补充成本减掉。因为当雇主思考可以花费或保存的资本时，他已经默默地从毛利中去掉了补充成本。当他以生产者的身份思考这个设备的归属问题时，他最关心的就是直接成本和毛利。可是当他把自己当成一个消费者时，他就会认为补充成本就相当于直接成本。因此在对总净收入的概念进行规定时，会同时减掉补充成本和使用者成本，让总净收入与 $\sum (A - U - V)$ 相等，那么总净收入这个概念不仅符合习惯性用法，而且关系到消费量的多少。

假设资本设备的价值会因为难以预料的市场而发生改变，或因为不正常的折旧损耗而发生改变，或因为天降灾祸而发生改变，那么这种价值的改变不仅不是自愿的，而且通常情况下还是无法预料到的。这种真实发生的损失，就被叫作不虞之失（windfall loss），记入资本账，而不是记到（净）收入账。

净收入如此重要，完全是因为当前的消费量很大程度上取决于 V 的大小，净收入也就是一般情况下所说的可用收入（available income），也就是会对一般人眼下的消费量起决定性作用的准绳。当然，净收入并不是对消费量进行决定的唯一因素，也和资本账上有多少不虞之得或不虞之失有关。可是补充成本和不虞之失的区别在于：补充成本发生变化时对消费所产生的影响和毛利的改变所产生的影响是一样的，因为关系到雇主消费量的，是眼下产量的售价把直接成本和补充成本都减掉以后得到的差额，相反，不虞的得失尽管也会对雇主的消费多少产生影响，可是程度却明显不一样，假设不虞之失和补充成本的数量一样，那么不虞之失所产生的影响就要小一些。

现在我们再来讨论如何划分补充成本和不虞之失，也就是说，不可规避的损失应该如何记账，是记在收入账上，还是作为不虞之失记在资本账上。从某种程度上来说，这个划分的标准只是习惯性的（conventional）或心理上的。对补充成本进行估计，并没有严格的准则，所以其大小取决于所选择的会计方法。当资本设备刚刚问世时，其预期补充成本就是一个确切的价值，可是以后对它的价值再次进行估计时，这个设备在余下可使用期限中的补充成本，会因为预期状态的不同而有别于原预测值。从原来预期出发，会有一系列将来的 U＋V，从修订后的预期出发，则又会有一系列崭新的将来的 U＋V，这两个系列之间的差额，折算成现价，就是资本不虞所得或所失。在商业会计上有一个被广泛采用，而且得到了英国内地税务机关认可的原则，那就是在得到一个资本设备时，便把这个设备的补充成本和使用者成本都确定下来，无论之后预期怎么变，这个数都维持原样。假设是这样，那么无论哪个时期，其补充成本都等于这个数与实际使用者成本作差所得到的值。这个方法的优势就在于，在整个使用过程中，这个设备的不虞之得或失都不存在，即为零。可是在有些情况下，一特定会计期间（比如说一年）结束以后，便从目前市价和目前预期出发，对补充成本再次进行估计也是正常的。实际上，这两种方法的使用者都不乏其人。资本设备刚买进来时预期的补充成本可以被叫作基本补充成本，以后从目前市价和目前预期再次进行估计的数量，可以被叫作当前补充成本。

有关补充成本的定义，只能先说到这里，没办法更准确化了。补充成本的概念是，一个极具代表性的雇主在对其净收入进行计算时，应该从收入中减掉的项目，以达到宣布股息（假设雇主是一家公司）或对其消费量（假设是个人）的多少进行决定的目的。因为我们想要彻底消除资本账上的不虞之得或失上是不可能的，所以假设一个项目存有疑问，那么就应该把这个项目归入资本账中，只有显而易见能被划归到补充成本的项目，才能被列入补充成本中。假设资本账内容过于庞杂，那么就可以进行酌情处理，想办法纠正资本账对于当前消费量所产生的影响。

读者会发现，这里净收入的概念和马歇尔给收入所下的概念极为类似，马歇尔引用了所得税司（Income Tax Commissioners）的习惯性做法，大体上，只要该司从以往经验出发，觉得是收入的部分，马歇尔也一样认为是收入。因为在这一方面，该司所做的决定，可以说是对"净收入是什么"这一问题经过最周密的考察以后，对于一般所说的净收入的概念所给出的界定。我所说的净收入，又和最近皮古教授所说的国民收入的货币价值相类似。

尽管如此，因为所依据的标准不明确，各家对于净收入这个概念的解释存在分歧，因此，净收入依然是一个有待明晰化的概念。比如说，哈耶克（Hayek）教授曾经说过，一个资本品所有者或许会竭尽所能让投资收入保持在一个稳定的状态，因此如果出现任何状况会导致投资收入下降，那么他就会抽出一笔款项来和这种可能相对抗，余下来的部分他才会拿去消费。到底有没有这种人，我表示强烈的质疑，可是假如把这个当作计算净收入的一种可能性心理标准，在理论上也是不容辩驳的。可是，哈耶克教授觉得储蓄和投资的概念也因此模糊不清的结论，假如他指的是净储蓄和净投资，那么他是对的。可是储蓄和投资关系到就业量，这两个概念并不存在这种问题，而且（如下节所说）可以这样进行定义。

净收入只关系到消费决策，而且不容易和对消费产生影响的其他因素严格区分开来。只有收入本身和目前的生产决定相关。所以把收入这一个概念忽略掉（之前一直是这样），而净收入这个概念集中了所有关注的焦点，那的确就有问题了。

上面在定义收入和净收入时，我竭尽所能要和惯常做法一致。我得先给读者提个醒，我在《货币论》中对所谓收入所给出的概念具有非常特殊的意义。为什么特殊？就是因为我定义总收入中雇主应得的那一部分时，不仅没有以当前雇主生产经营活动实际所得的收入（不管是毛利还是净利）为准，也没有以他们打算进行当前生产时的预期利润为准，而是以一种可以说正常或平均的利润为准。现在想想，如果可以改变生产规模，那么对于所谓正常或平均利润的意义的规定也不太明确。根据《货币论》中所给出的定义，储蓄大于投资的部分，就是正常利润比实际利润大的部分。我担心我这样用这些名词已经造成了一些含混不清，因为有很多结论（特别是有关储蓄和投资之间的差额的），只能从特殊意义的角度对我所用的名词进行解释才能成立。可是，这些结论通常被用到一般性的讨论中，似乎这些名词的意义就是一般人所了解的意义。基于这个原因，再加上我现在要想准确表达我的思想，已经不必借助我之前所用的那些名词，因此我决定彻底放弃它们。对于之前造成的困扰混乱，我非常抱歉。

II

尽管在名词的用法方面，大家存在很多争议，可是有一点是得到大家公认的。据我了解，大家都承认一点，那就是收入减去消费支出就是储蓄。因此，假设还在质疑储蓄的意义，那么就必然是由于对收入或消费的意义存在疑问引起的。我们在上面已经给收入下了定义。一期的消费支出，必然和这一期把产品卖给消费者所得的货品价值相等。于是问题来了：消费购买者（consumer-purchaser）的定义是什么？对消费购买者和投资购买者（investor-purchaser）进行划分的界限，只要是科学的，都有利用价值，可是一经确定，就不能再更改。人们经常会探讨这一问题，购买汽车是不是属于消费购买的范畴？购买住宅是不是属于投资购买的范畴？我也没什么可补充的。要想对这个问题进行解答，当然取决于我们对雇主和消费者的划分标准。因此假设我们已经确定 A_1 就是一雇主所购货物的价值，那么我们已经悄悄解决了这个问题。所以，消费支出就可以明确规定为 $\Sigma(A-A_1)$，其中 ΣA 是一期的总售价，ΣA_1 为这期间雇主之间彼此交易的总值。以后为了叙述方便，我们会把 Σ 符号省掉，所有总售价就用 A 来表示，雇主之间彼此交易的总值就用 A_1 表示，所有雇主的总使用者成本用 U 来表示。

收入和消费的定义既然已经确定下来，储蓄又是收入减掉消费所得的差额，因此储蓄的定义也就确定下来了。因为收入等于 $A-U$，消费等于 $A-A_1$，因此储蓄就等于 A_1-U。一样的道理，净储蓄就是净收入减去消费所得到的差额，所以等于

$A_1 - U - V$。

通过收入的概念，还可以得到当前（或本期）投资（current investment）的概念。所谓当前投资，必然和资本设备（因为本期生产活动）当前的价值增益（addition to the value of the equipment）相等，这明显和我所说的储蓄相等，因为储蓄是一期的收入还没有用来消费的部分。前面提到过，在任何一个时期，因为雇主把生产活动所制造出来的货物卖掉，得到的货款用 A 表示，可是为了把 A 生产出来并卖掉，其原有资本设备的折旧用 U 表示，资本设备的价值损失（value-loss）用（$U - A_1$）表示。那么 $A_1 - U$ 就是（$U - A_1$）的负数，也就是资本设备的价值递增的部分——投资。换句话说，在相同的时期，假设产物的价值 $A - A_1$ 被用于消费，$A - U$ 与 $A - A_1$ 的差值，也就是 $A_1 - U$，就是因为本期的生产活动，资本设备的价值得以递增的部分——投资。同样的道理，如果只计算资本价值的正常折损，忽略资本账上的不虞之得失和资本折旧，那么 $A_1 - U - V$ 就是本期的净投资（net investment），换句话说，也就是资本设备的价值纯粹递增的部分。

所以，尽管消费者的消费行为会带来储蓄量，雇主的投资行为会带来投资量，可是二者一定是相等的，因为二者都和收入减去消费的值相等。而且之所以会得出这一结论，并不和收入定义的特殊性或神秘性相关。只要大家认可，收入和本期产品的价值相等，本期投资就和本期产品中保留下来的那部分产品价值相等，储蓄就是收入减去消费所得到的差额，只要大家对这些用法表示认可（这些既不违背常识，又符合习惯性的用法），那么投资和储蓄当然是一样的。总的来说：

收入 = 产品价值 = 消费 + 投资

储蓄 = 收入 - 消费

故　储蓄 = 投资

所以不管哪组定义，只要达到了以上条件，所得出的结论都是一致的。只有对上面的其中一个条件进行否定时，才会出现不一样的结果。

储蓄和投资相等的原因，要归咎于生产者和消费者，或生产者和资本设备购买者之间的买卖具有双重属性。前面说过，收入就是生产者所销售的产品的卖价和使用者的成本之差，可是这些生产出来的产品不是被消费者买走了，就是被其他雇主买走了。每个雇主在本期所投入的资本，又和他从其他雇主手里所买进来的设备和他自己的使用者成本之差相等。所以，从社会整体的角度来说，收入和消费之间的差额（也就是我们所说的储蓄者），必须和资本设备的价值递增的部分（也就是我们所说的投资者）一样。净储蓄和净投资之间也是这样的关系。实际上，储蓄是一个余数，收入是由投资决策和消费决策二者所决定的。假设投资决策变成了现实，那么收入就会上升，或者消费就会下降，二者必然会占一个。所以投资行为本身必定会让储蓄这个余数增加相同的数量。

当然，对于投资和储蓄的数额，人们也许会产生很大的偏倚，以致不能出现一个买卖的平均价格。当这种情况出现时，既然产品的市场价值不固定，而价格的波动范围又很大，找不到一个稳定值，那么也就不能再使用我们的名词。经验告诉我们，事实并非是这样。社会上有多种心理反应习惯，可以达到平衡，买卖数量一致。货币收入拥有一个确切价值的必要条件

就是产品有相应的市场价值，而且储蓄者决定储蓄的量和投资
者决定投资的量相等的一个充分条件就是产品有相应的市场
价值。

　　要想清楚地思考这个问题，也许最好是从决定消费上入手，
而不是从决定储蓄上入手，因为消费决定或投资决定都是个人
可控的。总收入和总储蓄都源于人们的自主选择，也就是人们
对消费和投资进行选择的结果，二者都必须和消费决策、投资
决策捆绑在一起，而被另一组决策所掌控。从这个原则出发，
所以以后，储蓄倾向会被消费倾向所取代。

附录：论使用者成本

I

　　我想，人们一直以来都忽视了在经典学派价值论上使用者
成本的重要性。有关使用者成本，还可以进行长篇大论的阐述，
可是似乎放在这里不太合适，和本书的主题也关系不大。可是
作为题外话，本附录准备对使用者成本进行深入研究。

　　根据定义，一个雇主的使用者成本是

$$A_1 + (G' - B') - G$$

其中该雇主从其他雇主手中购得的货物价值用 A_1 表示，资
本设备在一期结束时的真实价值用 G 表示；假如这一资本设备

被闲置，雇主反倒要对其加以维护，这笔维护费用 B′ 表示另外该资本设备在一期结束时可能有的价值，用 G′ 表示。G−(G′−B′) 代表的是雇主的资本设备大于上一期的净价值的部分。在这一期中雇主投资在其资本设备上的价值，用 I 表示。所以 A_1−I 就是该雇主因为销售产品而必须付出的使用者成本 U，其中 A_1 就是他从其他雇主那里所购的，I 就是他投入在这一期的资本设备上的价值量。只要稍微动一下脑筋就会明白，这只是基本知识而已，一个雇主从其他雇主那里购买来的东西，一部分投资在自己的资本设备上，一部分是他因为把生产出来的产品 A 卖出去，减掉生产原素方面的支出和亏损的部分。如果读者想换一种方式表达这里所说的内容，他就会明白，这里所用的这种表达方法，可以把很多无法解决的（而且是不必要的）会计问题都一并规避掉。我觉得这种方法是对当前的生产收益进行研究的最明确的方法了。假设工业被当作一个整体来思考，抑或雇主没有从其他雇主那儿购买任何东西，那么 A_1 就等于零，使用者成本就和该设备被用于生产后所带来的本期负投资相等。也就是说在这种情况下，我们的分析方法还有一个优势，那就是我们再也不需要把原素成本分配在卖给他人的物品上和被保存的设备上，而一个厂家（不管这个厂家是合并在一起的，还是单独存在的）所提供的就业量，我们就可以把它视为一个统一的决定，实际上也正是这样，因为当前生产和整个生产之间通常存在连锁性质。

而且，使用者成本的概念还可以让我们更清晰地定义一个厂家所生产的货物的短期供给价格。而这个短期供给价格，就是边际原素成本和边际使用者成本相加在一起的合计数。

而在现代价值论中，边际原素成本被当作短期供给价格的现象很常见。很明显，这个方法只能适用于边际使用者成本为零，或根据供给价格的定义把边际使用者成本排除在外的情况。在前面第三章，我在定义"收益"（proceeds）和"总供给价格"时，就把总使用者成本排除出去了。这种的用法，在对社会总产量进行探讨时，偶尔用一次当然会给我们带来方便，可是在对一个厂家或一个行业的产量进行探讨时，假如时常从"供给价格"中排除了使用者成本，那么经济分析就彻底脱离了现实，因为这种意义上的"供给价格"，和平常所说的"价格的"意义是截然不同的。这种用法可能会造成混乱。经济上好像一直有个假设，"供给价格"被用于一个厂家的产量时，有着很明确的意义，这里已不需要再讨论。可是有一个问题要引起我们的关注，那就是如何处理一个厂家从其他厂家购买货物，和因为生产边际产量，该厂家的资本设备所产生的折损。即便我们假设一个厂家增加销售量一个单位的产品时，为了计算出该厂的供给价格，必须把从其他厂购得的边际成本从该产量每单位的售价中减掉。即便这样假设了，我们依然要考虑，因为生产这个边际产量，该厂的资本设备会出现负投资。即便所有生产都合并到一起的一个厂家完成，边际使用成本依然不能假设为零，也就是说，通常情况下，对于因为生产边际产量，资本设备因此所遭受到的边际负投资也是我们要顾虑的。

使用者成本和补充成本这两个定义，还可以帮助我们更清楚地在长期供给价格与短期供给价格之间确立关系。长期成本中必须有一个数目，可以把基本补充成本和预期直接成本抵消掉，二者都应该在各年采用合适的方法均分，年限也就是资本设备可以使用的寿命，这就是说，一个产量的长期成本，就相当于直接成本和补充成本相加在一起的预期合计数。而且，假设想要获得一般利润，那么长期供给价格不仅要包括长期成本，还要把当前放款利率和设备成本相乘的积数包括进去。当然，这种放款的时间期限和风险，必须近似于在这项设备上投资时的年限和风险。假设我们更乐意把"纯"利率（pure rate of interest）当作标准利率，那么就必须把一项可叫作风险成本（risk cost）的项目包括在长期成本中，来对实际回报和预期回报之间所出现的各种未知可能性进行弥补。所以长期供给价格就相当于直接成本、补充成本、风险成本和利息成本相加在一起的合计数，也就是长期供给价格可以包含这几个构成部分。从另一个角度来看，短期供给价格则和边际直接成本相等。所以当雇主买进或制造资本设备时，他预料直接成本的边际值和平均值之间的差额，可以对补充成本、风险成本和利息成本进行弥补。也就是说，在长期均衡中，边际直接成本大于平均直接成本的部分，就相当于补充成本、风险成本和利息成本的合计数。

当边际直接成本刚好与平均直接成本及补充成本的和相等时，这一产量就非常重要，而且极其不一般。因为在这个产量水平上，雇主处于收支两抵的状态，也就是说，当产量位于这一点时，是没有净利润的。假设产量低于这一点，那么雇主就会有净亏损。

抛开直接成本不说，补充成本需要补偿的水平取决于设备的种类。下面两种情形是非常极端的：

（一）有一部分设备维护费，必须同步于使用该设备的行为，像给机器加油。这种支出（从外面购买的东西不算作在内）

应该涵盖在原素成本中。如果因为物质上的原因，本期所有折旧费用都要采用这种方法填补，那么使用者成本（从外面购买的东西不算作在内）就和补充成本相等，可是方向是反过来的；在长期均衡状态中，边际原素成本比平均原素成本大的部分，就必须同风险成本和利息成本的和相等。

（二）资本设备的价值损失，有一部分只会发生在该设备投入使用时。假如在使用时，这种损失没有及时进行弥补，那么就应该包括在使用者成本中。假设资本设备的价格损失只会发生在这种情况下，那么补充成本就不存在。

这里必须指出一点，那就是雇主先把最破旧的设备派上用场，并不单纯是因为使用者成本低，还因为使用者成本尽管低，兴许还不足以弥补效率的低下，也就是不足以弥补原素成本。只有当一单位产品的使用者成本加上原素成本二者之和为最低值时，雇主才会愿意使用这一设备。因此，假设某物的产量是固定的，那么就会存在一个和它相对应的使用者成本，可是这个总使用者成本和边际使用者成本之间的关系并不是一律（uniform）的关系。

II

使用者成本就是当前和将来之间联系的一种。雇主在对生产规模进行决策时，要么选择把这种设备派上用场，要么把这种设备保留起来，以备将来使用。使用者成本的大小就取决于因用于当前而牺牲掉的未来预期收益。而边际使用者成本、边际原素成本和边际预期售价，则会对雇主的生产规模起到决定性作用。可是雇主如何对一种生产行为的使用者成本进行计算呢？

前面我们提到过，使用者成本就是资本设备派上用场与未派用场相比，所遭受的价值亏损。而设备不投入使用时需要支出的维护费、改良费，还有从其他雇主那里所买到的物品，都要在计算成本时考虑在内。所以计算使用者成本时，首先要算出：假设这项资本设备不投入使用，那么在将来某个时刻，设备预期收入增加的现值。假设这项资本设备现在不派上用场，那么最起码可以延后该设备的再次购置时间，则延后期间所产生的利益，折为现值，就是使用者成本的最低值，或许比这个数还大。

假设存货为零，每年都要补充一部分新制造出来的同类资本设备，那么在计算边际使用者成本时，可以从下面两个量出发：一是该设备被投入使用时，它的使用年限下降或效率下降的量；二是现在再次购买时所要付出的代价。假如资本设备有残留，那么使用者成本又取决于多余设备因为折旧、损耗等原因而被消耗完毕的时间里的利率和现行的（也就是再次估计的）补充成本。因此，使用者成本的计算会受到利息成本和现行补充成本的间接影响。

当原素成本不存在时，采用这种计算方法是最简单的。现在以我所写的《货币论》中第二册第二十九章所列举的原料铜的剩余情况为例来进行说明。先列举出将来不同日期中，一吨铜的预期价值。铜的剩余量在递减，那么铜的价值也会和正常生产成本越来越靠近，所以这一列数中的每一项的值都会受影响于剩余的铜被消耗的速度。再把现行补充成本和从现在到将来一天每吨铜的利息成本从这一系列数中减掉，其中最大的那个数就是一吨剩余铜的现值或使用者成本。

同样，假设一艘船、一家工厂或一种机器的供应出现剩余时，那么一艘船、一家工厂或一种机器的使用者成本，就等于这种设备在多余量可以被预期消耗完毕之日的预期重置成本，把现行补充成本和从今日到将来那一天的利息成本减掉所得的差额。

上面假设的是，当资本设备彻底被淘汰下来时，就用原物取代。假设取代物并不是原物，那么在对现在投入使用的设备的使用者成本进行计算时，则必须以该设备被彻底淘汰下来时，取代的新设备的使用者成本为依据，其多少由两种设备的相对效率来决定。

III

想来，读者会留意到，假设资本设备并没有发生变化，只是短时间没有派上用场，那么实际使用者成本和正常使用者成本（也就是设备并不多余时的使用者成本）之间的差距，则取决于多余设备预期可以消耗完毕的时间长短。所以，假设资本设备的年龄长短不一，每年都会出现一部分设备达到不能再用的程度，那么只有当多余量是个非常庞大的数字时，边际使用者成本才会大幅度下降。在普通的经济衰退时期，边际使用者成本的大小取决于对眼前不容乐观的环境，雇主们可以维持的时间长短。所以，当经济情况变好时，供给价格的上升，也许在一定程度上是因为雇主们把预期修改了，导致边际使用者成本猛烈上涨。

有人提出这样的观点，假设雇主们团结起来把多余的设备都毁坏掉，那么也只有把所有多余设备都毁灭，才可能达到想要的结果，把价格提高。雇主们的意见则与之完全相反。可是使用者成本这个概念告诉我们，假如破坏掉一半多余的设备，兴许价格马上就可以被抬高。因为这一做法会让多余设备消耗完毕的时间大大减少了，所以边际使用者成本会被提高，当前供给价格也会跟着攀升。所以在雇主们心中，好像一直都存在使用者成本这个理念，尽管他们并没有清晰地表达出来。

假设补充成本是一个很大的值，那么，当有多余资本设备时，边际使用者成本会下降。而且，当存在多余的设备时，使用者成本和原素成本的边际值不会超过平均值太远。假设满足以上两个条件，那么当存在多余设备时，雇主们就容易亏损，也许亏损的数额还不小。实际上当多余设备消耗完毕时，不可能马上就转亏为盈，而是当多余设备越来越少时，使用者成本慢慢上升，边际原素成本和使用者成本的合计数，减去平均原素成本和使用者成本的合计数所得到的差额，也会慢慢上升。

IV

在马歇尔所著的《经济学原理》（第 6 版第 360 页）中，一部分使用者成本被当作"设备的额外折旧"涵盖在直接成本中。可是他并没有把这一项明确的计算方法指出来，也没有指出它的重要性。在《失业论》中，皮古教授清楚地给出了这样一个假设：一般情况下，可以忽略边际产量所带来的资本设备的负投资。他说（第42页）："假设产量不一样，那么设备的损耗和员工的支出也会因此不一样，可是我们忽略了这些不一样，因为一般情况下，这些差异都不是最主要的。"在生产边际上，近年来，很多经济理论都认可资本设备的负投资为零这一理念。可是假如想要对一个厂家的供给价格的含义进行明确说明，就会出现问题了。

通过上面的叙述我们可以知道，假如资本设备被闲置下来，那么该设备的维护费通常可以把边际使用者成本降低——当雇主们预期经济衰退会持续很长一段时间时更甚。可是，短时间并不一定拥有非常低的边际使用者成本这一特点。而是因为资本设备的性质特殊，假如闲置下来，将会产生很高的维护费，再加上短时间状态不稳定，所以资本设备很快就会不符合现有的状态，或者余下太多时才会出现这样的特点。假设新设备非常多，那么这一特点就会更加明显。

所有人都知道，假如是原料品，就必须考虑到使用者成本。假设必须在今天把一吨铜用完，明天就不能再用了，那么这吨铜如果留到明天继续使用也许会产生的价值，也要在计算边际成本时考虑进去。可是铜并不具有普遍性，只要把资本设备投入生产中，都会发生类似的情况。严格区分原料和固定资本，必须考虑原料的投入所带来的负投资，可是可以忽略投入固定资本所带来的负投资——这个假设不符合事实，特别是在一般情况下。因为在一般情况下，每年都会出现很多不能再用的设备，不得不重新购置；而设备投入使用可以把重新购置的时间缩短。

使用者成本和补充成本这两个定义有一个好处，也就是二者都可以在运用资本（working capital）、流动资本（liquid capital）和固定资本（fixed capital）中使用。原料和固定资本之间最主要的差别，并不在于对使用者成本和补充成本进行计算时不一样，而是因为以下事实：那就是流动资本只会产生一次收益，而固定资本因为比较长久，只能慢慢用完，所以其收益会排成一列数，这列数中的各项，由各期的使用者成本和所得到的利润构成。

第七章
进一步讨论储蓄和投资的意义

I

在前面一个章节中，我们定义了储蓄和投资，从我们给出的定义出发，二者一定是相等的，因为站在社会整体的角度来看，二者代表的是同一事物，只是一个是正面，一个是反面而已。可是有很多当代学人（包括写作《货币论》时期的作者本人），对这两个名词给出了不一样的概念，从他们的概念来看，二者不一定是相等的。还有些人先假设二者是不相等的，可是在探讨之前，完全没有给出这两个名词的概念。所以为了让上面的探讨和他人的探讨取得关联，我会对这两个名词流传比较广的说法进行一下分类，兴许会对读者有帮助。

据我了解，对于储蓄等于收入减去消费这一命题，大家都表示认可。假如储蓄不是这个意义，肯定会带来很大的不便，而且极易造成误会。对于消费支出的概念，大家的意见也没有太大的分歧。所以不同的人在用法上所产生的差异终归是因为两个方面的原因：一是因为投资定义的不一样，二是因为对收入定义的不一样。

II

先来说投资吧。投资最常见的定义就是，一个个人或一个公司对一件或新或旧的资产的购置。投资在极个别情况下会用来专指在证券市场上对一件资产的购买，可是我们无论是对房产的购买，还是对机器或一批成品或半成品的购买，都可以被冠上投资两个字。通常情况下，新投资（和再投资不一样）的概念是，从收入中把一件资本资产（capital asset）买进来。假如把一件投资卖出去被我们叫作负投资，那么我的定义和习惯性用法就是一致的，因为旧投资的买卖必然是相互抵消的。我们当然要把债务的出现和偿还（包括信用或货币数量的改变）考虑在内，可是就社会整体来说，总债权的变化肯定和总债务的变化是一致的，所以，在对总投资进行探讨时，这个因素已经被抵消了。因此，假如一般所说的收入和净收入是相等的，那么一般所说的总投资和净投资也是相等的——净投资是所有资本设备的净增加值，而旧设备的价值损失，只要是在计算净收入时要考虑在内的，都已经被扣完了。

投资的价值既然把所有资本设备的增加值都包括进去了，不管增加的是固定资本，还是运用资本或流动资本。那么除了投资和净投资的不同以外，假如投资的概念依然有比较大的分歧，那么一定是因为有人在对投资下定义时，把所有资本设备的增加值都排除在外了。

现在用赫特雷氏来举例说明。赫氏非常关注流动资本的变化，也就是对还没有售出的存货量不正常的变化非常关注。他在定义投资时，没有把这种变化包括进去。在这样的情况下，储蓄额比投资额还大，事实上是指还没有卖出去的存货不正常的增加，也就是流动资本的增加。赫氏并没有让我信服；为什么要特别在意这个因素？赫特雷氏的观点，所有聚焦点都放在了怎么样对意外的变化进行纠正这一点上，而没有关注预测中（不管预测准确与否）的变化。赫氏觉得雇主在对生产规模进行决策时，今日产量是随着还没有卖出去的存货量的变化而变化的。假设是消费品，那么雇主在做决定时，自然会很大程度上受到还没有卖出去的存货量的变化的影响。可是对雇主的决定产生影响的还有很多其他的因素，我们没有任何理由把这些因素排除掉。所以我更关注整体上有效需求的变化，而不只是注重有效需求所反映出来的期末存货量的改变这一局部的变化。而且，假设是固定资本，从对生产决策所产生的影响这一点来说，未用能力（unused capacity）的变化效果相当于没有卖出去的存货量的变化。对于这个最起码是一样关键的因素，赫特雷氏之法是怎样处理的，我不太明白。

奥国学派所谓的资本形成和资本消费的意义，兴许不同于上面所说的投资和负投资、净投资和净负投资的意义。在某种情况下，假如从我们的定义出发，那么资本设备的价值明显没有下降，可是奥国学派却觉得好像可以出现资本消费了。不管怎样，还没有哪本著作能把这两个词的意思解释清楚，反正我还没有发现。比如，当生产过程往后推时，就会出现资本的形成，像这句话，根本没有推动我们知识的前进。

Ⅲ

假如收入有不同的意义，那么储蓄（等于收入和消费的差额）也会因此有不同的意义，进而使得储蓄和投资也不一样。在《货币论》中，我自己对这些名词的使用就是一个例子。在上面（第六章第一节最后一段），我已经解释了这里所说的收入不同于我在《货币论》中的收入，因为在对前者进行计算时，雇主的收入并不是实际利润，而是（一定意义上的）"正常利润"。所以在《货币论》中，储蓄比投资大的部分，其实是指：在现有的生产规模下，雇主从资本设备的所有权上可以获得的利润比正常利润要少。《货币论》中所说储蓄远远超过投资的部分，其实是说：实际利润正在下降，所以雇主们想要缩小规模。

我现在觉得，就业量（也就是产量和真实收入）取决于雇主，雇主的目的，就是想要获得当前和将来的最大利润（雇主想方设法在所有的某种设备的寿命年限内，从这项资本设备上得到最大的回报，这也是使用者成本计算的依据）。可以使雇主得到最大利润的就业量，则由总需求量数来决定，后者又取决于在种种前提下，预计从消费和投资上可以获得的利润（proceeds）。在《货币论》中，投资与储蓄（二者皆依当时所下的定义）之间差额的变化实际上是指利润的变化，可是在这本书中，我没有对预期结果和已经实现的结果进行明确的划分。当时我觉得，产量改变的动力是投资超过储蓄的部分的变化。我现在的新观点，尽管我自我感觉良好，更能带给人启迪，但事实上只是原来的说法的发展而已。假如用《货币论》中的语言进行陈述，那么我的新观点就是：假设之前的就业量和产量是已知的、雇主预期投资超过储蓄的部分会上升，那么雇主就会把他的就业量和产量都增加。旧观点和新观点都想说明这样一点：就业量由雇主所预期的有效需求来决定。《货币论》中的投资超过储蓄的部分会加大，也表明了有效需求的增加。新观点出来以后，再回头看旧观点，就觉得当时的观点太杂乱了，也很不全面。

根据罗伯森（D. H. Robertson）氏的概念，今天的收入等于昨天的消费和昨天的投资之和，所以今天的储蓄就是昨天的投资，再加上昨天消费与今天消费的差额。所以从这个定义出发，储蓄可以比投资还大，也就是从我的定义出发所说的昨天的收入会比今天的收入要高。因此，他所说的储蓄比投资还高，实际上就是我所说的收入正在下降，也就是说，他所说的储蓄比投资高的部分，和我所说的收入正在下降的部分正好是相等的。假设今日的预期，通常由昨天实际取得的收入来决定，那么今天的有效需求，将和昨天的收入相等。所以罗伯森氏的方法尽管和我不一样，可是我们都在致力于把收入和有效需求区分开来——从因果逻辑上来说，这是至关重要的不同点。

IV

现在我们要对另一个名词——强迫储蓄（forced saving），以及和它相关的更多模糊的理念进行探讨。我们可以从这些理念中找出什么明确的意义吗？在《货币论》中，对于这个名词一开始的使用方法，我曾经提到过，而且觉得这些用法类似于我当时所论述的投资和储蓄之间的区别。现在对于二者的相似性，我开始质疑有没有当初我所设想得那么大。但不管怎样，我非常肯定一点，"强迫储蓄"和近来一些人（像哈耶克教授或罗宾斯教授）所用的相似的名词，和我在《货币论》中所说的投资和储蓄之间的差额并没有必然的联系。尽管这些学者并没有把这些所用名词说清楚、说透彻，可是我们知道，他们所说的"强迫储蓄"这种现象来源于货币数量或银行信用的变化，而且强迫储蓄的多少也取决于这种变化的幅度。

（a）当产量和就业量发生变化时，收入（用工资单位来评判）会发生变化；（b）当工资单位发生变化时，债务者和债权者之间的收入会重新分配，总收入（用货币来衡量）会因此发生变化；（a）（b）二者都会让储蓄量受到影响。货币数量的变化不仅会对利率产生影响，还会使收入的数量和分配（以后会专门进行解释）发生改变，所以货币数量的变化会间接性让储蓄量发生变化。可是这种储蓄量的变化，其"强迫"程度不会超过因为其他条件所带来的变化。所以，我们只有用某种情况下的储蓄量作为标准，我们才能把强迫储蓄和非强迫储蓄区分开来。而且（我们今后会明白）当货币数量发生既定变化时，总储蓄量的变化是很不一样的，而且还取决于很多其他的因素。

所以，在对标准储蓄量没有具体规定以前，"强迫储蓄"是没有价值可言的。假设我们将达到完成就业状态时的储蓄量作为标准（这个标准好像是合理的）规定下来，那么就可以给出如下定义："强迫储蓄是实际储蓄量和长期均衡中完全就业状态下的储蓄量的差额。"这个定义是有价值的，可是从这个标准出发，强迫的过度储蓄将是一种极为罕见、极易发生改变的现象。相反，强迫的储蓄欠缺将是司空见惯的状态。

在由哈耶克教授所著的《强迫储蓄说之发展》中，作者指出这正是这个名词本来的意思。"强迫储蓄"和"强迫节俭"（forced frugality），本来是边沁（J. Bentham）的概念。边沁非常清楚地告诉我们，他先给出一个假设："所有人都已经就业，而且是以对社会最有利的方式就业的。"之后假定：假如在这种情况下，对比可以卖出去的商品数量来说，货币数量的上升会带来什么样的结果。边沁说，在这种情况下，实际收入不会上升，所以转折时期中的额外投资，会带来以"牺牲生活品质（national comfort），违背正义（national justice）"的强迫节俭。19世纪的学者在对这个问题进行讨论时，心中的观点都是一致的，尽管不会明确说出来。可是要把这个再明确不过的概念延伸到非完全就业的状态，就会困难重重了。当然，假设就业量上升，而资本设备依然维持原样，那么依据回报会逐渐减少的规律，已经就业的人的实际收入就会下降，可是要想把这种损失和就业上升时也许会带来的投资上升相关联，恐怕结果不会太明显。不管怎样，我还不太清楚近代有学者感兴趣于"强迫储蓄"者，确实有过把这个概念延伸到就业逐渐上升时的状况的想法。通常情况下，他们好像对这样一个事实视而不见：要想把边沁氏的强迫节俭概念，延伸到非充分就业的情况，还需要很多解释或说明。

V

尽管储蓄和投资的概念再清楚不过，可是依然有很多人相信储蓄可以和投资不相等，我想可以通过光学上的错视，对这个道理进行解释：存款者和银行事实是一种双方面（two sided）交易，可我却把它看作是一种单面交易。通常人们会觉得存款者和银行可以相互勾结，变换一种方式，这样储蓄就会从银行体系中消失，不再用来投资，或者以为银行体系可以带来投资，而缺少与之相应的储蓄。可是，储蓄的前提是必须得有一件资产，而这件资产的形式可以是多样化的。一个人要想获得一件新资产，只有两种方式：要么这件资产是社会上刚生产出来的，价值对等于他的储蓄，要么有人把一件价值对等的资产卖给他。在前一种情况下，只要有储蓄，对应的就会有新投资；在后一种情况下，储蓄和负储蓄价值对等。负储蓄的人之所以把财富损失掉了，肯定是因为他的收入小于他的支出，而不是因为他的资本在资本账上遇到了亏损。因为他眼前的问题，并不在于其资产的原有价值受损了，而在于他的资产以当前价值卖掉以后，并没有转手购置其他资产，而是消费掉了。这就是说，他当前的消费比当前的收入要高。而且，假设银行卖掉一件资产，那么必然有人支出了现金。所以储蓄的人和他人的储蓄总量，肯定和本期新投资相等。

有人认为银行制度所创造的信用可以在没有实际的储蓄和投资时让投资变为可能，这种观点只是瞥见了一部分银行信用增加时所带来的结果，而没有窥见其全部。假设银行并不把当前的信用量减少，而创造额外信用给雇主，那么该雇主就会加大本期投资力度。又假设这种额外信用不存在，那么也就不会出现额外投资。如果真是这样，那么收入必定会上升，而且通常上升的幅度会比投资上升的幅度还要大。而且，只有在实现充分就业时，真实收入和货币收入才会同时增加。公众可以把收入的增加量自由地在储蓄和消费之间进行分配。雇主向银行贷款以增加投资的速度，不能超过公众决意增加储蓄的速度，这样雇主才能实现其意图。除非雇主的投资只是为了取代其他雇主投资者，一个增加一个减少，总投资没变。而且，通过这种方式产生的储蓄和其他储蓄一样真实。假设银行对其信用进行增加，那么必然会带来货币数量的上升。可是没有人会在他人的胁迫下拥有新增货币，只能是他自愿拥有更多的货币而不是拥有其他形式的财富。可是就业量、收入和价格都会因此产生改变，彼此协调，所以当出现新情况时，自然有人乐意拥有新增货币。我们不否认，假如没有预料到某方面的投资增加，那么可能会出现总储蓄和总投资不规则的现象，如果提前预料到了，就不会发生这样的现象。我们也不否认，当银行信用上升时，会引发这样三种趋势：一是产量上升，二是以工资单位来衡量的边际生产物的价值上升（因为报酬递减律，产量增加时必然会出现这种现象），三是以货币来衡量的工资单位上升（这种情况往往和就业情况的改变是同步的）。这三种趋势，可以对社会各集团间实际收入的分配产生影响。可是这种种趋势都是产量上升这个事实本身所具备的特点，假设产量上升的原因是其他驱动力，而不是银行信用的上升，那么以上三种走势依然会存在。只有让就业状况维持原状，这种种趋势才能得以避免。上面所说的内容，很多借用的是以后讨论的结果，这里是提前使用了。

旧观点觉得储蓄通常会带来投资，新观点觉得储蓄和投资不会同时产生，两相对比，尽管旧观点不够充分，极易造成误解，可是从形式上来说尚较为完善。旧观点的误解在于，因此而得出的结论：假如个人储蓄，那么总投资必定会增加等量的幅度。个人储蓄会让一个人的财富上升，这一点是毋庸置疑的，可是由此而得出的结论：社会整体财富也会因此上升则不一定正确了。因为有这样一种可能性被忽视了，那就是一个人的储蓄行为，可以对他人的储蓄产生影响，进而对他人的财富造成影响。

储蓄和投资始终相等，而个人好像又拥有"意志上的自由"，在储蓄方面可以很随意，不需要在乎他自己或别人有没有投资，在什么上面投资了。这二者之所以能彼此协调，最重要的原因是储蓄和消费一样，也是两方面的事情。尽管他个人的储蓄量不会对他个人的收入产生多大的影响，可是他的消费必然会对他人的收入带来影响，所以所有人都一起储蓄一个固定的数额是不可能的。假如所有人都想少消费、多储蓄，那么必然会影响到收入，所以这种想法肯定是不能实现的。同样，社会总体的储蓄量也不能比当前投资的数量低，假如有这样的想法，那么收入肯定会上升到某一个水平，使得每个人愿意储蓄的数量累加起来，和投资量刚好相等。

上面所说的内容，类似于另一个命题，那就是每个人都可以随意对其拥有的货币量进行改变，可是所有人都拥有的货币量累加起来的总数，又和银行所累积的现金量一样。后者之所以一样，原因是一个人所乐意拥有的货币量，取决于其收入的多少和商品（主要是证券）的价格——把商品买进来却不拥有货币。所以收入和物价自然会发生变化，达到一个新水平，让所有人愿意拥有的货币量累加的总数，和银行体系所累积的货币量一致。这是货币理论上的基本命题。

这两个命题都来源于一个事实，那就是有买就肯定有卖，或有卖就肯定有买。站在整个市场的角度上，一个人的交易量当然微乎其微，所以把需求的双面性忽略掉也没有关系，可是在对总需求进行探讨时，假如也这样做，就大错特错了。社会整体行为的经济理论，和一个人的行为的经济理论之间最主要的区别就是：在后者，我们可以假设如果一个人对自己的需求进行改变时，其收入不会受到影响。

第三编
消费倾向

第八章
消费倾向：（一）客观因素

I

在第一编最后，因为要对一些方法和概念上的问题进行讨论，我们的主题中断了，现在重新拾起来。本书的研究主旨，就在于找到就业量是由什么决定的。迄今为止，我们还只形成了一个初步的结论，那就是就业量是由总供给函数和总需求函数的交点决定的。可是，总供给函数主要关注的是物质的供应情况，其中道理不用我说，大家也都明白。函数的形式对于我们来说或许有点陌生，可是函数的基本因素却是平凡无奇。在第二十章中，我们还要再次对总供给函数进行探讨，以就业函数的名义对总供给函数的反函数进行探讨。可是最普遍的情况是，人们往往不太关注总需求函数的地位了，所以本书第三第四编会专门把总需求函数拿出来讨论。

总需求函数代表的是任何既定的就业量和这个就业量预期可以实现的"收益"（proceeds）之间的关系。这个"收益"乃两个数量之和，即这一就业量所带来的消费量和投资量二量之和。大体上，这两个量都有哪些决定性因素，划分得还是比较明确的。本编只对前者进行探讨，也就是当就业量位于某个水平时，消费量由哪些因素来决定。第四编则会对投资量的决定性因素进行讨论。

这里出现一个问题：假设就业量位于某个水平，那么有多少会用到消费上？所以准确地说，我们在对函数进行探讨时，应该把消费量（C）和就业量（N）进行关联考虑。可是为了省事，我们可以用 C_w（用工资单位计算的消费量）来表示 C，用 Y_w（也就是某就业水平 N 的所得量，也是用工资单位来计算的）来表示 N，而对稍微有点差异的一个函数进行讨论。后一种办法有一点会遭到质疑，那就是 Y_w 不一定一直是 N 仅有的一个函数。Y_w 和 N 的关系，可能要被就业量的性质所影响（尽管影响不是太大）。也就是说，假如总就业量 N 一样，可是因为分配方法在各个行业不一样，那么因为各个行业的就业函数形状上的差异（在下面第二十章，这一点还会被探讨），所以 Y_w 也许会不一样。在某些特殊的情况下，我们要尤其关注这个因素，可是通常情况下，基本上都大同小异，只要 Y_w 仅有的一个决定性因素是 N，那么就可以给出这样的定义：所谓消费倾向者，就是 Y_w（用工资单位来计算的收入水平）和 C_w（这个收入是用于消费的，也用工资单位来计算）的函数关系 X，就可以这样表示

$$C_w = X(Y_w) \text{ 抑或 } C = W \cdot X(Y_w)$$

一个社会的消费量，明显和以下因素有关：（a）收入量；（b）其他外部环境；（c）组成这个社会的各个分子的主观需求、心理倾向、个人习惯以及彼此之间的分配方法（产量上升时，

分配方法或许会有所改变）。消费的各个企图之间是彼此发生作用的。要想对它们进行划分，明显有"强人所难"的嫌疑。可是为了理清思路，可以划分成主观因素和客观因素这样两大类进行探讨。像人性的心理特点、社会习惯以及社会制度都属于主观因素，后面两项短时间内，总体上是不会有什么大的变化的。只有在发生革命，或非同寻常的状态下才会发生改变。下章将详细探讨主观因素。假如要从历史的角度进行研究，或从对比不同种类的社会体系的角度来进行研究，则不得不考虑这些主观因素的改变会对消费倾向产生什么样的影响。可是在下文中，我们会基本假设主观因素维持原状，从而假定消费倾向只会因为客观改变而发生变化。

II

会对消费倾向产生主要影响的客观因素如下：

（一）工资单位的变化。很明显，说消费量（C）是（一定意义上的）真实收入的函数，要比说它是什么货币收入的函数更恰当一些。假设技术、喜好，以及对收入分配起到决定性作用的社会条件都是固定的，那么一个人实际收入的多少，取决于他可以掌控的劳力单位（labour-units）的多少。也就是说，取决于其用工资单位进行计算的收入的多少——尽管当总产量上升时，因为报酬递减律的影响，一个人实际收入的增加幅度比不上用工资单位来计算的收入的增加幅度。所以，大体上来说，我们可以这样假设：假设工资单位发生变化，就业量固定，那么消费支出（形同物价）将发生同比例的增减。尽管在某种情况下，我们不得不考虑：当工资单位发生变化时，在雇主和固定收入阶层之间对某特定实际收入量进行分配的方法也会发生变化，进而也许会对消费产生影响。但是此外，我们已经把工资单位的变化计算进去了，因为在对消费倾向的意义进行规定时，所用自变量和依变量的衡量标准都是工资单位。

（二）收入和净收入的差别的变化。前面我们已经说明，说消费量取决于收入，不如说它取决于净收入更恰当一些。因为从其定义来看，当一个人对其消费量的多少进行决定时，他主要想的是他的净收入。在某个特殊的情况下，二者之间也许存在一个相对稳固的关系，也就是有一个仅有的函数，把收入和净收入二者联系起来。可是假如不是这样，那么假设收入的变化不会对净收入产生影响，那么这一部分收入的变化就不会影响到消费，我们就不用考虑在内。同样的道理，假设净收入的变化并不在收入中反映出来，那么这个净收入的变化就必须计算在内，可是除非在非常特殊的情况下，以上因素到底在实际中有多么重要，我表示怀疑。在本章第四节，我们还要对这个问题进行更深入的探讨：收入和净收入之间的差额到底会如何影响消费？

（三）在对净收入进行计算时，并没有把资本价值的不虞之变计算在内。这些不虞之变对于消费倾向的重要性，要远大于收入和净收入之间的差额。因为在这些不虞之变和收入之间，并不存在稳固的或规律性的关系。资产阶级的消费量，或许非常关注其财富的货币价值的不虞之变。这个可以算是短时间内，会对消费倾向产生改变的一个重要因素。

（四）时间贴现率——也就是现在物品和将来物品的交换比

例的改变。时间贴现率和利率还是有区别的，因为前者会在可以预料到的范围内，把货币购买力的改变考虑在内，还要把各种风险都考虑在内，像没收性的赋税，能否活到对将来物品进行享受等。可是作为最接近的一个值，时间贴现率可以用利率来代替。

这个因素到底多大程度上影响一既定收入量中的消费量，的确有待商榷。经典学派觉得利率会让储蓄的供需求量一致，所以得出这样的结论：假设其他条件是固定的，那么消费支出和利率是呈反方向变化的，也就是说，当利率上升时，消费会明显下降。可是大家都认可这样一个事实，利率的变化会对目前的消费产生的影响，要取决于几种反方向力量有多大。比如说，当利率上升时，有人愿意加大储蓄量，有人却想要减少储蓄量。在很长一段时间中，假如利率发生了很大的改变，那么社会习惯兴许会发生改变，进而对主观的消费货币产生影响，不过是朝哪个方向影响的依然不好说，除非有现实经验。而利率短时间内，如果只是发生了很小的变化，大体上不会对消费产生直接影响，不会让其发生增减变动。只要其总收入依然和前面的一样，应该鲜有人在利率下降了一厘时，就对其生活方式进行改变。对于间接方向的影响，或许要大一些，可是方向也未必一样。利率影响消费最主要的渠道，兴许就是当利率发生变化时，证券以及其他资产难免会出现增减变动的现象。假设一个人的资本会偶尔增值，那么他就很可能加大当前消费量。相反，假设他的资本亏损了，他就会减少其当前消费量——尽管从收入这个角度来看，其资本价值依然和前面的一样。可是这种间接影响，我们在（三）中已经说过了。此外，实际经验会告诉我们，假如一个人的收入不变，那么他的消费量不会受到短时间内利率变化的多大影响，除非利率的变化非常大。假设利率已降到最低点，那么一定量的资金可以购买到的年金，和从这项资金中可以取得的利息（年息），二者的比例上升，所以普通人更愿意去购买年金，用于防老，所以负储蓄主要来源于此。

有时由于将来的发展太过于模糊，所以在很大程度上会影响消费倾向，这种不正常的状态，也可以划到本类中。

（五）财政政策的变化。假如个人的储蓄愿望的确被其所预料的将来收益所影响，那么不仅利率会对个人储蓄产生影响，政府的财政政策也会对其产生影响。所得税（特别是鄙视"坐享其成"的所得者）、资本利润税、遗产税等，都和利率一样，关系到储蓄。而且在普通人心中，财政政策的可能变动区间，最起码要大于利率。假如政府有意用财政政策来对收入进行平均分配，那么财政政策自然会对消费倾向产生更大的影响。

假设政府从正常的赋税中，用偿债基金（sinking fund）法来对国债进行清偿，那么就必须考虑到其对于总消费倾向所产生的影响。因为政府的偿债基金是属于一种集体储蓄，所以在特殊情况下，大批量的偿债基金一定会让消费倾向减少。基于这个原因，假设政府用偿债基金政策取代借债政策（或用后者取代前者），将会让有效需求缩减得更加严重（或明显上升）。

（六）个人忽然改变其对于将来收入多少的预期。为了更全面，我们必须把这个因素考虑在内。可是这个因素尽管会对个人的消费倾向产生很大的影响，可是从社会整体的角度来看，应该会相互抵消。而且通常情况下，这个因素极易产生变化，所以产生的影响不会太大。

由此，我们得出这样一个结论：在某种特殊的情况下，假设我们把工资单位（用货币计算）的改变取消，那么消费倾向也许会变成一个比较固定的函数。资本价值的不虞之变，利率和财政政策发生大的变化，虽然会让消费倾向随之发生变化，可是除此以外，依然有很多客观因素会对消费倾向产生影响，尽管也必须考虑在内，可是一般情况下，这个因素太不确定，所以也不会有多大影响。

假设一般经济条件是固定的，那么用工资单位来计算的消费支出主要由产量和就业量来决定，基于这个原因，可以用一个宽泛的"消费倾向"函数，来把其他因素都包涵进去。虽然其他因素可能会发生变化（这点一定要记得），可是在一般情况下，总需求函数中的消费部分，其主要变数的确是用工资单位计算的总收入。

III

消费倾向这个函数相当稳定，所以通常情况下，总消费量主要是由总收入量（二者都是用工资单位来计算的）来决定的，消费倾向自身的变化可被看作不重要的。假如认可这一点，那么这个函数的正常形状是什么样的呢？

不管是从已经了解的人性来看，还是从经验中的事实真相来看，我们可以深信一条基本的心理法则。通常情况下，当收入上升时，人们的消费自然也会跟着上升，可是消费的上升却比不上收入上升的幅度那么大。即，假设消费量用 C_w 表示，收入（二者都用工资单位计算）用 Y_w 表示，那么 ΔC_w 和 ΔY_w 同号，可是比 ΔY_w 小，也就是说，$\dfrac{dC_w}{dY_w}$ 是正数，可是却比一小。

假设我们的研究对象是短时期，则以上法则会更加适用，比如说就业量的反复性变动，就是因为短时期内，有别于比较长久的心理偏向的人类习惯在客观环境发生变化时，没有充裕的时间去与之相适应。个人通常会先维持其一贯的生活水准，然后再对实际收入和维持这一生活水准的费用之差进行储蓄。即便因为收入的变化，消费支出也会跟着发生变化，可是在短时期以内，肯定还有待调整。所以收入和储蓄会朝同一个方向变化，只是一开始储蓄的变化要大一些。

不仅收入水平的短期变化很明显，而且一般情况下，收入的绝对量越大，收入和消费之间的差距也会越大。因此，解决个人及其家属的基本需求是第一要义，等到生活水准提升到了相应的层次以后，有节余时才会把资本累积起来。所以一般情况下，如果实际收入水平上升，那么在收入中，储蓄所占的比重（proportion）也会上升。可是不管储蓄所占的比重会不会加大，我们认为，不管哪个现代社会，以下基本心理原则应该都是适用的：当一社会的实际收入上升时，其消费量不会增加一样的绝对量，所以绝对量上升的一定是储蓄——除非在其他因素方面同时发生非同寻常的重大变化。我们以后会清楚，经济制度的稳定主要得益于这个基本法则。也就是说，当就业量，也就是总收入上升时，就业增量不要都用来对消费增量进行满足。

相反，当就业量下降，收入也跟着下降，而且下降的幅度还不小时，那么不仅个人或组织要将其在状况好时所累积的后备金（financial reserves）拿出来用于消费，让消费量比收入量还大，而且政府也必须这样做，因为政府也会由于无心陷入超支（budgetary deficit）的境地，或为了支援失业而举债融资。所以当就业量降到一个比较低的水平时，总消费量的下降水平不会超过真实收入的下降水平，这可能是因为个人一贯的做法，也可能是因为政府的行为所致。这就可以用来说明，为什么在比较有限的变动区间内，可以实现新的均衡状态。要不然就业和收入的下降一旦开始，就会一直下降到最低水平。

这个简单原则可以得到和以前一样的结论：只有消费倾向发生变化时，就业量才不会随着投资的上升而上升。因为就业量上升时，消费者增加的消费量会比总供应价格的上升小，所以只有当投资增加，把这个差距弥补上，就业量的增加才会有所得。

IV

我们不能小看这样一个事实的重要性，那就是：虽然就业量是预期消费和预期投资的函数，可是假设其他条件是固定的，消费量就是净收入的函数，也就是净投资的函数（因为净收入就是消费和净投资的和）。也就是说，假如在对净收入进行计算时，储备金额（financial provision）越是提得多，那么一定投资水平对消费的产生的好处就越小，进而对就业量的好处也越小。

如果所有储备金额（或补充成本），现阶段的确被用于对现有资本设备进行维持，那么人们不会把这一点忽略掉。可是如果所提基金比现阶段真实维护费要多，那么人们就不会太了解这种行为对就业量产生的影响。因为这多出来的部分不仅不会直接带来现阶段的投资，也不会用到当前消费上，所以这个多出来的部分不得不由新投资来弥补。新投资的需求，和现阶段旧设备的磨损，几乎一点关系也没有，而储备金额的设立是为了后者。最后的结果就是：能被用于产出当前收入的新投资相应减少，所以假设要把一特定的就业量维持住，就一定要加强新投资的需求。上面所说的对于使用者成本中的磨损也是适用的，只要事实上这个磨损没有被弥补。

如果有一座房屋，在没有被弃置不用或被拆迁以前，还依然能用。房主从每年收取的租金中拿出一笔资金当作折旧基金，可是他不仅不把这笔资金用在修葺房屋上，也不用在净收入的消费上。那么这笔资金，不管属于 U 还是 V，在整个房屋的使用年限中，都不利于就业。直到这个房屋需要推翻重建时，以上问题才会迎刃而解。

在静态经济体系中，这些都是无足轻重的。因为在静态体系中，每年旧屋的折旧，刚好和这一年新屋的建造费是相等的，旧屋弃置的速度和新屋建造的速度也是一样的。可是在动态经济体系中，特别是刚刮过长寿资产投资风以后，这些因素会特别重要。因为在这种情况下，雇主为了对现有设备进行维护和更新，就需要提取一大笔折旧基金，尽管随着时间的流逝，这些设备会损耗一部分，可是不至于将所有基金都用来修缮，所以这个基金会吸收一大部分新投资，于是收入只能处于一个比较低的水平，而总净投资为了与之相匹配，也只能处于一个低水平。所以在旧设备需要重新购买（提取折旧基金也正是基于这个原因）之前，相当长一段时间内，折旧基金这一项便让消费者失去消费能力，也就是说，折旧基金会使得当前到有效基金需求减少，只有在旧设备真的需要更新换代时，有效需求才会增加。此外，如果再有所谓"财政稳健政策"（financial prudence），也就是说该设备的真实损耗和折旧基金之间存在巨大的差额，那么累加在一起的结果会尤其严重。

拿美国来说吧。1929 年，因为过去五年中资本大肆扩张，所以偿债基金和折旧基金都是个大数字，而设备更新换代的时间还没到，于是这些基金把大部分新投资都吸收了。当时几乎已经找不到新投资了，无法给人们在充分就业条件下的富裕社会中所愿意提供的新储蓄找到途径。只是因为这一个因素，就可能带来萧条。而在萧条时期，还有很多大公司，只要是在自己能力范围内，依然执行财政稳健政策，又严重地阻碍了经济早日振兴的到来。

再拿如今（1935 年）的英国来说吧。之所以如今的偿债基金比当前实际需要的修缮费和再次购置费高得多，就是因为"战后"有不少住宅建筑和其他新投资。假设地方当局或公共组织是进行投资的人，那么他们会更容易被所谓"健全"财政（sound finance）原则所局限，通常还不需要进行再次购置前，就把之前的成本都提完了，这样就会让这种情况变得更严重。最后的结果就是，就算私人愿意把所有净收入都用于消费，可是因为当局或半官方机关正依法大量提取偿债基金（不管对应的有没有新投资），所以很难把充分就业恢复。我想，地方当局每年所提取的偿债基金，必然比每年投资支出的一半还要多。

我们不清楚，卫生部（Ministry of Health）知不知道，当他们执意要求地方当局提取大量的偿债基金时，这种政策会不会加剧失业问题？假设建筑协会（Building Societies）给个人出资，帮助其把房屋建起来，而房主想要在房屋还可以继续使用时就把债务偿付完毕，那么和平常相比，储蓄量就会多得多。可是，可能是因为这个因素直接让消费倾向下降了，而不是因为它把净收入减少了，所以才会导致消费的下降。用实际数字来说话吧，建筑协会出资的偿付数，1925 年是 24,000,000 镑，到 1933 年增加到 68,000,000 镑，而 1933 年新增加的资金就有 103,000,000 镑。想来，如今的出资数额还要多。

通过产量统计数字可以得到的是投资额，而不是净投资额，在考林·克拉克（Colin Clark）所著的《国民所得 1924—1931》一书中，这个事实已经被说得很清楚。他还提出：在投资值中，损耗等项目所占的份额往往很大。比如说，他猜测 1928 年至 1931 年大不列颠的投资和净投资见下表（可是他所谓的毛投资，可能要大过我的投资，那是因为毛投资可能涵盖了一部分使用者成本；而他所谓的净投资和我所谓的净投资，我不清楚究竟是否一致）：

年份	毛投资 （单位：百万镑）	旧资本之折旧	净投资
1928	791	433	358
1929	731	435	296
1930	620	437	183
1931	482	439	43

库兹涅茨（Kuznets）先生在对美国 1919 年至 1933 年的毛

利资本形成（gross capital formation）（即我所谓投资）进行计算时，也得出了相似的结论。来源于产量统计的肯定只是毛投资，而不是净投资。对于毛投资转变成净投资的过程中会遇到的困难，库兹涅茨氏也察觉到了。他说："其中的困难就是现有耐用品每年耗损量的改正，而这个困难不仅仅只是材料不足，还在于耐用品每年耗损量这个概念自身就是模糊的。"所以，他只能假设："企业账簿中所记载的折旧和损耗，把该企业现有耐用品的耗损量准确反映出来了。"可是在另一方面，他并没有竭尽全力把私人手中的房屋和其他耐用品的耗损量清除掉。下表可以把库氏的计算结果展现出来（单位百万美元）：

年份	毛资本形成（商业存货之净改变，已计算在内）	雇主之加工、修理、维持、折旧与折耗	净资本形成（库兹涅茨的定义）
1925	30,706	7,685	23,021
1926	33,571	8,288	25,283
1927	31,157	8,223	22,934
1928	33,934	8,481	25,453
1929	34,491	9,010	25,481
1930	27,538	8,502	19,036
1931	18,721	7,623	11,098
1932	7,780	6,543	1,237
1933	14,879	8,204	6,675

从上表，我们明显可以发现：从 1925 年开始的五年间，净资本形成极其稳定，即便是在经济振兴的末期，也只增长了10%。即便是在经济萧条最严重的时期，雇主的修理、维修、折旧、损耗的减少也依然在一个很高的水平上。库兹涅茨所采用的方法，也许对每年折旧等项目的增加数估计得太少了，他

觉得这个增加数还不到每年净资本形成的 $1\frac{1}{2}$% 。从 1929 年以后，净资本形成飞速下降，1932 年和 1925—1929 五年间的平均数字相比，下降了 95% 以上。

上面所说的结论，从某种程度上来说，确实跑题了。可是我们不得不重视一点，假设社会的资本量已经很大了，那么在对净收入进行计算时，只有先从收入中减掉一个大数额，所得的差额才能用于消费。假如我们把这一点忽略了，那么，即便群众愿意消费掉净收入的大部分，消费倾向依然会呈下降的趋势。

重申一遍，所有经济活动都只有一个目的，一个对象，那就是消费。就业机会肯定会被总需求量所束缚，总需求只可能来源于这样两个途径：一是当前消费；二是现在为将来的消费做准备。在可以获取利润的这个前提下，我们现在可以预先准备将来的消费，而不能推到遥远的将来。而且从社会观点来看，要给未来提供消费，不能把眼光放在理财上，而只能在当前踏踏实实地创造出物质。所以假设当前的社会经济组织同意在对将来消费进行准备时，把财政和物质完全分离开来，那么努力得到前者未必即得到后者。这样一来，财政稳健政策就会减少总需求，进而给公共福利带来危害。这样的例子多如牛毛。而且，我们提前给将来准备的消费越多，就越难找到更多的未来消费来预先准备，那么，我们就会更加依赖当前的消费作为需求的来源。遗憾的是，收入越多，收入和消费之间的差距也会越拉越大。假设没有新方法，问题就会一直摆在那里，除非增加失业率，让社会贫穷到收入和消费的差额刚好等于当前可以获得利润这个前提下为将来消费做准备而生产的产品价值。

问题还可以这样来解读。可以用当前所生产的物品满足一部分消费，还可以用之前所创造的物品来满足一部分，也就是动用负投资。假设消费的满足渠道是后者，那么现在（消费）需求也会跟着下降，因为当前一部分支出不能再转变为净收入的一部分。相反，假设本期所生产的一种物品，是为了对将来的消费进行满足，那么当前的需求就会增大。所有资本投资早晚都会变成负投资，所以怎样让新资本投资（经常比资本负投资还大）以用来对净收入和消费之间的差距进行填补，就成了一个大问题，而且随着资本的增加，这个差距越来越难以填补。只有当人们预料将来的消费支出会上升时，当前的新投资才会比原有资本的负投资大。每次我们通过增加投资来维持今日的平衡时，便会加大得到明日的平衡的难度。唯有预计今后的消费倾向将增加，今日的消费倾向下降才和公共利益相符。"蜜蜂的寓言"告诉我们——明日的欢乐，是今天可以严肃的必不可少的条件。

我们还不得不提一件很怪异的事情。对于上面所说的困难，好像只有当投资者是政府机关，比如说政府铺路或建房子时，人们才会意识到。一般人对政府采用投资方式来提高就业率表示反对，最常见的一个理由就是：这类计划将给未来带来困难。他们经常会问："假如你把一个人口保持不变的所需要的住宅、道路、水电厂、市政厅等都建起来以后，你还有什么存在价值呢？"可是一般人却难以理解，私人进行投资，或私人进行工业上的扩张，也会遇到同样的困难。特别是后者，因为相比对于住宅的需求，其更容易满足对于厂房设备的需求，而且只能把每个人所拥有的资金的很少一部分吸引过来。

在这些地方（其他有关资本的学术研究上，也是这样认为的），我们思路之所以还存在模糊的地方，就是因为我们还有待进一步认识：资本必须和消费紧紧相连，不能单独存在。相反，假如消费倾向有所减少，便会形成一种习惯，那么就不单纯是消费需求会下降了，资本需求也会下降。

第九章
消费倾向：（二）主观因素

I

假设以工资单位计算的总收入不变，以上客观因素也不变，会对一特定量收入中的消费量产生影响的还有第二类因素——这就是很多会对消费产生决定性作用的社会的、主观的企图。这些因素其实平平无奇，所以我们只需要把一些重要的因素列举出来就可以了，不用仔细加以讨论。

通常情况下，有这样八种带有主观色彩的动机或目标会让人将收入保存起来。这八种动机分别是：

（一）为了预防不测而准备的储备金。

（二）预防将来收入比不上今日高，而自己和家庭的用度比今日还高，像养老费、子女在教育上的支出、亲属的扶养费等，而且今日和将来在收入和需求的关系上面也是不一样的。

（三）获取利息和财产增值，也就是说有人愿意把当前的一个小消费支出保存起来，以用于将来更大的消费（二者都是用实物来计算的）。

（四）尽管人的享受能力可能会越来越低，可是出于人类本能，总是期盼生活水平越来越高，消费水平也越来越多。

（五）尽管没有什么特别的用处，可是依然想要获得独立感和成就感。

（六）拥有进行投资或事业发展的启动资金。

（七）把财产留给后代。

（八）单纯为了满足守财奴的愿望，也就是一直以来都敌视消费，过度节俭。

上面这八种动机，概括起来就是这样几个词：小心、深谋远虑、计算、改善、独立、事业、自豪和贪心不足，与之相对应的消费动机是：享受、短视、大方、失策、夸耀和奢靡。

此外还有大量收入，在现代工业国家（像英美）中总储量中大概占到三分之一至三分之二的比重，这些储蓄来源于各级政府机关、各种组织和企业，和个人的储蓄相比，动机类似，可是却不一样，主要有这样四个方面：

（一）经营动机——可以在市场上进行更多的资本投资，而不需要借贷或募集资本。

（二）流动动机——获取流动资源（liquid resources），以应对不虞之变和萧条。

（三）改善动机——如果可以做到收入年年递增，那么经理就不用遭受批评了，因为人们很难分辨出，收入的上升，究竟是因为过去的累积，还是当前效率的提升。

（四）谨慎动机——财政上保持小心谨慎的态度，所以要多预备一些基金（financial provision），比使用者成本和补充成本还多，以使债务的清偿速度或原成本的注销速度，比资产的实际折旧率和损耗率还要高。资本设备的数量和属性，还有生产变革的速度，会对这个动机的程度起到决定性作用。

上述这些动机，都会让收入的一部分不用在消费上，和它相对应的是，有时在很多动机的驱使下，消费会比收入还高。以上所列举的私人储蓄动机中，有一部分会和后面的负储蓄相呼应，像储蓄动机中为了养老需要、家庭需要的部分就属于这一类。通过借贷来支付失业救济金就属于负储蓄。

这些动机的强度，会因为各种因素的影响而表现迥异，它会随我们所假设的经济制度和经济组织，随教育、规定、宗教、民族，还有现行道德观等因素影响下所约定俗成的习惯，随过去的经验和现在的渴盼，随资本设备的数量和技术，随现在的财富分配方法和社会各阶层已固定下来的生活水平，而大有不同。可是本书将不会对重大社会变革所产生的影响，或长久进步的缓慢作用进行论述，当然除极个别的题外文以外。这也就是说，主观储蓄动机和主观消费动机的主要背景会被我们看成是确定的。财富的分配方法，既然是由比较稳定的社会结构来决定的，那么它就只能在岁月的打磨中缓慢发生变化，所以本书也将它看作确定的。

II

主观的和社会的动机的主要背景的改变进程是非常缓慢的，而利率和其他客观因素的变化在短期内又不会产生多大的影响，所以我们就可以得出这样一个结论：短期内消费量的变动，主要是缘于收入（用工资单位计算）的变化，而不是因为一特定收入量下消费倾向的变化。

我们必须澄清这样一个误解。上面说，比较适当的利率变化，不会多么严重地影响消费倾向。但这并不是说，利率变动对于实际储蓄量和实际消费量的影响也不大。相反，利率变动会对实际储蓄量产生非常大的影响，可是和一般人所想象的不同。即便利率的上升确实可以起到把消费倾向减少的作用，可是我们可以肯定地说，利率的上升，会让实际储蓄量减少。因为总储蓄是由总投资来决定的，而适量提高利率或少投资——除非投资需求的变化，把利率上升所带来的影响抵消掉了。所以利率的上升肯定会让收入下降到一个水准，使得储蓄减至和投资一样的水平。再加上收入的减少幅度（从绝对数量这方面来说），肯定比投资的减少幅度要大，所以把利率提高就会让消费减少。可是这并不是说，利率提高以后，储蓄的数量也会大幅度上升。相反，储蓄和消费都会下降。

所以，从整个社会的角度来看，即便把利率提高了，一特定收入量中的储蓄量确实会上升，可是我们仍然可以肯定地说：假如投资需求表固定，那么利率的提升势必会让实际总储蓄量下降。此外，假设其他条件都不变时，我们还会明白，提高利率时，收入会下降多少。因为如果提高了利率，而资本的边际效率维持原样，那么投资就会下降。因为收入减少的数量一定可以通过这样的方法算出来：在现有的消费倾向之下，收入减少所带来的储蓄数量减少，肯定和减少后的投资数量一样。下面一个章节会对这个问题进行更全面的探讨。

假如我们可以保持收入不变，那么利率的提高也许会诱导我们尽可能多地储蓄。可是假如利率的提高会对投资带来阻碍，那么我们的收入也必须有所变化。这时收入一定要下降，才能让储蓄能力下降，从而把高利率给储蓄意愿带来的影响抵消掉。所以品德越高尚的人，越有节俭心的人，越能坚持执行个人和国家传统的财政政策，那么当利率相对于资本的边际效率来说上升时，收入下降的幅度就会越大。这些结果是必然会出现的，顽固不化者，只会得到罚，而不是奖赏。

这样说来，难道实际总储蓄量和总消费量，和小心、深谋远虑、计算、改善、独立、事业、自豪和贪心不足都毫无关联，和高尚的品行和失德（virtue and vice）也没有任何关联，只取决于利率和资本的边际效率，取决于对投资会有多大好处吗？不，这种说法明显有点过了。假设利率时常和充分就业不相符，那么美德又会将其地位恢复，在充分就业的前提下，资本的累积速度，取决于消费倾向的降低速度。我们还可以发现，经典学派对节俭之人进行歌颂的原因，是他们私底下假设，利率确实和充分就业是不相符的。

第十章
边际消费倾向和乘数

我们在第八章中明确了这样一点：只有当消费倾向改变时，就业量才不仅仅只被投资所影响。现在我们可以进一步扩展一下这个思路。在一种特殊情况下，我们可以在收入和投资之间确定一个被叫作乘数（multiplier）的比例关系，假如再加上更多假设，简化问题，那么还可以在总就业量和直接被用到投资上的就业量（叫作第一级就业量 [primary employment]）之间，确定一个被叫作乘数的比例关系。在我们整个就业理论中，这一步是必不可少的。这一步完成以后，假设消费倾向固定，我们才可以在总就业量、总收入和投资量之间，确立一个明确的关系。卡恩（R. F. Kahn）氏在其所著的《国内投资与失业之关系》一文中（载《经济学杂志》[Economic Journal] 1931 年 6 月号），首次创用了乘数这个概念。他的主要观点是这样的：假设在多种前提条件之下，消费倾向和其他条件是固定的，又假设金融机构或其他政府部门想办法激励或阻碍投资，那么随着投资数量的变化，就业量也会跟着变化。这篇文章的宗旨就在于成立几个普遍性的原则，用来对投资净增量和因此所带来的总就业量的增量进行估计，可是在没有对乘数进行论述以前，最好先把边际消费倾向这个概念引进来。

I

在本书的讨论范围内，真实收入的变化原因，只局限于一特定资本设备上就业人数的变化，所以随着就业人数的变化，真实收入也会跟着发生变化。假设给一特定资本设备增加劳动力出现了报酬下降的情况，那么用工资单位计算的收入的增加比例就会比就业量的增加比例大，就业量的增加比例又会比用产物计算（如果这能变成现实的话）的真实收入的增加比例要大。可是，因为资本设备的变化在短时间内非常不明显，所以，不管是用产物计算的真实收入，还是用工资单位计算的收入，都会一起增加，一起减少。真实收入因为计算单位是产物，可能不能得到非常精确的数字，所以用 Y_w（用工资单位计算的收入）的变化来代表真实收入的变化最好。通常情况下，Y_w 的变化比例比真实收入的变化比例要大，不管在什么场合，我们都要正视这个事实，可是因为二者经常一起增加，一起减少，所以可以相互替代。

前面我们讲过，如果社会的真实收入有所变化时，消费量也会因此发生变化，可是后者的变化幅度要比前者小。Y_w 既然可以把真实收入替换掉，那么这个正常心理法则就可以译成这样的命题（这种译法也不是完全正确，还需要经过很多指正，可是这些指正是显而易见的，假设为了让形式上更加完整，把这些指正点列进去其实也很容易）：ΔC_w 和 ΔY_w 的符号是相同的，可是 ΔY_w 比 ΔC_w 大，其中用工资单位计算的消费量是用

ΔC_w 表示的。这只是再次论述了一遍前面已经成立的命题（第三章第二节命题 8）。$\dfrac{dC_w}{dY_w}$ 被我们定义为边际消费倾向。

$\dfrac{dC_w}{dY_w}$ 这个数量极为关键，它可以告诉我们，当产量上升时，这个增加的部分是如何在消费和投资上进行分配的。由于 $\Delta Y_w = \Delta C_w + \Delta I_w$，其中 ΔC_w 是消费增量的代表，ΔI_w 是投资增量的代表，所以 ΔY_w 和 $k\Delta I_w$ 是相等的，其中 $1 - \dfrac{1}{k}$ 就是边际消费倾向。

k 被我们叫作投资乘数（investment multiplier），从这个乘数我们可以知道，当总投资量上升时，收入的增加量将是投资增量的 k 倍。

II

卡恩先生的乘数和这个有点差别，我们就用 k′ 来代表，把它命名为就业乘数（employment multiplier）。因为卡恩先生的乘数是为了对投资品工业中第一级就业量的增值，和因此所带来的总就业量的增量二者之间的比例进行权衡。即，假设 ΔI_w 代表的是投资的增量，ΔN 代表的是投资品工业第一级就业量的增加，那么 $\Delta N = k'\Delta N_2$ 就代表的是增加的总就业量。

通常情况下，我们没有理由假设 k 和 k′ 是相等的，因为我们也许不能假设各业的总供给函数的有关部分刚好具有下面的特点：需求增量和因此所带来的就业增量之间的比例，在各行各业都是一样的。我们可以轻而易举地想象出，假如边际消费

倾向和平均消费倾向之间有很大的差距，那么 $\dfrac{\Delta Y_w}{\Delta N_w}$ 也许就不会

和 $\dfrac{\Delta I_w}{\Delta N_2}$ 相等，因为在这种情况下，消费品需求和投资品需求的变化幅度有很大的差别。假如我们要考虑两组工业的总供给函数的有关部分在形状上的不同，那么我们就很容易把下面的论证写成更常见的形式。可是考虑要表述基本观点，最好先对一个简单情况进行探讨，那就是假设 k 和 k′相等。

假设社会的消费心理使社会把其收入增量的十分之九都消费掉，那么 k =10。由此，假设其他方面的投资都固定，而政府对公共投资进行增加，那么因此所带来的总就业量的增加，将是该公共资本自身可以提供的初期就业量的十倍。假设当就业量和真实收入都上升时，社会依然保持原有的消费量，那么在这种情况下，而且也只能在这种情况下，总就业量的上升说的仅仅只是该公共投资自身可以提供的初期就业量。相反，假设社会把所有增加的收入都消费掉了，那么物价将会一直上涨，而经济就难以保持在一个稳定的状态。所以在正常社会心理下，只有当就业量上升、消费倾向发生变化时，才会同时出现就业量上升、消费量下降的情况，比如说在打仗期间，因为宣传的影响，人们的消费量会下降。只有在这种情况下，在工业的就业量上加大投资，才会对消费工业的就业量没有好处。

下面所说的，确实只是用简明的语言把读者也许已经明白的东西给归纳了一下而已。只有当公众愿意加大储蓄的力度，才能增加投资（二者都是用工资单位来计算的）。通常情况下，只有当总收入上升时，民众才会加大储蓄的力度。被民众消费

掉的收入的增量，会刺激生产，增加收入，对收入的分配产生影响，让储蓄和投资的上升比例相符。从乘数中，我们可以知道，就业量必须增加多少，才能让真实收入的增加可以诱惑公众进行额外的储蓄，所以乘数也是民众心理倾向的函数。假设把储蓄比作药丸，把消费比作果酱，那么，额外果酱的数量就必须和额外药丸的大小成比例才行。所以我们就会形成这样一个法则：对投资品工业中的就业量进行增加，势必会带动消费品工业的发展，进而让就业的总增量比投资品工业中就业量的增量还大。

通过上面的论述，假设边际消费倾向的值和 1 很接近，那么投资极小的变化，就会让就业量发生大的变化，所以只需要少量增加投资，就可以实现充分就业。相反，假设边际倾向的值和零相差无几，那么投资量发生极小变化，也不会带来就业量太大的变化，所以为了实现充分就业，就必须大量增加投资。在前一种情况下，假如任由不自愿的失业发展，尽管会引起不小的麻烦，可是弥补起来很简单。在后一种情况下，尽管就业量的变动不大，可是极易保持在一个极低的水平，而且要想补救，必须下猛药才行。事实上，边际消费倾向的值好像游离在这两个极端之间，可是更靠近 1，而不是 0。结果我们就同时拥有了这两种害处。就业量的变化非常大，为了实现充分就业的目的，就必须增加投资，而且这个量还不小，实际操作起来有很大的难度。遗憾的是，这个变化太大了，会让我们很难弄清楚疾病是什么性质的，而疾病又有这么大的害处，又让我们必须了解了病情，才能对症下药。

假设实现充分就业以后，不管消费倾向的值是多少，再想增加投资就会让物价一直上涨。也就是说，真正的通货膨胀到来了，可是在这一点之前，总实际收入会因为物价的上涨而增加。

III

以上专门对投资的净增量进行了讨论。假设不加任何指正地采用上面的结论，那么在对政府增加公共投资的影响进行讨论时，就必须先假定这样两个前提：（a）其他方面的投资不变，（b）消费倾向也保持不变。上面之所以引用卡恩氏论文的中心思想，就是为了找出比较重要的、不容忽视的抵消因素，并想办法预计其数量。因为在现实情况下，不仅某种投资的增加会对最后的结果起到决定性作用，其他因素也不容忽视。所以假设政府在公共投资上多雇用了十万人，又把乘数设为 4，我们就不能武断地说，总就业量会上升 40 万人。因为这个新举措也许会不利于其他方面的投资。

卡恩氏觉得，下面各因素应该在现代社会中引起重视（第一第二两因素在没有阅读本书第四编以前，可能难以理解）：

（一）假如政府要执行政策，就必须募集资金，而且，当就业量上升时，物价也会跟着上升，周转资金（working cash）的需求也会跟着增加。二者都有可能提高利率，所以只有当金融机构想办法把利率压低时，其他方面的投资才不会受到影响。而且因为资本品的成本上升了，资本的边际效率就会下降，所以，对于私人投资者来说，利率就必须比政府还没有执行公共投资政策以前低，才能把这种下降抵消掉。

（二）社会心理通常难以预测，所以当政府执行公共投资政策时，也许会对公众的"信念"产生影响，结果会让灵活偏好（liquidity preference）上升，或让资本的边际效率下降。后二者假如不想办法进行抵消，会对投资造成不好的影响。

（三）假设一国和其他国家有贸易往来，那么其他国家的就业量会享有一部分投资增量的乘数所带来的好处，因为一国的贸易顺差（favourable balance），会因为一部分就业量的增加而下降。所以，假如我们只对本国的就业量进行讨论，而不对世界的就业量所受到的影响进行讨论，那么我们就必须把乘数值降低。另外，我国会因为他国的乘数作用对他国的经济活动进行提高时得利。我们失去了一个，却也得到了一个，可弥补一部分。

又假如投资的变化幅度太大，那么我们就必须考虑：当边际的位置缓慢移动时，边际消费倾向会逐步发生变化，进而还必须把乘数值的变化考虑在内。边际消费倾向并不是和就业量的水平完全无关。也许当就业量上升时，边际消费倾向会下降，也就是说，当真实收入上升时，社会愿意用来消费的比例会下降。

上面都是普遍性的准则。此外，还有其他因素也可能会对边际消费倾向产生影响，从而给乘数带来影响。通常情况下，这些其他因素好像在增强这个普遍性准则的走势。可从这样两个方面来找原因，其一，短期间会因为报酬递减规律的作用，所以当就业量上升时，在总收入中，雇主的收入会占据比较大的比重，而雇主的边际消费倾向，也许会比社会整体的平均边际消费倾向还要小。其二，当出现失业现象时，也许同时存在另一部分人（私人或政府）在进行负储蓄，失业者要想继续生存下去，要么通过自己或亲友的储蓄，要么通过政府接济，而救济金有一部分又来源于政府借贷。当失业者再次就业时，这种负储蓄行为会慢慢变少，进而让边际消费倾向也减少。在没有出现失业者再就业的情况时，即便国民收入的增量一样，边际消费倾向的下降速度也会比较慢。

不管怎样，当投资净增量很小时，乘数值就大；当净增量很大时，乘数值就小。所以假设投资变化幅度很大时，我们的依据就必须是乘数的平均值，乘数的平均值又要以该段投资增量中，边际消费倾向的平均值为基础。

卡恩氏曾经设想过很多特殊的例子，之后对这种种因素给乘数值可能带来的影响进行了探讨。当然，这里要想得出一个普遍性的结论是很难的，可是却可以总结出这样几个观点，比如说，一个极具代表性的近代社会，也许用于消费的会是真实收入增量的八成左右。如果该社会是一个封闭的体系，失业者的消费又来源于其他人消费的转移，那么把抵消因素考虑进以后，乘数值应该和 5 差不多，并不至于小许多。可是假如一国和其他国有贸易往来，外来消费品在总消费中占到了两成，失业者从借贷（或其他相似的方式）得来的消费，大概占到其就业时正常消费量的一半，那么乘数值也许会变成 2 或 3。所以假设有两国，其中一个国家的国际贸易的地位举足轻重，失业救济金又是主要通过政府借贷（像 1931 年的英国）而来，在另外一个国家，相似的因素所占的比重较小（像 1932 年的美国），又假设两国投资量的变动一样，那么因此所带来的就业量的变化在两国之间就会有很大的差距，前一个国家小得多，而后一个国家大得多。

投资在国民收入中占的比重很小，可是当投资数量发生变化时，却可以让总就业量和总收入的变化幅度比投资量本身的变化幅度高得多。在乘数原则出现以后，这种现象也有了合理的解释。

IV

上述讨论都以一个假设条件为基础，那就是人们已提前预料到了总投资量的变化，所以当资本品工业产量增加时，消费品工业的产量也会增加，消费品价格的变化，只限于当产量上升时，消费品工业才会出现报酬递减的现象。

可是我们也不得不关注到：人们并不能准确预料到每次资本品工业中产量的增加。假设出现这种情况，那么只有经过一段时间的酝酿以后，初期的投资者才会对就业量产生十足的影响。这是一个再明显不过的事实，可是有些人却把这样两件事情混为一谈：一是乘数理论本身，不管在什么时间，它都是成立的，也不会在时间上有时间间隔（time lag）；二是只有在经过一段时间以后，资本品工业扩张时所产生的后果才会慢慢呈现出来，并且时间上有时间间隔。

为了把这两件事情之间的关系理清楚，我们想要指出这样两点，首先，假设人们没有预料到或者没有完全预料到资本品工业的扩张，那么总投资的增量和资本品工业的增量就不会马上相等，而是会慢慢增加。其次，边际消费倾向的值或许短时间会偏离正常值，之后才会慢慢变成正常值。

　　所以，如果人们事先没有充分预料到资本品工业的扩张，那么在一段时间内（over an interval of time），不同时期，投资增量的值会组成一系列数值，而边际消费倾向的值在不同时期也会组成一系列数值，这两个系列的数值，不仅不同于人们提前预料到了该资本品工业的扩张情况，也不同于该社会的总投资已经在一个新水平固定下来以后的值。可是不管在哪个时期，乘数理论始终是成立的，也就是说总需求的上升，和总投资增量与乘数的积相等，乘数则取决于边际消费倾向。

　　现在，我们假设资本品工业中就业量的上升完全没有被人们预料到，所以消费品的产量一开始没有任何变化，这种极端的情况是对上文最清楚的说明。因为在这种情况下，资本品工业中的新就业者，想要消费掉收入的一部分，于是消费品的价格会水涨船高。消费品价格提高以后，将通过以下三种方式使消费品的供应和需求暂时达到平衡：一是一部分消费品短时间内往后拖延，二是利润上升，收入被再次分配，对储蓄阶层有利，三是存货量下降。如果均衡的恢复一定程度上是因为消费的暂时往后拖延时，边际消费倾向和乘数都会暂时下降；如果一定程度上是因为存货下降时，总投资的增量会短时间内比资本品工业中投资的增量小，也就是说，被乘数的增加，会比资本品工业中投资的增量小。随着时间的流逝，消费品工业也会慢慢地和新需求相适应，所以当被推后的消费得以满足时，边际消费倾向的值会短时间内比正常值高，高出的部分可以抵消之前不够的部分，最后回到正常值。当存货量回到原来的状态时，总投资的增量会短时间内比资本品工业中投资的增量大（当运用资本［working capital］因为产量的上升而上升时，短时间内也会出现同样的结果）。

　　只有一段时间过后，意外的变化才能把它对就业量的所有作用都发挥出来，在某种情况下，这个事实非常关键，特别是在对商业循环（像我在《货币论》中所参照的逻辑一样）进行分析时更是如此。可是这个事实，对于本章乘数理论的重要性不会产生任何影响。乘数这个概念，依然可以用来指出：当资本品工业扩张时，就业量预期可以得到多少利益。而且，当消费品工业已经达到生产能力的巅峰值时，要对产量进行提升，就必须增加设备，而不是只在现有生产设备上增加新劳力。只有这样，我们才能理直气壮地说，短时间以后，消费品工业的就业量就会和资本品行业的就业量同时增加，乘数值也会接近于正常值。

V

　　通过上面的论述，我们知道，由于边际消费倾向的增大，乘数值和一特定量投资变化所带来的就业变化也会增大。因此好像可以得到一个不太清晰的结论：在一个经济不太富裕的社会中，收入中储蓄只占了很少一部分，在一个经济富足的社会中，收入中储蓄占了很大一部分，因此，后一国的乘数值小于前一国，后一国就业量的变化也会因此比前者小。

　　可是这个结论并没有区分开来边际消费倾向所带来的影响和平均消费倾向所带来的影响。假设投资的变化幅度是已知的，那么它的边际消费倾向程度太高，就会带来比较大的相对影响（proportionate effect），可是假设平均消费倾向也高，那么绝对影响依然不大，现在我们用下面的数字为例进行说明。

假设社会的消费倾向是这样的：在现有资本设备上，实际收入不超过 5,000,000 人为之工作可以得到的产量时，社会在消费上消耗掉所有收入；在首次增雇 100,000 人时，社会就会把增产量的 99% 消费掉；在第二次增雇 100,000 人时，社会就会把其增产量的 98% 消费掉；在第三次增雇 100,000 人时，社会就会把其增产量的 97% 消耗掉。以此类推，当就业量达到 5,000,000 + n × 100,000 人时，边际上乘数的值就是 $\frac{100}{n}$，那么投资量就占国民收入中百分之 $\frac{n(n+1)}{2 \cdot (50+n)}$。

所以假设有 5,200,000 人就业时，乘数的值就相当大，等于 50，可是在收入中，投资所占的比重非常小，为 0.06%。所以，如果投资下降了很多，比如说下降了 $\frac{2}{3}$，就业量将只下降到了 5,100,000 人，大概下降了 2%。假设有 9,000,000 人就业，那么边际乘数的值就会比较小，只有 $2\frac{1}{2}$，可是在收入中，投资所占的比重相当大，为 9%，所以假设投资下降了 $\frac{2}{3}$，就业量就会下降到 6,900,000 人，也就是下降 23%。假设投资量下降为零时，那在前一种情况下，就业量会下降为 4%，而在后一种情况下，则会下降到 44%。

从上面的例子中，我们可以知道，就是因为一国的就业量不充分，所以才会比较贫穷。假设贫穷是因为这三个方面的因素造成的：人工技术拙劣、生产技术落后、设备不够精良，那么上面的论述只要简单经过修订就是成立的。所以在贫穷社会中，尽管乘数的值很大，可是在假设富裕社会现行投资在现有产量中所占的比例更大的情况下，投资的变化对于就业量所产生的影响，富裕社会也比贫穷社会大得多。

通过上面的论述，我们很容易发现一点，当出现严重的失业问题时，其在政府投资上增雇一特定量劳工对总就业量所产生的影响要远大于几乎实现充分就业的情况。在上面的举例中，假设只有 5,200,000 人就业时，那么在政府投资上增雇 100,000 人，会让总就业人数增加到 6,400,000 人。可是假如有 9,000,000 人就业，那么在政府投资上增雇 100,000 人，总就业量只会上升到 9,200,000 人。所以即便该政府投资本身可以起到什么作用还存在疑问，只要我们可以假设，当出现严重的失业问题时，在收入中，储蓄只占了很小的比例，那么如果只讨论节省失业救济支出这一项，已经比政府的投资费用高得多。可是当慢慢靠近充分就业的状态时，该政府投资有没有举行的价值，就有待商榷了。又加上在充分就业的范围以内，随着就业量的增加，边际消费倾向会下降，所以想用增加投资这种办法才增加一特定量的就业量就会越来越困难。

只有掌握了这些资料，我们就可以轻松地根据总收入和总投资的统计制成一个表，把商业循环各个时期边际消费倾向的值都列上去。可是我们当前的统计还存在疑问，或者当收集统计时，没有把这个宗旨充分考虑在内，那么我们所做的统计就只是大体上的。据我了解，库兹涅茨氏的美国数字（第八章第四节中已经提到过）是这方面最好的数字，可是也不是特别靠谱。通过这些数字和对于国民收入的估计，可以得到的投资乘数的值，要低于我预料中的数字，而且还要稳定一些。假设单独看每年的数值，那么结果就有点不合情理了，可是如果把各个年份配成对子，那么乘数的值好像比3要小，一直在2.5左右摇摆。因此，边际消费倾向的值，好像不会比60%至70%要高。如果经济处于繁荣时期，这个数字当然没有问题，可是到了经济低迷时，就会太低了，有点不合常理。美国公司财政在经济萧条时期依然坚持非常保守的财政政策，是有可能出现这种情况的。也就是说，假如设备没有得到及时修缮的时候，投资会大幅度下降，可是依然对设备提取折旧基金，那么最后的结果就是，边际消费倾向的上升会受阻。假如情况相反，那么边际消费倾向的值一定会上升。我担心这个因素会加剧最近美国经济的衰败。可是在另一方面，统计资料也许会对投资的下降幅度过分夸张了。听说和1929年相比，1932年的投资量下降了75%以上，而净"资本形成"则下降了95%以上，这也许说得有点夸张了。假如略微改变一下这些估计数字，乘数的值就会受到很大的影响。

VI

假设存在不自愿失业，劳动力的边际负效用肯定会比边际产物的效用要小，可能还会小得多。假如一个人已经很长时间没有就业了，那么他的劳动不但不会有负效用，反倒会有正效用。假如我们认可这一点，就可以得出这样一个结论：举债支出（loan expenditure）尽管"浪费"，可是却可以让社会富裕起来。假如政治家受到了太多经典学派经济学的影响，无法想出更好的办法，那么修建金字塔，甚至打仗、地震等灾祸，都可以让社会财富上升。

有件事情很奇怪，根据常识，人们为了远离经典学派的谬论，通常愿意选择所有"浪费"的举债支出，而不愿意选择部分浪费的举债支出，因为后者不是完全浪费，所以要遵照生意经（business principles）。比如说如果用借贷来支持失业救济，人们是比较愿意接受的，可是如果政府用借贷来推行改良事业，而这个改良物的收益比现行利率还要小，那么人们就不太愿意接受了。人们最愿意接受的一个办法就是，以采金的名义在地上打洞，可是开采金矿却丝毫不会增加世界的真正财富，反倒会带来劳力的负效用。

假设财政部把钞票装在旧瓶子里，然后挖一个深度合适的坑，把这个旧瓶子埋在废弃的煤矿中，再把煤矿用垃圾填满，之后把产钞区域的开采权租给私人。出租以后，就不再过问，任由私人企业挖出这些钞票，假如可以这样做的话，就不会存在失业问题了，而且其对社会的真实收入和资本财富所产生的影响，也许会远远超过现在。当然大肆兴建住宅或类似的东西要科学一些，可是如果存在政治或现实困难，导致政府不能这样做，那么上面所想出的策略总比没有好。

这个方案和实际社会中所谓的采金基本上是一样的。从经验中我们知道，当黄金被埋藏的深度非常适合开采时，世界的实际财富就会急速上升，可是当可以采的金变得非常少时，财富就不会再继续上升，有时还会下降。所以对于文明来说，金矿太重要了，做出的贡献也非常大。就好像政治家觉得战争是大量借贷支出仅有的一个合理的用处一样，打着采金的名义在地上打洞是银行家觉得符合稳健财政原则仅有的一个活动。在想不出更好的办法时，金矿和战争都有利于人类进步。可以在这里提一个小细节，在经济低迷时期，黄金的价格（用劳力和实物来计算）有上升的趋势，这个趋势对经济振兴是有利的，因为从经济的角度来考虑，适合开采的金矿的深度增加了，而且适合开采的金矿的级别下降了。

黄金供应量的上升，也许会带动利率的下降。此外，假如我们找不到更好的办法来提高就业量、提升有用财富，那么对金矿的开采就是非常合乎实际的投资方式。理由如下：首先，采金有赌博的性质，所以开采金矿的人对现行利率并不太关注；其次，采金虽然会增加黄金量，可是黄金不同于其他物品，尽管其数量增加了，可是边际效用却没有下降。房屋的价值由其效用来决定，所以多建一处房屋，房租势必会下降，所以只有利率一起下降时，继续在房屋建筑上投资，才不会导致其利益下降。采金就不存在这种不足，只有提高了工资单位（用黄金计算）时，采金才会受到影响，可是工资单位（用黄金来计算）的提高，只有当就业状态得到极大改善时才会出现。而且，黄金并不同于其他不太耐用的物品，必须把使用者成本和补充成本可能会出现不良反应考虑在内。

古代埃及可以说享受到了两重幸运，因为埃及有这样两种活动（建造金字塔和搜寻贵金属），其产物不能用于人类消费，所以多了也不会影响其效用，肯定是因为这个原因，古代埃及才那么富有。中古时期，人们就建造教堂和做道场。两个金字塔、两场道场，相比一个金字塔、一场道场，其利益肯定是翻倍的。可是在伦敦约克间修建两条铁路就不一样了。现在我们开始变得理性了，把自己打造得像一个小心翼翼地理财家，给子孙后代建造房屋时，会把子孙后代要承担的财政负担考虑进去，因此我们找不到更简单的方法，可以把失业的痛苦规避掉。私人致富的方法如果用在国家行为上，失业自然就不可避免地出现了。

第四编
投资引诱

第十一章
资本的边际效率

I

假设一项资本可以使用 n 年，那么在这 n 年中，该资产可以创造产物，而用这个产物的价值把为得到这一产物所付出的代价减掉，每年的收入就算出来了，用 Q_1、Q_2……Q_n 来表示。这组年收入可称为投资的未来收益（prospective yields）。当一人把一件投资品或资产买进来时，就相当于买来了得到这组年收入将来收益的权利。

该资本资产的供给价格（supply price）和投资的未来收益是对立的。所谓供给价格，就是刚好能吸引厂家在该资产上增加一个新单位所需的价格，而不是在市场上购买该资产所要支付的市场价格。所以资本资产的供给价格，有时也被叫作该资产的重置成本（replacement cost）。我们从一种资本资产的未来收益和供应价格之间的关系中，可以得出这类资本的边际效率（marginal efficiency of capital）的概念。准确一点说，我所说的资本的边际效率，就相当于一种贴现率，把该资本资产的将来收益运用贴现率折算成现值，那么这个现值就刚好和该资本资产的供给价格相等。同样的，我们还可以得到不同资本资产的边际效率，其中最大的边际效率就可以被看作是一般资本（capital in general）的边际效率。

读者要留意这样一点，这里所说的资本的边际效率，就是根据资本资产的预期收益和现行供给价格得出的定义。所以资本的边际效率，就是在新产资产上投资，预期可以得到的回报率（rate of return），而无关历史结果，也就是无关该资产使用到年限以后，回顾过去，原投资成本回报的回报率。

不管在哪个时期，假设增加某类资本的投资，那么随着投资的增加，这类资本的边际效率就会下降。其中一部分原因是该类资本的未来收益会因为供给的增加而下降，还有一部分原因是生产设备所承受的压力会因为该类资本的产量增加而增加，所以供给价格会上升。一般来说，第二类因素对于短时期内达到均衡状态要更重要一些，可是随着时间的流逝，第一类因素的重要性也会慢慢凸显出来。所以可以给每类资本制作一个表，表中要把这些内容显示出来：在一段时间中，要想让边际效率下降到某个特定的数值，就要对这类资本增加多少投资。把这样的表格累加起来，就可以得到一个汇总表，总表会把二者的关系表示出来：一是投资总量，二是和该总投资量对应，并在此基础上成立的一般资本的边际效率。我们把这个总表叫作投资需求表（investment demand-schedule），或资本的边际效率表（schedule of the marginal efficiency of capital）。

显而易见，现行的实际投资量，肯定会达到使各类资本的边际效率都小于或等于现行效率的水平。换句话说，就是投资量肯定会达到投资表上的一点，当达到那一点时，一般资本的边际效率和市场利率刚好相等。

一件事实可以用两种方式表达出来。假设一项资产在 r 时的未来收益为 Q_r，r 时的一镑根据当前利率折现以后的值用 d_r 来表示，那么投资的需求价格就可以用 $\sum Q_r d_r$ 来表示。投资量一定会增加到使 $\sum Q_r d_r$ 和该投资的供给价格（定义见上述）相等的那一点。假设 $\sum Q_r d_r$ 比供给价格小，那么当前就没有在该项资产上进行投资。

所以投资引诱（inducement to invest）不仅取决于投资需求表，也取决于利率。而事实上对投资量起到决定性的因素有多么复杂，则必须等到本编结束时才能知晓全部。可是我希望读者现在就得留心这样一点，如果只是对资产的未来收益和边际效率有所了解，我们还不能推导出利率或该资产的现值。利率必须由其他方面来决定，之后以这个利率为基础，对该资产的未来收益进行还原（capitalising），然后把该资产的现值算出来。

II

以上所说的"资本的边际效率"的定义，和一般性用法有什么关联呢？资产的边际生产力（Marginal Productivity），或边际回报（Yield），或边际效率（Efficiency），或边际效用（Utility），都是我们使用频率很高的名词。可是，在经济文献中，要想找到经济学家们在使用这些名词时想要表达的准确含义，却并不容易。

最起码要分辨这三点不太清楚的地方。首先，是对物质和价值的区分。我们究竟是对产物的物质增量进行讨论呢，还是对产物的价值增量进行讨论呢？前者的产生要归咎于一段时间内，资本的使用量增加了物质单位（physical unit），后者的产生要归咎于资本的使用量增加了一价值单位。可是前者存在"资本的物质单位是什么"这样的难题，在我看来，这些难题都是没有解决之道的，而且也没有必要。当然我们可以说，如果保持十个人所耕作土地的面积不变，而当设备增加时，麦子的产量肯定会增加，可是假如把这个命题用算术表示出来，那么就只有把价值观念引进来才有解。可是很多对这方面的探讨，基本上都是从资本的物质生产力出发的，至于资本的物质生产力是什么，则通常又没有进行解释。

其次，是绝对数和比例数之间的不同。资本的边际效率到底属于绝对量呢，还是属于比例数呢？一般情况下会觉得资本的边际效率的维度（dimension）和利率的维度是一样的，从这里和上下文，我们似乎可以推断出，资本的边际效率一定是一个比例。可是又没有对这个比例的两项进行充分的解释。

最后，是一项和多项之分。我们要把这两者分辨清楚：一是在当前情况下，少量增用一些资本能取得多大的价值增量；二是在这项新添资本资产的整个使用年限中，将来可以取得的一系列价值增量，也就是 Q_1，还有整个 Q_1，Q_2，……Q_n 列数的区别。这点不清楚，就是造成误会和纷乱的根源。这就带来了预期（expectation）在经济理论中处于什么地位的问题。大部分对资本的边际效率进行讨论的人，好像只在意 Q_1，而对于整个列数中的其他各项却不上心，可是这种方法是错误的——只有在静态理论中，也就是在静止状态下，所有 Q 才都相等。通常的分配理论是这样的：资本在现阶段所取得的回报，和其边际生产力（不管边际生产力的概念是怎么样的）是相等的。这种说法只在静止状态下才是正确的。现阶段，资本的总收益和资本的边际效率并不发生直接关联，而从生产边际的角度来看，资本现阶段的收益（也就是产物的供给价格中所包括的资本回报）和资本的边际使用者成本相等。边际使用者成本和边际效率也没有特别紧密的关联。

上面论述过，之前极少对这个问题进行过仔细解释。可是我相信，我上面所给出的定义，非常接近马歇尔使用这个名词的意思。马歇尔本人用到了资本的"边际净效率"和"资本的边际效用"这两个词。下面的引文来源于《经济学原理》（第6版，第519—852页），这几段对这个问题进行了最有关联的分析。为了把马歇尔的核心观点表达出来，我把原书中本来没有连在一起的话整合到了一起。

"现在假设有一家工厂，在不增加其他开支的情况下，增加使用价值100镑的机器；这些机器被使用以后，减掉该机器自身的损耗，可以让工厂每年的净产量上升3镑。假设投资者先把资本用在可以得到最高收益的地方，又假设经过这个步骤以后可以达到均衡状态，投资者会觉得，也只是觉得，这些机器的使用是值得的，那么我们也可以推断出利率为3%。可是这样的例子，只是指出了一部分价值决定因素。假如把这样的例子看作利息论、工资论，那么肯定会出现循环推导的问题……假设有这样一种非常安全的证券，利率为3%，又假设投入了100万镑在制帽业上，这就代表着制帽业愿意利用这100万镑的资本，宁愿给付 3 厘的年息，也不愿意让这个资本闲置。假设年息为 2 分，可能制帽业依然要使用一部分机器。等到年息为 1 分时，还会使用更多的机器；年息为 6 厘时，更甚；4 厘时，更多；最后，当年息为 3 厘时，人们就会使用最多的机器。现在假设 X 为最后的数量，那么当 X 为机器的数量时，其边际效用，也就是那个机器只是值得使用的效用为 3%。"

从上面所引用的，可以看出来马歇尔很清楚：假如我们顺着上面的逻辑来对实际利率进行决定，那么肯定会陷入循环推理的漩涡。在这一段中，马歇尔好像认可上文的观点：也就是假设资本的边际效率维持原状，那么新投资的数量就由利率来决定。假如利率为年息 3 厘，支付 100 镑购置一台机器的人是没有的，除非在把成本和损耗都除掉以后，他每年的净产量还能够有 3 镑的提升量。可是在下面第十四章中，我们就会发现，在其他几段中，马歇尔就不再那么小心翼翼了，只要论证快要出现破绽的时候，他马上就停滞不前了。

尽管费雪（Irving Fisher）教授在其所著的《利息论》（1930 年出版）的书中，没有使用"资本的边际效率"这一概念，可是他所说的"报酬超过成本率"（rate of return over cost），和我所说的"资本边际效率"一模一样。费雪教授说，"所谓报酬超过成本率者，只是一种利率，通过这个利率来对所有成本的现值、所有报酬的现值进行计算，刚好可以让两者一样。"他还进一步指出：不管哪方面的投资量，都取决于报酬超过成本率和利率的对比。要吸引新投资，就必须使"报酬超过成本率比利率大"。"在利息论的投资机会方面，这个新因素的地位非常重要。"所以费雪教授所使用的"报酬超过成本率"和我所用的"资本的边际效率"，不单单只是意思上一样，而且所要达到的宗旨也是一样的。

Ⅲ

如果我们没有发现资本的边际效率由资本的现行收益和未来收益共同决定，那么对于资本的边际效率的意思和重要性，我们就极易产生误会。要想弄清楚这一点，最好的办法就是指出来：假如不出乎人们的预料，或因为劳力成本（也就是工资单位）的变化，或因为新技术的引进，将来生产成本会发生变化时，资本的边际效率会因此受到什么影响。如今创造出来的机器所制造出来的产品必须在该机器的使用年限以内，和将来的机器所制造出来的产品进行竞争；而将来创造出来的机器，也许会因为劳力成本下降，或生产技术的进步，所以其价格要低于现在，有生产的价值。不单单只是这样，其数量势必会上升，而产物价格会因此下降。以后产物的价格下降，那么到时候，雇主由设备上获得的利润（用货币来计算）也会下降。只要这种发展趋势被人们预测是有可能的或必然的，那么如今生产的资本的边际效率也会因此下降。

因为这个因素的影响，所以假设人们预测将来的倾向购买力会和如今不一样，可以对当前的产量产生影响。假如预测货币的购买力下降，那么就会带动投资，让一般就业量上升，因为这种预测会把资本的边际效率表提高，亦会把投资需求表提高。相反，假如预测货币的购买力上升，那么就会危害到当前的投资和就业，所以这种预期会让资本的边际效率表降低。

费雪教授之前所说的"增值和利息"论（theory of Appreci-ation and Interest）也正是基于这一意义。他对货币利率（money rate）和真实利率（real rate）进行区分时这样说道，前者的市值变动经过修正以后，就得到了后者。可是费雪氏之说因为没有把市值的改变说清楚，到底是出乎人们的意料呢，还是在人们意料之中呢？所以不好理解。这里有个进退两难的学说，难以规避。假设是出乎人们意料，那么就不会对当前行为产生影响。假设是在人们意料之中的，那么当前物品的价格会马上得以调整，所以不管握在手中的是货币还是物品，其带来的利益都是一样的。利率的变化对拥有货币的人来说已经没有意义了，因为拥有货币的人也不会因为贷款期间币值的改变而受益或亏损。皮古教授想采用这样一种办法，来躲开这个进退维谷的论调，于是假设一部分人预料到了市值的变化，一部分人没有预料到，可是最终还是失败了。

之所以会出现这样的错误，就是因为他们误以为将来币值的变化会对利率产生直接影响，事实上它只会对一特定量资本的边际效率产生影响。当前资产的价格，经常会因为人们对将来币值的预期发生变化而得以调整。这种预期改变之所以如此重要，就是因为其会对资本的边际效率产生影响，进而对新资产的生产产生影响。现在假设人们预期物价会上升，这种预期是因为会提升一特定量资本的边际效率，而不是因为把利率提高了（利率提高会带动产量的提升，倒是很少见，实际上，假如利率上升，那么带动作用也就不会那么明显），所以会对新资产的生产产生带动作用。假设利率的上涨幅度和资本边际效率的提升幅度是一样的，那么预期的物价上涨就不会激励产量的上升。要想让这种激励作用发挥出来，利率的上升幅度就不能太大，资本边际效率的提升幅度要比较大才行。这样，费雪教授之说，最好用被改写成和"真实利率"有关的理论，"真实利率"是一种利率，基于这个利率，尽管人们会不断调整将来的币值预期，也不会对现在的产量造成任何影响。

值得关注的一点是：对将来收益下降的预期可以让资本的边际效率表降低。其中的原因是：如今所生产的机器所制造出来的产品，要和今后所创造出来的机器所生产出来的产品，在该机器将来一部分使用过程中展开竞争，而今后所产的机器可以维持在一个比较低的收益水平。可是这一点并不会产生太大的不良影响，因为如今所预期的将来利率体系，会在如今的利率体系中部分得到反映。尽管话是这样说，可是总归会造成一些不好的影响，其中的缘由是：如今所生产的机器，在其寿命快要终了时所生产出来的产品，可能会和到时新出现的机器所生产的产品之间展开竞争，而到时所产的机器对收益的要求可以低一点，因为如今所产的机器的使用寿命到期以后的利率会比如今低。

一特定量资本的边际效率关系到预期的变化——这一点极其关键。因为这种关系的存在，资本的边际效率才会发生剧烈的变化，也才会因此出现商业循环。在下面第二十二章中，我会指明，通过对资本的边际效率和利率的相对变化的研究，可以解释为什么繁荣和萧条会交替出现。

IV

会对投资数量产生影响的，有这样两类风险。通常都没有对这两类风险进行区分，可是还是应该区分开来的。一类是雇主或借者的风险（entrepreneur's or borrower's risk），源于借者心中存有疑虑，不清楚他所渴望得到的未来收益是否真的能如愿，有多大的可能性会得到。假设一个人用于投资的是自己所持有的资金，那么就只需要对这类风险进行考虑。

如果存在借贷制度，那么和投资数量相关的还有第二类风险，也就是贷者之风险（lender's risk）。这里所说的借贷制度，是指借者用动产或不动产作为担保，而贷者则以此为依据放款。贷者风险之所以存在，有这样两个方面的因素：（a）道德上的意外，比如说借者故意不承担债务，或者采用其他方法躲避债务，可是从合约上来说却有可能是合理的；（b）担保品不够。后者是因为事实和预期不一致带来的，而不是有意不承担债务。还可能存在第三类风险：也就是币值改变也许会不利于贷者，所以贷款比不上资金自身持有安全系数高。可是这第三种风险应该已经大部分或整体在耐久性资产的价格中予以反映并涵盖其中了。

虽然第一类风险有降低的办法，像平均分摊，或让预期的准确性更高等，可是却是真正的社会成本（real social cost）。第二类风险则不一样，假设借贷者为一人，那么就不存在这类成本，所以第二类风险是投资成本以外的额外增加。不单单只是这样，有一部分贷者的风险和一部分雇主的风险是相互重叠的，所以在对最低水平的未来收益进行计算时，考量有没有投资的价值时，这一部分贷者的风险会在计算纯利率（pure rate）时复计两次。原因是这样的：假设有一事业有很大的风险，那么从借款者的角度来审视，只有预期收益和利率之间存在很大的差额，才有借款的价值。同样的原因，从贷款者的角度来审视，只有实际利率和纯利率之间存在比较大的差额，放款才有价值。除非借款者非常有钱，地位牢靠，可给予的担保很多。假如借者希望结果能遂人愿，虽然可以把借者心中的风险抵消，可是贷者心中的忐忑却无以祛除。

这个一部分风险会被计算两次的事实，尽管（据我了解）一直以来没受到太大的关注，可是在某种情况下，或许会彰显其重要性。在繁荣时期，一般人都积极向上，难免会冒失，通常会把贷者风险和借者风险二者的大小都估计得太低了。

V

正是因为被资本的边际效率表这一极其关键的因素所影响，人们对未来的预期才会对现在造成影响，而且这个影响和利率相比要大得多。静态社会不会发生变化，也就无从说起将来的改变会对现在产生影响。只有在静态状态的前提下，资本的边际效率才能被视为资本设备的当前收益，可是这种观点，却把现在和将来在理论上的联系切断了。甚至利率也成为一个现时现象（current phenomenon），假如资本的边际效率也被我们转变成现时现象，那么当我们对当前的均衡状态进行分析时，就不能直接把将来对于现在的影响计算在内。

现有经济理论通常会假设在静态状态的前提下，因此，经济理论是脱离现实的。把使用者成本和资本的边际效率这两个概念引进来（定义前面有叙述）以后，经济理论又拥有了现实特点，而且经济理论需要更正的地方也被减到了最低水平。

因为存在耐久性设备，所以在经济上，将来和现在有了关联。人们预期的未来，也会先对耐久性设备的需求价格产生影响，之后再对现在产生影响。这种说法和我们一直以来的思路是完全一致的。

第十二章
长期预期状态

I

在前面的章节，我们已经说过，投资量的大小取决于利率和资本的边际效率表之间的关系——有一个现行投资量，就有一个资本的边际效率与之相对应。而且资本的边际效率又取决于资本的供给价格和其未来收益之间的关系。本章将深入研究会对资产的未来收益起到决定性作用的种种因素。

人们对未来收益进行推断时，会以这样两个方面的因素为依据，一方面是现有事实，对于这一部分，基本上确定地知道一些；还有一方面是将来发展，将来发展只能以信心的不同为依据进行预测。前者关系到的因素有：（a）现行各类资本资产和一般资本资产的数量，（b）现阶段，需要更多资本才能对消费者的需求进行满足的有何种消费品工业。在后者的将来发展中，可以列出来的有：将来资本的种类和数量、消费者的喜好、有效需求的强度、工资单位（用货币来衡量）的大小等在现在的考虑范围内，在投资者使用年限以内，这种种因素也许会发生什么变化。这些心理预期状态，我们可以汇总叫作长期预期状态（state of longterm expectation），和短期预期区别开来。而短期预期就是指生产者的一种预测：假设自己现在用现行设备生产商品，等到这个商品制作完成时，自己可以从中得到多大的利润。在第五章中，这一点已经被探讨过了。

II

如果在预期时，我们特别关注极其不确定的因素，这当然是不明智的行为。所以假设存在这样两类事实：一是我们所知甚少，或者认识极不明晰，可是却事关我们要思考的问题，而且关系还不小。二是虽然和我们要思考的问题关系不大，可是我们觉得很有信心。假设在预期时，把第二类事实当作方向标，也不能说是不科学的。因为从某种意义上来说，当前事实对于长期预期的影响和其重要性是不协调的。一般习惯于用现在预测未来，除非我们有非常充分的理由对将来的变化进行预测，要不然我们就只能从现有经验出发。

所以长期预期状态，也就是我们以此为依据做出决定时，不但要看哪种预期的可能性最大，还要看我们做出这种预测时，有多大的信心（confidence）。也就是说，还要看我们自己对自己所做的预测有几成把握。假设我们预期未来会发生大的变化，可是没什么把握，不清楚这种变化会以什么样的方式呈现出来，那么我们的信心就很弱。

这就是工商界所说的信任状态（state of confidence）。从事工商业的人，都非常关注这一方面。经济学家反倒没有认真研究过这一点，基本上都只是大而化之地探讨了一下。经济学家在一个问题上非常模糊，那就是信任状态和经济问题相关，是源于它会对资本的边际效率产生很大的影响。信任状态和资本的边际效率表这两个因素对投资量所产生的影响并不是一点关系都没有。相反，后者会很大程度上取决于前者，而后者是投资的需求表。

可是对于信任状态，之前的经验中几乎找不到什么。我们的结论，必须来源于对现实市场的观察和对商业心理的考察。所以下面的结论不会像本书其他部分那么难以理解。

为了说明方便，我们下面在对信任状态进行讨论时，将假设利率是固定的。也就是说，我们将假设投资品价值的变化，只能归咎于投资品的未来收益的预期中发生了变化，而不能归咎于用来把这个未来收益资本还原化（capitalising）的利率有什么变化。假如信任状态和利率一起发生变化，那么就很容易把这两种变化所产生的影响合并到一起。

III

有一个再明显不过的事实：我们用来对将来收益进行推测所依据的一点知识，其根基太薄了。我们对于多年以后，投资收益的决定因素所知甚少，甚至根本就不知道。直白地说，我们必须承认这样一点，假如我们要预测十年以后，一条铁路、一个纺织厂、一条大西洋邮船、一所伦敦市中心城区的建筑的收益、一座铜矿、一件专制药品的收益是多少，我们所掌握的知识就太少了，有时甚至找不到。即便这个时间期限被缩短至五年，情形也是一样。实际上，也只有很少的人会真正进行这样的预测，其行为也不会对市场产生多大的影响。

过去，企业通常是由创始人或者和创始人的朋友自行经营，所以投资量的多少往往取决于多少人有这样的雄心壮志，要开创一番事业；这些人经营企业是为了生存，而不只是对未来的利益进行精打细算。因此经营企业和买彩票有点像——尽管最后的结果还要看经营者的才能和人品是位于水平线上以上，还是水平线以下，有些人取得了成功，有的人一败涂地。即便是事后，我们都不清楚所有投资相加起来的总平均结果和流行利率相比，是低一些、高一些，还是持平。如果排除对自然资源的开采或垄断的情况，那么，即便是在经济一派欣欣向荣的时期，投资的实际总平均结果也许都会让他们大失所望。企业家玩的这种游戏，不仅需要本事，还需要运气，等到一局结束以后，所有总平均结果是怎么样的，当局者都无从得知。假如人性不愿意冒险，或者对建设一条铁路、一个厂、一个矿本身（排除利润的因素）没有兴趣，只是通过理智的分析，也许投资数会少得可怜。

过去的私人投资，一旦决定了，基本上都不能再复追（irrevocable），不仅社会整体是这样，包括私人也是如此。可是如今更为普遍的情况是，业主自己不担任经理一职，投资还有专门的交易市场，因为存在这样两样东西，所以又增加了一个至关重要的新因素，当然有时会有利于投资，可有时却会让经济体系开始动荡。假如证券市场不存在，那么当资本投入以后，通常会再次对所投的资本进行重新估计，其实没有多大意义。可是证券交易所却每天都在做这件事情，对很多投资进行重新

估价。这种重新估价，让个人但不是社会整体经常有机会对其
投资进行变更。这就如同一个农民，在吃完早餐，看了天气预
报以后，可以在早晨 10 点至 11 点之间，做出资本抽回的决定，
之后再思考本周内要不要再在农业上投资。所以证券交易所每
天的行情，虽然一开始成立的目的是为了给人们在旧投资转让
方面提供便利，可是必然会极大地影响当前的投资量。假如成
立一个新企业要付出的代价要远高于购买一个一样的旧企业，
那人们当然宁愿购买现成的。此外，假如有一项新事业需要很
高的费用，可是只要能在证券交易所把它通过股票的形式抛出
去，就会马上获得利润，也不是不可能。所以有很多投资，说
它们是由股票价格来决定的还合适些，而不是由什么企业家的
现实预期所决定的。股票价格就是象征着证券市场的平均预期。
既然证券交易所中现有投资每天的行情，甚至每小时的行情都
那么关键，那这种行为又是取决于什么因素呢？

IV

通常情况下，我们都不约而同地达成了一致，只遵守一条
成规（convention），这条成规的中心意思就是（运用到实践中，
当然要难得多）：除非我们有非常充足的理由预测将来会发生改
变，要不然，我们就只能假设当前状况会一直持续下去。这并
不是说，我们就认定当前状态会真的一直持续下去，从过去的
经验中，我们知道，这是非常罕见的事情。在相当长一段时间
中，投资的实际结果极少和之前的预期一致。我们也不能就此
认定，假设一个人什么都不知道，那么预期中好与坏的概率就

是一样的，那这样一来，预期也就处于平均状态。这种说法是不合逻辑的。因为这相当于说：不管现在的市价是怎么形成的，从我们已经掌握的知识——和对投资收益产生影响的相关事实出发，这个市价是仅有的一个准确的市价。所以，只有当我们所掌握的知识出现变化时，市价才会因此发生变化。可是从哲学上来讲，这个市价不可能是仅有的一个准确的市价，因为从我们已经掌握的知识出发，想要算出一个正确预期（mathematical expectation）还不太可能。实际上，市价的决定性因素相当多，有很多根本与未来收益无关。

尽管如此，只要我们对这条成规深信不疑，并坚持下去，那么我们的经济体系倒会因为上述按成规行事的办法可持续下去，而且稳定。

假设存在一个有组织的投资市场，又假设这条成规会被我们矢志不移地坚持下去，那么投资者会觉得很欣慰，觉得他只承担了一个风险，那就是在不远的将来，形势和讯息都会发生确切的变化。尽管这种变化很小，但其有多大的可能发生，他要自己做主。可是如果大家依然遵守这个成规，那么只有这样的改变才会对投资的价值产生影响，他也就不用担心自己对十年以后的投资价值一无所知。从个人投资者的角度来看，只要他对这条成规矢志不移，他便会常有机会，在时间才过了不久，变化还很小时，就对自己的判断进行修改，改变自己的投资，那么他就会觉得短时间内，他的投资是很"安全"（safe）的，所以在很多连续的短期内（不管有多少），也是安全的。如此一来，对整个社会来说是"固定的"（fixed）投资，站在个人的角度来看却是"流动的"（liquid）。

　　我认为，世界上几个主要的投资市场，都是起源于这种方式。但是从绝对的观点来看，根据成规办事就会显得很没有道理（arbitrary），自然弱点就是不可避免的。怎么拥有充足的投资，很大程度上是由这条成规的变幻多端（precariousness）所形成的问题。

V

　　这种变幻多端在这样几个因素的作用下更强烈了，这几种因素可概括如下：

　　（1）有些业主的业务并不是自主经营的，他们自身并不太熟悉自己所经营的业务，不管是现在的还是将来的都是如此。在社会总投资量中，这些人的投资量所占的份额越来越多。导致不管是已经投资的人还是正在考虑要不要投资的人，在对其投资的价值进行预测时，自身所了解的东西非常有限。

　　（2）当前投资的利润难免会时时有波动，很明显，虽然这种波动只是短时间的，和基本宗旨没有什么关联，可是对市场的产生的影响却是巨大的，甚至大到荒谬的程度。举几个例子来说吧，美国制冰公司夏天的股票价比冬天要高，那是因为夏天人们要用冰，而冬天不需要，所以夏天的利润就要高一些。又假如如果遇到全国性的节日，英国各铁路公司的证券市价会在原来的基础上上升几百万镑。

　　（3）根据这条成规所得的市价，因为来自于一群不具备太多知识的群众心理，当然会因为群意的突变而发生很大的变化。而且群意变化的因素，只是因为群众并不太相信市价可以稳定下来，和将来的投资收益可能没有关系。特别是在特殊时期，大家就越会质疑眼前的状态不可能一直持续下去，所以，即便没有充分的理由预测将来会有所变化，市场也会时时发生变动，一会儿极度乐观，一会儿又极度悲观。之所以出现这种情况，是因为没有经过理性思考，可是从某种意义上来说，又是说得通的，因为找不到事实依据，理智思考当然也就无从说起。

（4）有一点要提醒大家特别注意的。或许有人会说：有些人的职业就是投资，他们是这方面出类拔萃的人物，他们所掌握的知识和所拥有的能力都比一般投资人要强。假如任由无知者去蛮干，市场当然会变化万千，可是专家之间如果彼此竞争，或许可以把这种趋势纠正过来。可是事实上并非如此。这批以投资为业的人和投机者的能力和精力，基本上都用在了其他方面。实际上，这批人最关心的，并不在于比一般人高明，对某一投资品在其整个使用过程中所产生的收益进行预测，而在于比一般人稍微早一点预测会对市价起到决定性作用的成规自身有什么变化。也就是说，如果有人把一项投资紧紧攥在手里，这项投资的价值有多大，他们并不在意；他们在意的是三个月或一年以后，因为群众心理的影响，这个投资的市场价估计是多少。他们之所以会这样做，并不能归咎于他们个性乖张。既然投资市场的组织方式像上文所说，那么这就是意料之中的结果。假设你确定有一项投资就其未来收益来论可值 30 元，可是你也确信三个月以后，该投资的市场价只有 20 元，那么你现在以 25 元的价格买进来，就太不明智了。

从之前累积的经验中，我们知道，有这样几类因素会对群众心理产生很大的影响，像某种讯息或某种氛围。职业投资者必须时刻关注，预测在不远的将来，这类因素会发生什么样的变化。假设建设投资市场的目的在于"流动"，那么这个结果就是意料之中的。在所有传统的理财原则中，崇拜"流动性"（fetish of liquidity）是最不利于社会的。这个观点认为，进行投资的组织应该把其资源向持有热股（liquid securities）靠拢。可是这个观点忽视了一点，从社会整体的方面来说，投资是不存在流动性的。从社会的角度来论，只有加深对将来的认知，我们才能让投资更加高明；可是从个人的角度来论，抢先一步，用智力战胜群众，自己独享好东西，才是最高人一筹的投资。

智力上的争斗，在于对几个月以后，因为遵守成规，市价会发生的变化进行预测，而不在于对投资几年以后所产生的收益进行预测。而且这种智力上的争斗，完全可以在职业投资者之间进行，不需要局外人参与，给职业者带来什么好处。参与者也不用真的相信，从较长一段时间来看，遵循成规有什么科学的依据。专门进行职业投资的人，似乎在玩"叫停"（game of Snap）、"递物"（Old Maid）、"占位"（Musical Chair）等游戏，是一种娱乐方式，谁能在最恰当的时机叫出"停"字，谁能在游戏结束前把东西传给旁边的人，谁能在音乐结束时抢到一个座位，谁就获胜了。这样的游戏者可以玩得不亦乐乎，尽管所有人都非常清楚，东西总是在传来传去，等到音乐结束时，总会有人没有座位。

现在我们来打另外一个比方。进行专业投资就好像在参加选美大赛一样：参赛者要从报纸上刊登的100张照片中选出最漂亮的六个。得奖规则是这样的，谁做出的选择最接近于所有参加比赛的人的平均喜好，谁就是最后的胜利者。基于这种比赛规则，所有参赛者选出来的最漂亮的六个，都不是他自己本心的选择，而是从别人的角度出发进行的选择。所有参赛者的思想都是一致的，所作出的选择都不是从他的本心出发，也不会把一般人真觉得最美的人选出来，而是通过智力，猜想大多数人心目中的最美。这种已经到了第三级推测，我相信可以运用第四级第五级的也大有人在，甚至还有高过这个级别的。

也许这时，读者要发表不同意见了：假如有人不从众，而是竭尽所能，进行真正意义上的长期预测，再从这种预期出发，再次进行投资，那么这个人一定可以在时间的考验中，从其他参赛者手中得利。我们会这样回答这种不同意见：这种严于律己的人世间还是有的，而且假如他们的影响力真的可以比游戏中的人大，那么投资市场一定会得到很大的改善。可是我们必须补充说明一点，在现代投资市场上，这样的人会因为这样几种因素而败下阵来。从真正的长期预期出发进行投资，难度太大了，基本上是难以实现的。但凡想这样做的人，和那些想要用高过群众的准确程度来推测群众的行为人相比，其要完成更大的工作量，承受更大的风险。只要是最有利于社会的投资政策，也是最有利于个人的投资政策。要想和时间对抗，多掌握一些未来的知识，需要比较多的智力，而如果只是想抢在别人前头，所需要的智力就要少得多。而且，人生苦短，所以人性喜欢速战速决，更喜欢马上就会致富的秘诀，而对于长久以后才会获得的利益，一般人都不会那么感兴趣。对于那些对赌博全然没有兴趣的人，会觉得玩这种职业投资者的游戏太惶恐、太厌烦了，可是对这方面感兴趣的人却接踵而至。还有，假设投资者考虑安全，想要把短期市场的变化忽略掉，那么其财力就必须十分雄厚，而且用来大笔投资的资金不能从借贷而来，这就是为什么智力和财力都一样的两个人，从事消遣游戏的人反倒得到的回报还要多一些的另一个原因。最后，如果投资基金的经营者是委员会、董事会或银行，那么那些最能驱动社会利益的长期投资的人是会受到最多批评的。因为在一般人看来，他的行为肯定是不拘一格的、出格的、胆子太大了。假设他侥幸成功了，也只会得到一般人的评价——说他过于冲动了，假设短期内他没有获得成功（这种可能性很大），那么一般人都不会怎么同情他。从处世哲学中，我们知道，从声誉的角度来看，因为墨守成规而失去的人也好过因违反成规而得到的人。

（5）迄今为止，投机者或投机性投资者的信任状态依然在我们心中占据主要地位，我们好像私底下假设，只要他自己觉得前景是好的，他就可以从市场利率出发，大肆借款。其实并不是这样。我们必须把信任状态的另一面考虑进去，也就是把贷款机关对于借款者的信任心，也就是所说的信用状态（state of credit）考虑进去。投机信心的下降，信用状态的逆转，都有可能造成证券价格崩塌。只要存在其中一个因素，就足以让证券价格崩塌，可是要使证券价格回升，就必须让这两个因素都恢复才行。因为信用的降低会带来崩塌，可是信用的上升却只是经济恢复所需的若干条件中的一个，而不是充分条件。

VI

对于上面所论述的内容，经济学家都要加以重视，可是要分清重点。如果对市场进行预测的心理活动可以用投机（speculation）一词来代表，对资产在其整个使用年限中的将来收益进行预测的活动可以用企业（enterprise）一词来代表，那么投机也不一定一直对企业起到决定性作用。可是投资市场的组织越改善，企业由投机来支配就要承受更大的风险。世界上最大的投资市场之一——纽约，投机（以上面所给出的定义为参照）在这个市场上所产生的影响力是巨大的。可是即便不在理财这个范畴内，对于推测一般人对于一般人的看法，美国人也是非常热衷的，这个民族性的弱点也在证券市场上表现出来了。听说美国人很少是因为所得（现在很多英国人依旧是这样）才投资的，只有当他期盼资本将来会增值，他才会愿意去购买这一投资。这也就是说，当美国人把一件投资品买进来时，他主要看重的倒不是这个投资品未来会获得多少收益，而是这项投资的市价（墨守成规的市价）变化对他是有好处的。也就是说，他就是上面所说的投机者。如果在企业的滚滚浪潮中，投机只是其中漂浮的泡沫，或许并没有什么不好的地方。可是如果企业变成投机漩涡中的泡沫时，情况可就严重了。假设一国的资本发展只是游戏赌博附带产生的，这种状况就堪忧了。如果你觉得华尔街正当的社会用途在于带领新投资人进行利益最大化（衡量标准是投资的未来收益）的投资，那么华尔街的成就还称不上是自由资本主义的伟大胜利。这也没什么好奇怪的，因为假设我的看法没错——华尔街最杰出的才能，实际上也并不在此，而在于其他方面。

只要投资者市场被我们设计得相当具有机动性，那么这类趋势就是难以规避的。大家都觉得，考虑公众利益，游戏赌博这样的场所的收费应该高一点，门槛高一点。也许证券交易所也应该这样。伦敦证券交易所和华尔街相比，之所以前者的罪恶要少一些，也许原因不在于两国国民性的不同，而在于和一般美国人进入华尔街相比，一般英国人进入前者的门槛要高得多，收费也要高得多。要在伦敦证券交易所进行买卖，必须支付介绍费、大笔经纪费，还要向英国财政部缴纳高额的转手税，以上的种种，都会让该交易所的流动性大大减弱，所以有很大一部分华尔街上的交易，在伦敦证券交易所都找不到。可是从另一方面来说，伦敦证券交易所每两个星期结一次账，又会让市场的流动性增加。在美国，不让投机把企业掩盖住最可行的办法，也许就是对于所有交易，美国政府都征收一笔不菲的转手税。

现代投资市场的奇观，让我有时甚至在想，如果购买投资就像结婚似的，只有当出现死亡或其他重大原因才能分开，要不然就是捆绑在一起的，或许会有效地弥补当代各种罪恶。因为实行这种办法以后，投资者的心思就会都用到对长期收益的预测上。这个办法也会让我们左右为难，因为投资市场虽然有时会对新投资造成阻碍，但大多数情况下是对新投资有利的。如果所有投资都觉得自己的投资是具有流动性的（尽管对于投资者整体来说，这只是纸上谈兵），他便可以安心了，也愿意多去冒险。可是假设个人还有其他的办法，可以把他的储蓄保存起来，又假设个人只要一投资，就失去了流动性，也会对新投资带来障碍。这的确是一个进退维谷的事情：只要个人可以把财富用来贮钱（hoard money）或放贷出去，那么只有存在投资市场时，资产才能随时出手，变成现金，要不然谁也不太愿意购买真正资本资产。那些资本资产不由自己经营的人，或者对资本资产了解甚少的人，更是这样。

对于现代经济生活来说，信任心的崩塌会给其带来非常大的打击。要想把这个病治好，只有一条解决之道，那就是让私人只有两条路可走，要么把收入用于消费，要么他选择一件他觉得最有前景，而且他又有能力购买的资本资产，向别人下订单。当然，有时他会对未来存在很大的疑虑，所以他会不知道怎么办才好，于是只有把收入大部分用于消费，而只在投资上投入一少部分。即便如此，也好过当他对未来存有疑虑时，既不消费也不投资。因为对于经济生活来说，这样会给其造成非常显著的、长期的、极其恶劣的影响。

有人反复声明把钱保存起来不利于社会，这些人之所以坚持这样的观点，理由当然就像上面所说。可是他们把一个可能性忽略了，那就是钱的保存数量即使和原来一样，或者只发生了很小的变化，依然会对社会不利。

VII

人性特征中还存在除投机以外的其他不稳定因素。我们积极行为中的一大部分，更确切地说是由一种自然而然的乐观情绪所决定的，而不是由理智计算（不管是在道德方面、苦乐方面还是经济方面）来决定的。如果必须等到很久以后，一件事情的结果才会被人们所知晓，那么这件事情要不要做，也许不是取决于可得利益和得到这个利益的可能性相乘，求出的一个加权平均数，而只是因为一时冲动———一种自然而然的驱动力。无论企业创立之初说得多么真诚，如果说企业成立的主要动机真的像上面所列举的理由一样，那也只是掩耳盗铃而已。事实上，这种以将来利益的精准计算为依据所进行的经营活动，也只是比南极探险的依据稍微多一些。所以假设精力衰退，自发产生的乐观情绪发生改变，企业的所有经营活动都从精准计算出发，那么企业马上就会走向萎靡甚至垮台。尽管一直害怕亏损和希望得到利润，二者的科学性基础都不足。

通常情况下，如果企业成立的理由是创始人看好未来，那么该企业就会有利于社会整体。可是如果企业由私人来创办，那么就不仅需要理智的计算，还需要精气神来填补。有这样的精气神，那么尽管从过往的经验出发，这项事业并不被看好，可是创始人并不在意，就好像一个健康人忽视死亡一样。

遗憾的是，上面所说的种种，不仅会让经济低迷的情况越来越严重，还会让经济振兴和社会政治氛围的联系越来越紧密。要想经济振兴，就必须和社会政治氛围、一般工商界保持和谐的关系。如果因为担心工党政府或新政（New Deal）的实施，导致企业走向衰败的话，原因不一定就是冷静地思考或政治上的图谋，而只是因为自然而然的乐观情结太不堪一击。所以在对将来的投资前景进行预测时，我们必须考虑到那些想要投资的人是不是拥有健康的神经，甚至于能否好好消化，对于气候的变化会做何反应，因为这些因素都会对一个人的情绪产生影响，而这种情绪又会很大程度上决定投资。

可是我们也不能武断地得出这样的结论，觉得对事物起到决定性作用的就是这些没有理性的心理波动。相反，长期预期状态通常具有稳定性，就算有什么因素影响到了它的稳定性，也会有其他因素让它稳定下来。我们只要告诉自己，假设今天的决策会对将来产生影响，那么这种决策（不管是个人方面还是经济或政治方面的），不能以缜密的计算作为唯一的依据——实际上这样的计算方法也是不存在的。社会之所以能不停地运转，就是因为我们内在存在一种驱动力。而在所有可能性中，理智则在想方设法地甄选，在能够计算的地方加以计算，可是在需要驱动力的地方，理智则必须依靠想象、情绪或机会。

VIII

对于未来，我们所知道的非常有限，可是因为其他因素的存在，倒也没太大关系。因为复利的原因，再加上因为时间的变换，资本设备经常会和时代不相符，所以，如果投资者在对很多投资的未来收益进行预测时，没有把将来所有收益都考虑进去，而只关注到近期的几项，也是正常的。在相当长期限的投资中，房产是其中至关重要的一项，可是房产投资者通常会把风险转移出去，要么由住户承担，要么最起码采用长期合同的方式，由住户分担一部分。通常情况下，住户也愿意这样做，因为在住户看来，尽管承担了一部分风险，可是也保障了其所有权，不会随时中止。在长期投资中，公用事业是其中至为关键的一类，可是在公用事业上投资的人，因为拥有垄断权，还可以在成本和收费之间享有一定的差额，所以事实上保证了其将来的收益。最后，还有一种越来越重要的投资，发起人是政府，风险也由政府承担。在进行这样的投资时，政府通常只考虑到了将来的社会会如何受益，而忽略了商业上的利益，所以政府也不需要对这样的投资的预期收益率（通过精准推测）进行要求，最起码必须和现行利率相等，可是政府要想筹得这笔款项，必须给出多少利率，会决定政府投资活动的多少。

因此，短期内，长期预期状态的变化（和利率的变化区别开）必须充分考虑，我们还可以说，利率的变化，对于最起码常态下的投资依然有重大影响——尽管这个影响不是决定性的。最起码在什么样的限度内，对利率的操纵可以持续对适量投资起到激励作用，有待今后的事实验证。

从我自己的角度来看，如果只运用货币政策来操纵利率究竟能取得什么样的成绩，我现在表示很怀疑。我期待国家可以把眼光放远一点，把出发点放在社会福利上，计算资本品的边际效率，多承担一些直接投资方面的责任。因为，在市场预测办法下（上面已说了办法），各种资本品的边际效率会发生很大的变化，而利率的可能变动范围又太狭窄了，不足以把前者的变动彻底抵消掉。

第十三章
利率通论

I

在前面第十一章中，我们已经指出：虽然投资量的多少会受到多种因素的影响，以确保资本的边际效率和利率都相等，可是资本的边际效率自身却和现行利率不是一回事。我们可以说，假如新投资是用借来的款项投入的，那么资本的边际效率表代表的就是借款者愿意给付的代价，而利率则代表贷款者所要求的代价。要想完善我们的理论，我们就必须弄清楚利率是由什么决定的。

在第十四章及其附录中，我们将对这个问题有史以来的答案都进行检视。通常情况下，他们觉得利率就是源于资本的边际效率表和心理上的储蓄倾向二者的互相影响。他们觉得，所谓储蓄的需求，就是一特定利率下所有的新投资，而在该利率下的储蓄的供应，则取决于社会的储蓄倾向。所谓现行利率，则取决于储蓄供需相一致的那个点。可是一旦我们发现单靠储蓄的供需无法得出利率时，那么该学说也就不成立了。

可是我们自己又将得出什么样的答案呢？

II

假如要全部完成个人心理上的时间优先观（time prefer-ence），必须做出两种不同的决定。前一种决定就是我上面所说的消费倾向，在第三编中，我已经把消费倾向的种种决定性因素列举出来了。在这些动机的支配下，消费倾向取决于个人用于消费的会是他收入的多少，又有多少以某种支配权的方式被保留下来，以用作将来消费。

这个决定做出来以后，还要做出另一个决定。对于他过去储蓄或现在收入中保留下来的用于将来消费的支配权，他会如何持有。是采取马上到期的（immediate）、流动的方式（比如说货币或其等价品）呢？还是愿意放弃一些这马上到期的支配权（定期或不定期），听凭将来市场的支配：他可以以什么条件为根据，把对于一类特定物品的延期支配权（deferred command），变换为对一般物品的即期支配权呢？也就是说，他具有什么样的灵活偏好（liquidity preference）？可以用表格把一个人的灵活偏好列举出来，在环境千变万化时，该人愿意用货币的形式来保持的资源（用货币或工资单位来计算）有多少。

我们会察觉到，之前很多学说之所以存在漏洞，就是因为他们想通过心理上时间优先观的第一种组成成分，把利率算出来，而把第二种组成成分忽略掉了。现在我们把这个漏洞填补上。

显而易见，利率不是用来回报储蓄本身或等待本身（wait-ing as such）的。所以，假设一个人用持有现金的方式进行储蓄，那么，尽管他一直在储蓄，却得不到什么利息。相反，从字面意思来看，利率一词就非常明确地告诉我们，所谓利息，就是在一特定期限内，把流动性的报酬都忽略掉。因为利率只是一个比例，其分母为一特定量货币，其分子是在一特定期限内，不再对此货币享有控制权，得到股票而可以获得的回报。

不管在什么时候，既然利息是把流动性的回报放弃了，所以利率衡量的就是持有货币之人不想改变的程度——不想放弃对该货币的灵活控制权。利率并不是一种让投资资源的需求量，和当前消费甘愿的节约量趋于平均的"价格"，而是一种让公众甘愿以现金形式保留的财富和现有的现金量相等的"价格"。这就体现出：假设利率比平均水平低（假设降低现金转手后可以得到的回报），那么公众愿意持有的现金量将比现有供给量高；假设利率比这个水平高，那么就会多出一部分现金，所有人都敬而远之。如果这种解释是合理的，那么货币数量和灵活偏好就是在特定情况下，对实际利率起到决定性作用的两大因素。灵活偏好就是一种潜在的可能性或一种函数关系，假设利率已知，那么这种潜在的可能性或函数关系就会对公众愿意持有的货币量起到决定性作用。假设利率由 r 代表，货币量由 M 代表，灵活偏好函数由 L 代表，那么就可以得出 $M = L(r)$ 的关系式。这就是货币数量和经济机构发生关系之处，也是产生关系的原因所在。

我们在这里回想一下，灵活偏好这种东西为什么会存在呢？货币不仅可以用于当前交易，也可以用于财富的保存，早在古代就已经存在这种不同。先讨论第一种用处，很显然，在某种程度内，很有必要因为灵活性而放弃一些利息。可是假如利率一直不能是负数，为什么还有人愿意持有财富（这里暂时假设，银行倒账和债票倒账的风险一样）是通过不产生利息（或者只能得到极少的利息）的方式，而不是通过可以产生利息的方式呢？这是个很复杂的问题，我们留到第十五章再进行详细的说明。可是有一个必要条件，假如它不存在，人们便不会在流动性的驱使下采取货币的方式拥有财富。

这个必要条件，就是人们不确定利率的前景是什么样的。也就是说，对于将来的各种利率，人们没有把握——因为放款期限长度不一样，利率也会因此不同将怎样。假设人们可以完全准确地预测未来的种种利率，那么，根据已知的将来的各种利率，就可以对当前各种利率进行相应的调节，而通过现行利率可以推算出将来的利率。比如说，假设 r 年后 1 镑在今年的价值用 $_1d_r$ 表示，又假设在 n 年时，从 n 年算起 r 年后，1 镑价值为 $_nd_r$，那么

$$_nd_r = \frac{_1d_{n+r}}{_1d_n}$$

所以自今 n 年以后，根据今日利率体系中的两种利率，就可以推算出债票折算成现金的折现率。假如不管多久的债券，都具有正数值的利率，那么相比用现金的方式进行储蓄，用购买债券的方式保存财富的好处要多得多。

相反，假设将来的利率是一个变数，那么我们就不能武断地说，到时 $_nd_r$ 一定和 $\frac{_1d_{n+r}}{_1d_n}$ 相等。假设在第 n 未结束前，需要用现金，那么就必须把之前购置的长期债票卖出去，折算成现金，这样就有可能在交易时亏损，而如果手里拿的是现金的话就不

会出现这样的情况。所以以当前可能性为依据计算出来的预期利润，一定要足以弥补这种可能性所带来的损失（可是有没有可能以这种方式计算，还有待证实）。

假设一个有组织的市场可以对债票进行交易，再加上不确定的将来利率，灵活偏好因此又增加了一个缘由。每个人都对将来有自己的看法，而市场价格表现出来的是最主流的人的意见，所以如果有人不同意这个意见，那么他可能更愿意把现金握在自己手上。因为如果他的意见是对的，那么现在各 $_1d_r$ 之间的关系，就一定不符合未来的事实，他也可以从中获利。

这种现象类似于我们在对资本的边际效率进行探讨时所观察到的一种现象。我们都清楚，资本的边际效率并不取决于真正意义上的专家的看法，而是由市场上的群众心理来决定。同样，预测利率的前景也由群众心理来决定，还会对灵活偏好产生影响。可是得补充一点，确信将来利率会比现行市场利率高的人，就会愿意持有现金；确信将来利率会比现行市场利率低的人，就愿意以短期借款的方式来买进期限更长的债票。市场价格将取决于空头（bears）抛出和多头（bulls）买进二者相一致的那个点。

上面所列举的三种灵活偏好的原因，可以说是起因于：（i）买卖动机，也就是需要现金，用来给个人或业务上当前的交易做准备；（ii）谨慎动机，也就是想要对一部分资源将来的现金值予以保障；（iii）投机动机，也就是觉得自己比市场上的普通人在未来的观点上面高出一筹，并想通过这种方式从中获利。在这里，又类似于对资本的边际效率进行探讨时所遇到的问题一样，这个问题让我们进退维谷：需不需要成立一个有组织的市场来对债票进行交易？假如不存在有组织的市场，那么因为谨慎动机所带来的灵活偏好将有大幅度的上升，但是如果这个市场不存在，那么来源于投机动机的灵活偏好又会发生很大的变化。

这个问题可以这样进行说明：假设因为交易动机和谨慎动机所引发的灵活偏好所吸纳的现金数量，并不会怎么影响利率改变本身（也就是忽略利率改变对于所得水准的影响），那么总货币数量和这个数相减以后所得的差额，可以用来对投机动机所引起的灵活偏好进行满足。利率和债票价格也一定位于同一水平，使得愿意持有货币的那部分人持有的现金量刚好和可用于投机的现金量相等。因为基于该利率和债票价格，有人并不看好债票的前景（bearish，也就是空头），所以他们愿意把货币握在手中。所以只要货币数量增加，债票价格必然上升，使债票价格比很多"多头"的预期还要高，而让"多头"把债票卖出去，折算成现金，变成"空头"。可是，假设把短暂的过渡时期除开，来源于投机动机的现金需求就会很少，那么当货币数量上升时，利率几乎会马上下降，而因为就业量的提升和工资单位的提升，其下降的水平会使得增加的货币量被交易动机和谨慎动机吸走。

通常情况下，灵活偏好表，也就是货币数量和利率的函数关系，用一个滑顺曲线（smooth curve）就可以表示出来：当利率下降时，货币的需求量会上升。之所以会呈现这样的状态，原因有以下几个方面：

首先，假如利率下降，其他情况维持原状，那么来源于交易动机的灵活偏好就会因为利率的下降，而吸收更多货币。因为利率的下降会让国民收入上升，考虑交易的便利性，交易动机所需要的货币量当然会因为收入的上升而上升——尽管上升的比例也许不尽一致。同时，为了维持足够的现金，得到这种便利性所付出的代价（也就是利息的损失），也会因为利率的下降而减少。除非我们对灵活偏好进行衡量时，采用的是工资单位，而不是货币，如果利率下降所带来的就业量上升，导致工资率也就是工资单位的货币价值上升，那么，交易动机所需要的货币量也会上升。其次，利率的下降会增加某些人货币的持有量，那是因为他们对利率前景所持的观点和市场普遍性的观点不一致。

尽管这样，在某些特殊的场合下，就算货币数量急剧上升，可是利率也只会受到很小的影响。因为货币数量急剧上升以后，会带来这样一些结果：（a）可能会让未来充满了不确定性，所以安全动机所引起的灵活偏好会更甚；（b）可能在看待税率前景时，观点会变得雷同，以致当前利率只要稍微有所变动，就会有很多人愿意持有现金。这是一件非常有意思的事情：经济体系的稳定性和它对货币数量变化的敏锐性，都仰仗于存在多种相反的意见。最好能对未来进行预测。如果不可以，而我们还想通过货币数量的变化来对经济体系进行掌控。那么，在看待未来时，观点一定要不一样才行。所以这种控制法在英国用比在美国用有效得多，因为美国人在同一时间往往拥有相同的意见，而在英国，意见则经常不同。

Ⅲ

货币这个东西，现是已经被我们带入到因果关系中（causal nexus），这还是开天辟地头一回呢。现在对于货币数量的变化会对经济体系产生什么样的影响，我们也略知一二了。可是，假如我们就此得出一个结论，觉得货币是一种可以刺激经济体系进行活动的饮料，那么我们就一定不能忘记，在该饮料发挥作用以前，还有几道难关。假设其他情况维持原状，那么增加货币数量尽管可以让利率下降，可是如果公众的灵活偏好上升的速度高过货币数量上升的速度，那么利率还是不会下降。假设其他条件不变，那么利率的下降固然可以让投资量增加，可是如果资本的边际效率表的下降速度超过利率的下降速度，那么投资量还是不会上升。假设其他条件不变，虽然投资量的增加可以让就业量增加，可是如果消费倾向也下降，那么就业量就不一定会增加了。最后，假如就业量上升，那么物价也会跟着上升；其上升的幅度既取决于生产函数的形状，也取决于工资单位（用货币计算）有没有上升。当产量增加时，物价也要上涨，要想对一特定利率进行维持，对灵活偏好的影响还必须再增加货币。

Ⅳ

由投机动机所引起的灵活偏好，固然和我在《货币论》中所说的"空头状态"（state of bearishness）几乎是等同的，可是二者又并非是同一事物。因为"空头状态"并不是利率（或债票价格）和货币数量之间的函数关系，而是资产和债票两者的价格和货币数量之间的函数关系。可是这种做法把两种结果混淆在一起了；其一是利率的变化所带来的结果；其二是资本的边际效率变化以后所带来的结果。我希望这里能把这个问题避开。

V

贮钱（hoarding）这个概念，可以视为最接近灵活偏好这个概念的值。如果我们用"贮钱倾向"（propensity to hoard）取代"贮钱"，那么二者几乎是一样的。可是，如果我们所谓的"贮钱"指的是拥有更多的现金，那么贮钱这个理念就是有待完善的。如果我们由此觉得"贮钱"和"不贮钱"是两种简单的选择，那么造成误会的可能性就更大了。因为在决定是否贮钱时，人们必须反复思量放弃灵活偏好可以得到的好处，所以是否贮钱，就是对各种利益进行权衡以后所得到的结果，所以我们一定要知道，另一面的好处是什么。又假设所谓的"贮钱"指的是真实拥有的现金，那么贮钱的真实数量随着公众的决定而发生改变是不可能的。因为贮钱量一定和货币量相等，或——取决于定义是什么样的——和货币总量相等，等于货币数量把给交易动机提供满足所需的货币量减掉，而货币数量并不取决于公众。公众的贮钱倾向所能做到的一切只是可以对公众愿贮的现金刚好和现有现金相等的利率起到决定性作用。一直以来，利率和贮钱的关系都没有得到重视，这也许是部分解释了，为什么利息经常被视为不消费的回报，而实际上，它却是不贮钱的回报。

第十四章

经典学派的利率论

I

经典学派的利率论是什么？我们一直都浸染在这种经济理论中，而且迄今为止，我们还对这个学说表示完全的认可。可是我觉得要想把它说得很精准，难度有点大。在现代经典学派的关键性著作中，要想找到精准阐述这个理论的论述也很难。

可是有一点的阐述很到位：经典学派一直认为投资需求和储蓄意愿二者趋向于平衡的因素是利率。投资就是需求某种可用于投资的资源（investible resources），储蓄就是供应这种资源，利率就是让这种资源的供求趋向于均衡的价格。商品的价格肯定也由此决定，使得该商品的供求一致。同样，市场实力也必定使利率固定在该利率下的投资量刚好和储蓄量相等的这一点上。

在马歇尔所著的《原理》中，像这么直接的说法是找不到的。可是，他的学说好像就是这样。人家这么教我，我也就依葫芦画瓢地这样教别人。像《原理》中有这样一段："既然利息是市场上使用资本要付出的价格，那么利息经常趋向于一个平衡点，使市场上该利率下对资本的总需求量，刚好和该利率下的资本的总供应量相等。"又比方说在卡赛尔（Cassel）教授在其所著的《利息之性质与必然性》一书中这样写道：投资组成"等待之需求"，储蓄组成"等待之供给"。引申出来的意思就是，利息是让二者趋向于一致的"价格"，可是这里我也无法找到原文来佐证。在卡佛（Carver）教授所著的《财富之分配》的第六章，我们却发现，利息却被视为让等待的边际效用和资本的边际生产力二者趋向于一致的因素。夫禄可斯（Sir Alfred Flux）（《经济原理》第 95 页）说 "……储蓄和利用资本的可能，肯定会自发调节……但凡净利率比零大……储蓄会有好处的"。陶希格（Taussig）教授（《原理》，第二卷，第 20 页）说："利率会固定在使资本的边际生产力足够带来储蓄的边际增量的那一点上"；之后（第 29 页）绘制出一条储蓄供给曲线和一条需求曲线，后者代表的是，当增加资本的数量时，资本的边际生产力会越来越低。华尔拉斯（Walras）在其所著的《纯经济学》附录 I.（Ⅲ）中，对"储蓄和新资本的互换"进行探讨时，清楚地指出：在所有可能利率下，将所有人愿意储蓄的数合并到一块，形成一个汇总数，又将所有人愿意在新资本资产上投资的数量合并到一块，形成一个汇总数，二者趋向于一致。利率，也就是让这二者刚好相等的变数而已。所以均衡利率肯定固定在储蓄量（新资本的供应）和储蓄的需求量相等的那个点上。华尔拉斯氏的说法还依然局限在经典学派传统中。

不错，不管是学习过经典学派理论的一般人——银行家、公务员、政治家，还是具有专业素养的经济学家，都认为当一个人产生储蓄行为时，利率会自然而然地下降，由此又会带动资本的生产。而且，利率必须下降到使资本的增产量和储蓄的增加量正好相等的水平。而且，这种调节过程是自发的，不需要金融机关介入。同样，一直到今日，依然存在一个更为广泛的理念：也就是只要投资增加一次，如果储蓄意愿上的改变没有发生，对它予以抵消，利率就必然会上升。

通过前面数章的研究，我们已经清楚，这种说法是站不住脚的。要想找到这些问题的根源所在，就先要对他们的共同之处进行说明。

尽管新经典学派相信，储蓄和投资实际上可以不一样，可是经典学派自身则相信二者是完全一样的。比如说马歇尔就相信（尽管他没有直截了当地说明），总储蓄和总投资肯定是相等的。实际上，大部分经典学派学者都过于延伸了这个信念：他们觉得只要个人储蓄量增加了，投资量也会同时增加相等的数量。而且在现在的情况下，上面所引用的很多经典学派的学者的资本需求曲线，和我所说的资本的边际效率表或投资需求表，基本上是一样的。当我们对消费倾向和与其相对应的储蓄倾向进行进一步探讨时，意见就会慢慢出现分歧，因为他们对利率给储蓄倾向所带来的影响过于看重。可是我想他们也肯定会承认，收入水平也会给储蓄量带来较大的影响，而我也承认，假设收入不变，那么该收入水平下，可用于储蓄的部分可能也会被利率所影响。尽管影响的方式不同于他们的想象。这所有共同之处，可以归纳为这样一个我和经典学派都可以接受的命题，那就是：假设收入是固定的，那么储蓄量和资本需求量都会受到利率的影响，现行利率就固定在使资本的需求曲线和储蓄曲线相交的那一点上。

自从这一点后，经典学派就出现了问题。如果经典学派只是通过上述命题加以推导：假设资本的需求曲线固定，利率的变化给人民愿意用于储蓄的定量收入所带来的影响也固定的情况下，收入水平和利率之间肯定存在一定的关系。如果经典学派只是这样说，倒也不会引起什么非议。而且，通过这个命题，还可以推导出另一个也包含关键性真理的命题，那就是：如果利率固定，资本的需求曲线固定，人民愿意用于储蓄的定量收入所受到的利率的影响也不变，那么收入水平这个因素一定会使得储蓄量和投资量相等。可实际上，经典学派不仅忽视了水平收入变化的影响，而且还出现了分析上的问题。

经典学派假设储蓄量尽管发生了变化，可是储蓄的来源途径——收入则没有变。通过上述论述，我们可以知道，经典学派觉得上述假设用不着修正，就可以接着探讨：当资本的需求曲线发生变化时，对利率会造成什么影响。经典学派利率论只有两个自变数：（a）资本的需求曲线，（b）在定量收入之下，利率对储蓄量的影响。所以照这样的说法，当资本的需求曲线整体发生变化时，也就等同于该定量收入的储蓄曲线可以固定，新利率就取决于新资本需求曲线和旧储蓄曲线相交的那个点。经典学派利息论好像在假定资本的需求曲线移动或者一特定量收入中因为利率的改变而发生改变的储蓄量曲线有所移动，抑或两条曲线都有所移动，那么，新利率就取决于两条新曲线相交的那个点。可是这个学说是不成立的。因为既然假设收入固定，又假设两条曲线中的一条可以移动而不对另外一条曲线产

生影响，这两个假设本身就是矛盾的。一般情况下，假设两条
曲线中的一个移动，收入就会发生变化，所以以收入固定这个
前提所构建的整个结构也就随之瓦解了。要想让这个学说成立，
就必须给出一个特别复杂的前提：那就是假设只要二曲线或其
中一条移动时，工资单位就会自动地发生变化，这个变化的水
平足以使它给灵活偏好所产生的影响可以形成一个新利率，把
曲线移动的影响抵消掉，而且保护产量和以上曲线发生移动之
前一样。可是从以上所引各家中，我们丝毫找不到一点痕迹，
说明他们曾经觉得这种假设是必要的。而且，这种假设最多只
能用在长期均衡上面，作为短期理论的基础是不合适的。即便
是在相当长一段时间内，这种假设也不一定就成立。实际上，
经典学派并没有发现，收入水平的变化是一个有关因素（rele-
vant factor），更没有觉察到，实际上，收入水平也许是投资量的
函数。

上面所论述的内容，可以用下图来表示：

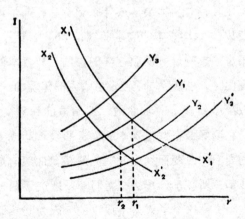

上图中，用直轴来表示投资量（或储蓄量）I，用横轴来表

示利率 r，投资需求表之前所在的地方是 X_1X_1'，该曲线移动后的位置为 X_2X_2'。假设收入水平为 Y_1 时，储蓄量和利率的关系用曲线 Y_1 表示。曲线 Y_2、Y_3 等的意义和它是一样的，只是收入水平变成了 Y_2、Y_3 等罢了。现在假设在 Y 曲线组中，仅有的一个和投资需求表格 X_1X_1' 和利率 r_1 相一致的曲线是曲线 Y_1，假设投资需求表从 X_1X_1' 移动到 X_2X_2'，那么一般情况下，收入水平也一定会随之移动。可是上图的材料不能足以告诉我们新的收入将固定在什么水平上。因为我们不清楚哪条 Y 曲线合式，当然也就无法弄明白，新投资需求表和它在哪个点相交。可是我们如果把灵活偏好状态和货币数量都引进来，又假设这二者可以对利率 r_2 进行决定，那么就可以确定整个位置。因为在 r_2 点上，相交于 X_2X_2' 的 Y 曲线（也就是曲线 Y_2）就是合式的 Y 曲线。所以 X 曲线和 Y 曲线不能明确表示出利率是多少，只能指出：假设我们从其他途径知晓利率的大小，那么收入是多少。假设灵活偏好状态和货币数量固定，那么曲线 Y_2' 就会是合式的 Y 曲线，新收入水平就将是 Y_2'。因为曲线 Y_2' 和新投资需求表相交的那个点的利率，就等于曲线 Y_1 和旧投资需求表相交的那个点的利率。

　　所以经典学派所使用的两个函数，也就是对于利率的改变，投资所给出的反应，还有在定量收入下，储蓄所给出的反应，还不能形成一利率论。这二个函数只是指明：假设从其他途径知道利率的大小，那么收入水平应该是多少。或者假设收入水平既定（比如说充分就业下的收入水平），那么利率水平应该是多少。

　　错误的原因就是将利息视为等待本身的回报，而不视为不贮钱的回报。事实上不管哪种贷款哪种投资都存在风险，只是风险水平有高有低而已，所以，因为贷款或投资所得到的回到完全可以视为甘冒风险的回报，而不是等待本身的回报。实事求是地说，因为贷款或投资所得到的回报，和所谓"纯"利率之间，界线并不是十分分明，这些都是风险回报。只有当货币只用于交易，而不用于贮藏时，其他学说才说得过去。

可是有这样两点是我们所熟悉的，可以给经典学派提个醒，跟他们说出现了错误。首先，最起码在卡赛尔教授的《利息之性质与必然性》问世以后，大家都认可某定量收入中的储蓄量，随着利率的上升，也许不会上升。同时大家也承认，在投资需求表上，随着利率的增加，投资会下降。可是假设 X 曲线组和 Y 曲线组都随着利率的上升而下降，那么一特定 Y 曲线和一特定 X 曲线也许不会有交点。这就揭示了：Y 曲线和 X 曲线并不是决定利率的所有因素。

其次，经典学派时常假定，当货币数量上升时，最起码在起初和短时间内，利率会有下降的势头。可是货币数量的变化为什么会对投资需求表产生影响，抑或对某定量收入中的储蓄量产生影响，他们并没有予以解释。所以经典学派就有两套不同的利率论，第一套在第一卷价值论中，第二套在第二卷货币论中。他们好像并没有担心二者的不同，据我了解，他们也没有想办法对二者予以中和。上面所说的都是只针对经典学派本身而言的。新经典学派想对二者进行中和，于是弄得更糟糕了。那是因为，新经典学派进行了这样的推导：满足投资需求的供给来源肯定有两个：（a）正常储蓄（savings proper），也就是经典学派中的储蓄，和（b）因为货币数量的上升而产生的储蓄，后者是对公众征税（levy）的一种形式，可以命名为"强迫储蓄"或相似的名称。于是便出现了"自然"（natural）利率，或"中立"（neutral）利率，或"均衡"利率这样的概念，所谓"自然"或"中立"或"均衡"利率，都是使投资等于经典学派的正常储蓄的利率，而没有把"强迫储蓄"加上去。最后，从以上所论述的内容，新经典学派还推导出一个更通俗易懂的解决方案：不管什么情况下，只要能保持货币量固定，就不可能出现什么复杂的情况，因为假设货币量固定，那么因为投资比正常储蓄高所带来的各种不好的结果也就不会再出现了。但是，我们正是由此陷入了深渊。"野鸭已经深入到水底，深到尽头了，而且用力咬住水底的杂物，现在必须有一只非常敏捷的狗跳下去，才能挽救鸭子。"

传统分析法错误的根源就在于，它没有对经济体系的自变数是什么进行科学的解释。储蓄和投资都由经济体系来决定，而不是经济体系由储蓄和投资来决定，经济体系是由消费倾向、资本的边际效率表和利率来决定的，储蓄和投资只是这些决定因素的双胞胎兄弟。当然，这三个决定因素自身也是错综复杂的，而且彼此影响。可是三者依然是自变数，也就是说，三者中不管哪个变数的值，都不能通过其他两个变数的值推导出来。传统分析法清楚储蓄是由收入决定的，可是他们却忽略了这样一点：那就是收入取决于投资，所以当投资发生变化时，收入必定会发生变化，收入变化的水平，是使储蓄的变化幅度和投资的变化幅度一样。

还有很多理论，希望通过资本的边际效率，把利率求出来，也以失败告终了。在均衡状态下，诚然，利率和资本的边际效率相等，如果二者不相等，就会通过改变当前投资量来使二者一样，这样一定可以获得利润。可是如果把这个作为利率理论，并因此把利率推导出来，则会在循环推理上出现问题。马歇尔想沿着这个思路，对利率进行说明，中途却发现了这个问题。因为资本的边际效率，一定程度上由现行投资量的多少来决定，而想要对当前投资量进行计算，则必须先弄清楚利率是多少。所得出的一个至关重要的结论是：新投资的产量必须达到使资本的边际效率和利率相等的那个点，资本的边际效率表可以给我们揭示的，并不是利率是多少，而是在假设利率是固定的，新投资的产量会是多少。

我想读者很明显可以发现，不管是从理论的角度，还是从现实的角度，如今我们所探讨的问题都非常关键。一直以来，经济学家在对实际问题发表观点时，都会对经济学原理进行这样的假设：假设其他情况一样，那么消费减少，利率就会下降；投资增加，利率就会上升。假设储蓄意向和投资二者会对总就业量起到决定性作用，而不是对利率起到决定性作用，那么我们会完全改变对经济体系的结构的看法。假设在其他条件不变的情况下，消费意向下降所带来的结果，不是投资的增加，而是就业的下降，那么我们将改变对这一因素的看法。

附录：马歇尔《经济学原理》、李嘉图
《经济学原理》以及其他著作中的利率论

I

不管是在马歇尔的著作中，还是在艾其伟斯或皮古教授的著作中，都没有连篇累牍地对利率进行探讨，只是简单提到了一下而已。除了以上所引一段以外（引用在第十一章第二节），马歇尔对利率问题是怎么看的，只能从他《原理》（第六版）第六编第534页和593页中猜测。下面所引用的内容，就是这两页的核心：

"利息既然是在市场上使用资本要付出的代价，那么利息经常就会朝一均衡点靠拢，让市场上该利率下对资本的总需求量，正好和该利率下资本的总供给量相等。假设我们所探讨的市场比较小，比如说一个城市或一个行业的市场，那么当该市场需要更多的资本时，可以从其他区或其他行业中把资本调派过来，提高资本的供应量，而快速予以满足。可是如果把全世界或一个国家看作资本市场，那么资本的总供应量就不能受到利率的影响而急速增加了。因为资本一般是从劳力和等待而来，利率的提升虽然可以让人付出额外的劳动和等待，可是这种额外劳动和等待在短期内，和现有资本品所涵盖的劳力和等待相比，数量并不会很大。所以在短期内，假设大量需要资本，为了满足这个需求的增加，来自于利率的增加要多于来自于供应的增加。既然利率上升了，就会有一部分资本慢慢退出其边际效率最低的作用处。所以利率的提高，只能一步步、缓缓地使资本的总供给量上升。"（第534页）

"我们必须一再强调，对原有资本投资品来说，'利率'这个词的适用性会受到极大的约束。比如说，我们可能会说：投到本国各种工商业的资本，大概有7,000,000,000镑，年净利润三厘。可是尽管这样说方便，而且在很多情况下这样说也未尝不可，可是这并不科学。我们应该说，假设在所有这些工商业中，在新资本上投资（也就是在边际投资上）可得大概年利三厘的净利率，那么把所有投入到这些工商业中的资本以33倍乘之（也就是用三厘利率），那么大概可得到7,000,000,000镑。因为资本只要投资在土地改善方面、修建房屋、铁路和机器方面，那么该资本的价值，就相当于预期的将来净收入（或准地租）折算成现值的和。假设该资本在将来产生收入的能力下降，那么价值肯定会下降，用较小的收入把折旧减掉，再进行资本还原就可以得到新值。"（第593页）

皮古教授在《福利经济学》第三版第163页说："一直以来，人们都误解了'等待'这种劳役的属性。有认为等待就是提供时间的，有认为就是提供货币的，人们对这两种说法进行总结说，等待没有对国民收入做出任何贡献。事实上，这两种说法都是错的。所谓'等待'，只是暂时不消费本可以用于当前消费的东西，于是使原本要覆灭的资源变成生产工具。所以'等待'的单位就是一特定量资源——比如说在一特定时间内，劳动力或机器的使用……从更广义上来讲，等待的单位就是一年值单位（year-value-unit），或采取卡赛尔的说法（比较简单，可也不太正确），等待的单位是一个年镑（year-pound）……我们要谨慎地看待这一普遍的观点，不管哪一年所累积的资本，都和该年的'储蓄'量相等，即便储蓄被理解成净储蓄（也就是把借给他人，以让他人消费增加的这种储蓄忽略掉），也忽略暂时存放至银行，从来没有动用过的劳役支配权的存款，这个观点依然是错的，因为有很多储蓄，原本就是要转变成资本的，可是因为用于消费了，所以实际上没有转变成资本。"

在皮古教授所著的《工业变动》（第一版）第251—253页中，我们可以找到其对利率取决于什么进行的唯一的一次论述。在这里，他不同意下面的观点：利率既然取决于实际资本的供应和需求，所以就不受中央银行或其他银行的控制。他提出了相反的意见，说："当银行家为工商界创造更多信誉时，事实上是在为工商界向社会强制性征收实物，让实际资本的供给渠道更宽广。所以银行创造的更多信誉，会使得所有实际利率下降。这里应该补充说明的一点可见前第一编第十三章①。总的来说，

---

① 在这里（参见前引书第一版129—134页或再版146—150页），皮古教授就银行创造新信用时，工商界可运用之真实资本之源流究竟能扩展多少这一问题作了探讨。他采用的方法是"以可供工商界利用的银行新创流动信用减去并不以银行的存在为诞生前提的流动资本"。在这里，减数有两个。自此而后，皮古教授的论述便相当艰深。起初，固定收入者有所得1,500，消费掉500，储蓄1,000。之后，银行信用产生，其所得减为1,300，用去500－X，剩余800＋X。于是，皮古教授得出结论：x便是因为银行新信用的创生而增长的资本。雇主的所得到底增长了多少？是等同于银行的出借数（减去两个减数），还是等同于固定收入者所得的减少值200呢？不管多收入多少，雇主是否都会用于储蓄？增长的投资量是等于x，还是等于减去两个减数后的银行信用？所以说皮古教授的论证实际上已在当开始时蓦然中断了。

虽然银行的贷款利率只是僵化地和长期真实利率保持一致，可是并不能因此断言，对实际利率起到决定性作用的条件，根本就不受银行家的控制。"

对于上面各家著作的点评，我已经都放在脚注中。对于马歇尔的观点，我之所以觉得很疑惑，最根本的原因就是"利息"这个概念本应列入货币经济范围中，而不应该被拿到货币的著作中予以讨论。"利息"确实不应该出现在马歇尔的《原理》中，利息属于经济学的另一个分支。在《福利经济学》中，皮古教授几乎没提过利息，这让我们觉得：等待的单位就是现行的投资单位；等待的回报，就是准地租。这倒是非常吻合他的偷偷假设。可是这些学者并不是对一个非货币经济进行探讨——如果存在这种东西的话。很显然，他们想象中会使用货币，还存在银行制度。在《工业变动》一书中，皮古教授主要对资本的边际效率的变化进行了探讨，《失业论》一书，重点是对假如不存在非自愿的失业，那么就业量由什么来决定进行研究。可是在这两本书中，利率的地位远远比不上其在《福利经济学》中所占的地位。

II

下面是摘自于李嘉图《经济学原理》第 511 页的引文，是其利率论的核心所在：

"利率不是取决于英兰银行的贷款利息，不管这个利息是 5 厘、3 厘还是 2 厘，而是资本的使用可以取得的利润率，这种利润率和货币的数量或价值都没有一点关联。不管英兰银行贷款多少钱出去，是一百万、一千万，还是一万万，该银行都不能永久改变市场利率，而只能对发行额和货币的价值进行改变。为了完成相同的任务，在一种情况下所需要的货币，换一种情况，可能需要 10 倍或 20 倍。所以请求英兰银行贷款的数量，则取决于该银行愿意放贷的利率和使用这笔款项可以得到的利润率的对比。假设该银行所要求的利率比市场利率低，那么就一定会放贷出去；假如该银行所要求的利率比市场利率高，那么就只有败家子才会去找银行借款。"

李嘉图说得非常有条理，也很清楚，所以和之后学者的说法相比，要好理解得多。后来的学者都一直局限于李嘉图的学说的理论，可是我认为这个说法还需要完善，只是说不出具体有哪些地方需要完善。上面的引文，当然应该被理解成一种长期学说，关注重点在于"永久"二字。李嘉图通常只对长期情况进行探讨。这种学说得具备什么样的前提条件才能成立呢？

所谓假定的前提条件就是经典学派常说的假设：即经常能维持充分就业。假设充分就业能一直维持下去，又假设劳力的供给曲线——实际工资和劳力供给的关系是固定的，那么在长期均衡中，只可能有就业量这一个是符合的。从这个假设出发，再加上不同的心理倾向是固定的，预期是固定的（因为货币数量的改变所带来的结果除外）这两个假设，那么李嘉图学说就说得通了。意思是，在众多假设条件中，只有一个利率的数值是符合长期充分就业的。可是李嘉图和其后继者没有关注到这一点：即便期限比较长，就业量也未必充分，也可以发生变化。有一个银行政策，与之对应的就有一个不同的长期就业水平。所以长期均衡的位置，也会因为金融当局的利息政策而发生变化。

假设当局的金融政策是为了保持一特定货币数量，那么在这种情况下，只要假设货币工资存在很大的弹性，那么李嘉图学说就可以宣告成立。换句话说，假如李嘉图认为，不管金融当局决定的货币数量是多少，利率都不会发生持久的改变，这种观点还是对的。可是假如所谓金融政策，是指金融当局对货币数量的条件进行增删，也就是说，指金融当局采用贴现或把市场交易公之于众等方法，对其资产所要求的利率予以调整（在上引文中，李嘉图清楚地阐述了，这就是他所说的金融政策），那么当局的金融政策既会产生一定的影响，而且与长期均衡相协调的政策还不止一个。可是假设存在非自愿失业时，失业工人会进行激烈的反抗，为了实现就业，导致工资被无限制地降低，那么在这种极端情况下，只会出现充分就业和利率最低时的就业量这两个长期均衡的位置（假设这个就业量比充分就业量小）。所谓利率最低水平，也就是利率达到可以使灵活偏好无限制吸收货币的水平。再换言之，利率达到这一水平时，灵活偏好就成了绝对的。假设货币工资弹性很大，那么，尽管货币数量本身不能发挥作用，可是当金融当局愿意对货币数量的条件进行增删时，却会对经济体系起到决定性作用。

从上述引文中的最后几句，有一点需要提醒大家关注的是，李嘉图好像忽视了资本的边际效率可以因为投资量的增减而发生变化这一现象。可是这一点正好是一个特别典型的例子，说明李嘉图的学说体系的精准性要比后来者强，前后是相呼应的。如果一个社会的就业量是固定的，社会的心理倾向也是固定的，那么，资本积聚率就只可能有一个，进而使得资本边际效率的值也只有一个。李嘉图在智力上具有非凡的成就，其他小角色都只能望其项背。他可以把一个和现实相隔十万八千里的假想世界看作现实世界，之后一直在其中生活。而李嘉图大部分的后来者则必须兼顾常识，于是其理论在逻辑上的前后一致性就出现了问题。

Ⅲ

哈耶克教授和（我认为）罗宾斯教授采用了密赛斯（von Mises）教授一个非常奇特的利率论。其观点是：所谓利率的改变，实际上是消费品物价水平和资本品物价水平的相对变化。我们不知道他是怎么得出这个结论的。可是其论证过程好像是这样的：先假定一系列条件，使情况高度简化，从这一系列假设出发，之后用新消费品的供给价格和新资本品的供给价格之比，来对资本的边际效率进行权衡。于是这个比例就被认定为利率。我们要注意这样一个事实，因为利率下降对投资有利，所以当上述比例下降时，也对投资有利。

采用这种方式，可以让个人储蓄的增加和社会总投资的增加发生关联。因为大多数人会觉得，假如增加个人储蓄，那么消费品价格的下降幅度很可能比资本品价格下降的幅度还要低。根据上面的论述，可以推导出利率的下降会带动投资。可是如果某些资本资产的边际效率下降，导致一般资本的边际效率下降，那么其效果就会和上面论述的假设完全相反。因为资本的边际效率表的上升、利率的下降，都会拉动投资。因为混淆了资本的边际效率和利率，所以密赛斯教授和其门徒所得出的结论就刚好和事实相反。沿着这种思路所带来的混乱，可以用汉逊（Alvin Hansen）教授的一段论述作为典型例证："有些经济学者认为，把消费的净后果减少，消费品的价格会低于消费没有减少时，所以在固定资本上投资的意向也会因此降低。可是这种观点是错误的，因为这种看法混淆了消费价格的高低和利率的变化给资本形成所造成的影响。事实上，减少消费，增加储蓄，虽然可以让消费品的价格比资本品的价格稍微低一点，可是这样做就代表着利率的下降，而利率下降会拉动投资，也就是会拉动之前利率高时没有利润的投资。"

第十五章
灵活偏好的动机

I

在前面第十三章中，我们已简单提到过有关灵活偏好的动机，现在我们必须进行细致的分析。这里所探讨的内容也许会和他人所说的货币的需求一样，又紧密关系到货币的收入流通速度（income velocity of money）。因为货币的收入流通速度，可用来考量公众所持的现金量在其收入中占到多大比例。所以，货币的收入流通速度上升，也许代表着灵活偏好下降。可是这二者终究不是一样的，因为个人只能在其所累积的储蓄中选择周转是否灵活，而不能在其全部收入中选择。而且，"货币的收入流通速度"这个专业术语，可能会误导人们的思想，让人觉得所有货币的需求和收入都是成一定比例的，或和收入有某种关系，可实际上（原因见后）和收入成比例的，或者有一定关联的只是一部分货币的需求。所以这个名词把利率在其中所发挥的作用给忽略掉了。

在我所著的《货币论》中，我用收入存款（income-deposits）、业务存款（business-deposits）和储蓄存款（savings-deposits）这三个名义，对货币的所有需求进行分析。在这里，我不需要再重申一遍对该书第三章的分析。可是，持有者出于这三个目的掌握在手中的货币，还是汇聚在一起，持有者不需要以之分成三个水泄不通的部分。就算是持有人，也不一定就对此进行了清楚的划分。持有相同一笔款项，可以有两个目的。所以，也可以将个人在某种特殊情况下需要的总货币量视为一个独立的决定，甚至更好。可是这个独立的决定，依然来源于多个动机。

所以，在对动机进行分析时，最好还是把它分成好几类。第一类基本上等同于我之前所说的收入存款和业务存款；第二第三类基本上等同于我之前所说的储蓄存款。在第十三章中，这三类被分别叫做交易动机、谨慎动机和投机动机；还可以把交易动机再分为收入动机和业务动机。

（一）收入动机　之所以要持有现金，其中一个理由就是确保在两次收入之间可以完成支付，这个动机有多么强烈，主要取决于收入的多少和两次收入之间的期限有多长。准确地来说，货币的收入流通速度这个概念，只适合用在出于这个目的所持有的货币——收入动机所持有的货币。

（二）业务动机　同样，企业之所以持有现金，是为了确保在成本给付到取得收入这期间完成支付。商人在进货到卖货期间用来保证支付所持有的货币就属于这一类。这个需求有多强烈，主要取决于今日产量——也就是今日产量的价值，和这个产量要经过几道手才能抵达消费者那里这两个因素。

（三）谨慎动机　出于这个动机所持有的货币，就是为了预防不虞之支出，或者遇到意外的最佳进货时机。再加上货币这种资产，假如用货币本身为单位进行计算，其价值不变。如果负债也用货币为单位进行计算，那么持有货币就方便对将来的债务进行清偿。

上面三种动机有多强烈，一定程度上取决于需要现金时，采用短期借款——特别是透支等办法，得到现金的可靠性和要付出的代价。所以在真的需要现款时，可以很轻易地拿到现金，那么根本不需要保持闲散不用的现金了。此外，这三种动机有多强烈，还取决于所谓持有现金的相对成本。假设为了保持现金，错失了购买可得利的资产的机会，那么持有现金的成本就会上升，会削弱持有一特定量的现金的动机。可是如果存款可以产生利息，或持有现金就可以不用给银行付费，那么成本就会下降，动机也就跟着增强了。可是，除非持有现金的成本变化极大，要不然这个因素也许一点都不重要。

（四）此外还有投机动机。相比上面三种动机，这种动机需要更认真地进行研究。有这样两个方面的原因：首先，相比其他动机，人们对这个动机不太了解。其次，这个因素在宣扬因为货币数量的变化所带来的种种影响方面特别关键。

普通情况下，交易动机和谨慎动机的满足所需要的货币量，基本上取决于经济体系的兴衰和货币收入水平。可是由于存在投机动机，所以货币数量的变化（不管是故意的还是意外），都可能对整个经济体系产生影响。所以，用来对前二类动机进行满足的货币需求，除非这两者发生切实的改变，否则基本上不会被其他因素所影响。可是从经验中我们得知，用来满足投机动机的货币需求，会经常因为利率的变化而发生变化。所以，就有这样一条连续（continuous）曲线，它可以把满足投机动机的货币需求量的改变和各种债券的价格变化之间的关系表示出来。而利率的改变，又可以用长短期债票的价格变动去代表。

假如不是这样，那么公开市场交易（open market operations）就难以开展。之所以存在上面所说的那种连续关系，经验告诉我们，原因就在于：对于债票的价格，银行体系可以稍微提高一点或降低一点，以和现款进行交易。银行体系实际上想通过现金和债票之间的交易，来使现金数量增加或减少，那么利率上升或下降的水平就会越来越明显。可是像（例如1933—1934 年美国情形）只是在极短期证券范围内公开市场交易，那么公开市场交易只会对极短期利率产生很大的影响，而几乎不会影响到更重要的长期利率。

在对投机动机进行探讨时，我们要把两种利率的改变区分开来，前一种是灵活偏好函数既定，可是用来对投机动机进行满足的货币供给量发生了变化，导致利率变化。后一种是因为预期的变化，对灵活偏好函数本身产生了影响，进而对利率产生了影响。公开市场交易会对这两种情况下的利率都产生影响，因为它们改变的不仅仅是货币数量，而且还有人们预期的金融当局未来的政策。假设人们接受了不同的讯息（news），对自己的预期进行更改，导致灵活偏好函数本身也跟着改变了，那么这通常是一种不连续变化，因此，也会让利率发生不连续的变化。只有当每个人对讯息的解读不一样，或者讯息的变化给每个人的利益带来了不同的影响时，债票市场上的交易才会增加。假设每个人对于讯息的变化所给出的反应都是一样的，那么利率（用债票价格表示）就会马上予以调整，和新环境相匹配，而不需要任何市场上的交易。

所有人性情一致，身处环境一样，这就是最简单的情况。在这样的情况下，环境或预期产生变化，货币不会变换主人，只会让利率发生变化。利率变化的程度，必须打消每个人在旧利率下、身处新环境中或新预期中，想要对现金持有量进行改变的心愿。因为，利率发生变化时，虽然每个人愿意持有的货币量也会跟着发生变化，可是每个人对利率的变化所给出的反应是不一样的，所以不会带来任何交易。总会有一个适合的利率和一组环境、一组预期相对应。对于平素所持有的现款数，不管是谁都不需要做出改变。

可是，在一般情况下，因为环境改变或预期改变，每个人所持有的货币量经常会因此而受到某种程度的调整。因为，实际上，每个人的处境不一样，持有货币的原因也不一样，对新环境的理解也不一样，所以，对于新环境，每个人的想法也不一样，所以，再次对现款持有量进行分配，往往关系到新均衡利率。尽管这样，我们尤为关注的依然是利率的变化，而不是对现款的再次分配。后者只是因为人与人之间的不同而出现的偶然现象，而在上面最简单的情况下，我们已然看到了最关键的、最根本的现象。而且，即便是在一般情况下，在讯息变化所带来的一系列反应中，最为明显的就是利率的变化。从报纸上经常可以看到这样的话：债票价格的起起伏伏，和市场上的交易量根本不成比例。假如我们意识到各人对于讯息的反应，相同之处比不同之处多，那么这种现象的出现也是合情合理的。

II

虽然个人为了对交易动机和谨慎动机进行满足所持有的现金量，和为了对投机动机进行满足所持有的现金量还是有一点关联的，可是从整体上来说，或作为最相似的值来说，这两组现金持有量，我们可以把它们视为彼此独立的。接下来，我们就把问题分成这样两部分进行探讨：

假设为满足交易动机和谨慎动机所持有的现金量用 M_1 表示，为满足投机动机所持有的现金量用 M_2 表示，那么就有两个灵活偏好函数：L_1 和 L_2，和这两部分现金相对应，L_1 主要由收入水平来决定，L_2 主要由当前利率和当前预期状态的关系来决定，所以有

$$M = M_1 + M_2 = L_1(Y) + L_2(r)$$

其中收入 Y 和 M_1 之间的函数关系用 L_1 表示，利率 r 和 M_2 之间的函数关系用 L_2 表示。所以我们要研究这样三个问题：（一）当 M 发生变化时，Y 和 r 将发生什么样的改变？（二）L_1 的形状由什么来决定？（三）L_2 的形状由什么来决定？

（一）M 发生变化时，Y 和 r 会发生什么样的变化——要解答这个问题，就必须看 M 是因为什么发生变化的。假设 M 是由金币组成的，那么 M 的改变只能源于金矿的开采，而金矿员工又包含在我们所分析的经济体系中。那么，在这种情况下，M 的变化一定会让 Y 也跟着发生变化，因为新产的黄金肯定会成为某些人的收入。假设 M 之所以发生变化，是因为政府印发纸币支付眼前的支出，那么情况也是一模一样的。因为肯定会有

人得到新发的纸币。可是新的收入水平还不足以达到让所有 M 的增加都被 M_1 所吸纳的程度，所以，一部分货币要派上其他的用场，去购买证券或其他资产，于是随着利率的下降，M_2 会随之增大。而且因为利率的下降，会导致 M_2 上升，而且因为利率的下降，带动 Y 的上升，M_1 也会因此增加，直到 M_1 把所有新货币都吸收了，而不能被 M_2 吸收了。由此可以看出来，以上情况和下面所说的另一种情况很是相似。即，要想让货币的发行量增多，那么银行体系就必须先把其信用条件放开，使某些人愿意向银行出售自己的债票，以取得新现金。

所以，我们可以把后一种情况当作极具代表性的情况。假设只有先把 r 改变以后，才能改变 M。r 改变以后，会导致 M_2 和 Y 都发生一定程度上的变化，进而引起 M_1 的变化，导致出现新的均衡。而在这种新的均衡状态下，新增现款怎样在 M_1 和 M_2 之间进行分配，则取决于利率降低时，投资的反应，和投资增加时，收入的反应。因为 Y 在一定程度上取决于 r，所以当 M 发生一特定量的变化时，r 所发生的改变必须使 M_1 和 M_2 的改变之和，恰好和该 M 的特定量的改变相等。

（二）所谓货币的收入流通速度，究竟是 Y 和 M 之比，还是 Y 和 M_1 之比，通常在对这个问题进行探讨时，并没有予以详细说明。我提议采用后一个定义，假设货币的收入流通速度用 V 表示，那么就有

$$L_1(Y) = \frac{Y}{V} = M_1$$

当然，我们不能说 V 就是一个常数。V 的价值，取决于：（a）银行界和工商界的组织情况，（b）社会习惯，（c）在各阶级，收

入的分配办法，（d）持有闲置现金需要支付的代价。可是假设我们只是在一个短期内进行探讨，那么上面所说的各项因素，也许不会发生太大的变化，所以可以说 V 几乎不变。

（三）最后，我们还要对 M_2 和 r 之间的关系进行讨论。我们在第十三章中看到，可以对人持有现款 M_2，而有这种灵活偏好的原因进行解释的，只可能是人们对利率的前景感到迷茫。所以，M_2 和 r 之间并没有相应的数量关系，也就是说，一个 r 值并不完全对应有一个 M_2 的值，因为人们所关注的，是在以或然律为依据进行计算后，r 的绝对水平和通常觉得 r 的相当安全水平之间的差异，而不是 r 的绝对水平。尽管这样，假设预期状态是既定的，那么 r 下降时会带动 M_2 增加，我们就有两个理由加以解释。第一，假设一般人觉得 r 的安全水平不变，那么 r 只要下降一次，和"安全"利率相比，市场利率就会减少，所以，周转灵活性的舍弃也会有更大的风险。第二，把周转灵活性收入的报酬舍弃掉，可以被当作一种用来对资本账上所遭受的亏损风险进行弥补的保险赔偿金。利率只要下降，可以用来弥补的这种赔偿金就越少，其减少数值等于旧利率的平方和新利率的平方二者之差。打个比方来说，假设现在长期债票是年息 4 厘的利率，如果将来利率上升的速度是现在利率的 4%，也就是说每年增加 0.16 厘，那么利息收入和资本账上的亏损大概可以相互抵消，所以除非人们从或然律估算的结果出发，认为将来利率每年的上涨速度，会比现在利率的 4% 高，要不然他们宁愿把周转灵活性舍弃掉，而获得利息。可是，如果现在的利率已经下降到了年息 2 厘，那么利息收入可以和资本亏损相抵消的部分，只是将来利息每年增加 0.04 厘。如果是年息 4 厘的利率，那么利息收入可以和利率上升的风险相抵消的部分，只是每年增加 0.16 厘；假设是年息 2 厘的利率，那么利息收入可以和利率上升的风险相抵消的部分，只是每年增加 0.04 厘；两相抵消的差额，就等于旧利率的平方和新利率的平方二者的差额。这可能是利率不能降到最低点的主要原因，除非将来和过去的经验截然不同，要不然当长期利率下降到 2 厘时，利率才极有可能上升，而只有很小的可能性下降。而且利息收入也只能小小地弥补利率的上涨水平。

　　从这里，我们可以发现，在利率现象中，心理成分发挥了很大的作用。在下面第五编中，我们将看到，在均衡状态下，利率不能比充分就业的利率水平还低，因为如果出现这样的现象，就会马上出现真正的通货膨胀，于是尽管现款数量在持续增加，可是可以被完全吸入到 M_1 中。可是在该水平以上，长期市场利率就不仅由金融当局的现行政策来决定，也由市场上对将来政策的推导来决定。短期利率比较好被金融当局掌控，因为人们很容易相信金融政策在短期内不会发生太大的改变，再加上除非利息收入几乎没有，要不然利息收入一定比也许会出现的资本损失要大。可是，如果长期利率已经下降到让一般人从以往经验出发，和对于将来金融政策的预测而认为的"不安全"水平时，长期利率就难以被金融当局所控制。比如说，如果一国采用的是国际金本位，如果该国利率比其他各国的利率都低，那么该国人民当然对本国利率是绝望的。可是，如果把本国利率提高到和国际金本位体系中的最高利率（排除风险因素以后）一致，则又觉得太高了，不符合国内充分就业的情况。

所以假设公众觉得某种金融政策只是用于试验，是极易发生变化的，那么该金融政策也许不能大幅度削减长期利率。因为如果 r 下降到某种水平以下时，M_2 将无止境地上升。相反，如果公众觉得政策是合理的、合乎实际的、有利于公众的，并觉得当局有坚定的信心推行这一政策，不会很轻易就发生改变，那么这个政策要想达到效果就容易得多。

说利率现象中有非常大的心理成分的作用，还不如说利率是一个极其遵循成规的现象，更准确一些。因为如今的真实利率水平，很大程度上取决于人们预测的将来利率的水平。只要公众笃定该利率水平会持续推行下去，那么不管这个利率水平是多少，都会一直延续下去。当然，在一个不稳定的社会中，可能会因为各种原因，导致利率随着这个预期的正常水平起伏不定。首先一个原因就是：假如 M_1 的增加速度比 M 还快，那么利率就会上升，相反，利率就会下降。可是利率围绕其变动的水平，却可能在几十年中一直处于高位，不能实现充分就业。特别是当人们普遍觉得利率会自发调节时，实际利率水平就会被认为是比遵守成规更加重要的客观理由。于是公众或当局都想象不到，就业量不能达到最合适水平的原因，就是利率不合适造成的。

我想，现在读者应该很清楚了，因为长期利率是由成规所决定的，而且非常稳定，而资本的边际效率则千变万化，极其动荡，所以有效需求要想保持在一个比较高的足以提供充分就业的水平是很难的。

从积极的层面来看，我们觉得比较欣慰的是：因为成规并不建立在具体知识的基础上，所以我们可以希望，如果金融当局非常坚定地想要实行其政策，那么成规应该不会拼死作对。人们很快就会习惯比较柔和的利率下降，下降以后的新利率又会形成新的成规，作为对未来进行预测的依据。这时金融当局就可以再次把利率压低。这个办法当然不是无止境的。英国在放弃金本位以后的长期利率的下降就是一个很典型的例子：这项工作的完成，经过了好几个环节，随着利率的每次下降，公众的灵活偏好函数便会慢慢与之相适应，进而做好心理准备，以便能对利率再次下降的信息或当局的政策激励给出相应的反应。

Ⅲ

上面的论述用一个命题来归纳就是：假设在一个固定的预期状态下，那么在公众头脑中，除了交易动机或谨慎动机以外，还存在一个潜在的愿望想要持有现金。而这种潜在的愿望会变成实际所持有的现金在什么程度内会实现，则取决于金融当局愿意给现款持有创造什么样的条件。灵活偏好函数 L_2 所归纳的，就是这种潜在的实力。

因此，我们假设金融当局创造出来的货币量是既定的，又假设其他条件不变，那么和这个货币量相对应的就只有一个利率（或许更准确地来说，只有一个利率体系）。可是这不只是说货币，随便提一个经济体系中的因素，都和利率脱不开干系。所以，除非货币数量的变化和利率的改变有非常不一般的关系，把货币和利率专门拿出来研究才是有意义的、重要的。因为通常情况下，银行体系和金融当局是交易货币和债务票据的商人，而不是买卖资本品或消费品的商人，所以我们才说二者有非常不一般的关系。

如果金融当局愿意以相应条件为依据，从事期限不一样的各种债务票据的交易，那么利率体系和货币数量的关系就很直接了。利率体系只是银行愿意交易债务的前提，货币数量只是个人愿意持有现金的量——后者在将所有相关情况都考虑在内以后，愿意维持的流动现金的最大值，而不愿从市场利率出发，把现金换成债务票据。在货币管理技术上，如今最卓著的改革，也许就是使中央银行在买卖各种期限的金边债票（gilt-edged bonds）时，以一组规定价格为依据，而不是只以一个银行利率交易短期票据为依据。

拿现在的实际情况来说，各银行系统在对市场债票价格的"有效"性进行控制方面，程度上有轻重之分。有时银行在某一方向的控制能力要强过另一方向的控制能力，比如说，银行只愿意以某种价格为依据来购买债务票据，而未必愿意在购买价格上再支付一点转让费，制定一个和买价差不多的卖价，之后再以这个价格把债务票据卖出去。虽然我们找不出充分的理由，公开市场交易为什么不能派上用场，使得银行所定价格在两个方向都可以发挥作用。此外，还有一个更关键的制约，那就是一般情况下，金融当局并不愿同等对待期限不一的各种债务票据，而通常更愿意交易短期债务票据，使短期债务票据的价格对长期债务票据的价格产生影响。当然，这种影响并不会马上看到效果，也只是部分生效。这里又和上面一样，找不出为什么一定要这样做的理由。如果存在上述约束条件，那么利率和货币数量的关系就会变得间接了。英国当局刻意想要控制的范围好像还扩大了。可是要将这里所讨论的理论知识运用到实践中，还必须考虑金融当局所用的控制法的特点。如果金融当局只对短期债务票据进行交易，那我们就必须顾及短期票据的价格（现在的或将来的）会对长期票据产生什么样的影响。

可见，如果金融当局想给不同期限、不同风险的各种债务票据成立一特定利率体系，就必须被以下几个方面所制约：

（一）有些限制来自于金融当局自身，也就是金融当局只愿意买卖某种特殊类型的债务票据。

（二）以上面所论述的理由为依据，当利率下降到某种水平时，灵活偏好也许变成几乎是绝对的。即，当利率下降到该水平时，因为利息收入太低的缘故，几乎所有人都不愿意持有债务票据，而宁愿持有现金。这时金融当局就对利率的控制有心无力了。也许在将来，这种极端情况会非常重要，可是迄今为止，这种实例我还没有遇到过。原因就是：在过去，金融当局不愿意冒风险去交易长期债务票据，所以也没有足够多的机会来进行这种试验。如果真的出现这种情况，那么政府自己就可以用非常低的利率向银行肆意借款。

（三）由于灵活偏好函数成了一条直线，导致利率动荡——曾经在非常特殊的状态下，出现过这种典型案例。"战后"的俄国和中欧都曾经非常惧怕通货，人民都想离通货远一点，不管前提条件是什么，人民都不愿意把现金或债务票据保存在手里。再加上大多数人都预料币值会持续下降，所以即便利率持续上升，依然赶不上资本（特别是囤货）的边际效率上涨的速度。1932 年的某些时期，在美国曾经出现过一个情况截然不同的恐慌——金融恐慌或清算恐慌。那时不管条件如何，都没有人想把现金抛出去。

（四）最后一个是第十一章第四节中所说的难题，也就是，一定得有中间人的费用，才能让借者和最后贷者聚集在一起，而且贷者会要求再增加一点费用（除纯利率以外），用来弥补风险——特别是道义上的风险。所以实际利率基本上都比某种水准要高。纯利率下降时，中间费和保险费不一定也会下降，所以一极具代表性的借款者必须支付的利率，下降速度比纯利率的下降速度还慢，而且在当前银行机构下，也许还要比某一最低水准要高。如果贷者过高地估计了道义上的风险，那么本论点就相当关键。因为如果产生风险的原因是因为贷者担心借者心中有鬼，那么即便借者还是想诚实的，也没有办法让利率下降。短期借贷手续很复杂，要承担的费用很多，所以本论点也非常关键。即便贷者的纯利率为零，银行也许依然会要求雇主支付一厘半或二厘的息。

IV

这里最好先提一下本章和货币数量说之间的关系，尽管这个主题理应属于第二十一章讨论的范畴。

在一非动态社会中，或不管出于什么原因，所有人都非常确定将来利率时，那么在均衡状态下，灵活偏好函数 L_2——还有一种叫法是贮钱倾向——经常为零。所以，在均衡状态时，M_2 为零，M 和 M_1 相等。当 M 发生变化时，利率也一定会跟着发生变化，直至收入达到让 M_1 的变化和 M 的变化相等的水平。这时就有 $M_1 V = Y$，其中 V 是货币收入流通速度（上面已定义），Y 是总收入。如果我们可以对本期产品的价格 P 和数量 O 进行权衡，那么 Y = OP，于是 MV = OP，这就是过去所说的货币数量的形式。

拿实际世界来说，货币数量说最大的问题，就在于没有分清产量的改变所导致的物价改变和工资单位的改变所导致的物价改变之间的区别。也许是因为该说不仅假设存在无贮钱倾向，又假设充分就业能持续下去，所以才出现了这样的问题。基于这样的假设，那么 O 是常数，M_2 等于零。假设 V 是常数，那么工资单位和物价水平二者都和货币数量形成正向比例关系。

第十六章
关于资本性质的几点观察

I

打个比方，个人进行储蓄时，只代表他准备今天少吃一顿，可未必他会同时打算把今天省下来的钱，用于一周或一年以后进餐或买鞋，或者准备到了将来某一天再消费。所以今日饮食业的经营者会因此萧条，从事未来消费品制造的行业也难以发展。如此看来，个人的储蓄行为，并不是把现在的消费需求留待将来再消费，而只是减少现在的消费需求。而且，人们在对将来的消费量进行预测时，通常依据的都是现在事实消费量，所以当现在消费量下降时，也许会让将来的消费也不景气。所以个人的储蓄行为，不单单会把消费品的价格降低，而且还会降低现在资本的边际效率，所以，个人储蓄行为，不仅把当前的消费需求减少了，也把现在的投资需求减少了。

假设储蓄既节约当前的消费，又把将来的消费预定了，那么就会出现截然不同的结果。在这种情况下，投资于将来某一天的预期收益会增加，所以资源可从生产当前消费品的生产转到对将来消费品的生产。即便这样，二者也未必相等。因为将来消费的时间，也许在很遥远的将来，所以生产方法可能要"迂回"（round about）到一种很麻烦的程度，导致这项投资的边际效率比当前利率低，于是将来消费的预定不能马上就给就业带来好处，而必须等到以后才能实现，所以个人储蓄当前还是不利于就业的。可实际上，个人产生储蓄行为时，并没有给将来的消费制定一张订单，而只是把现在的订单取消了。又因为雇用工人只是为了满足消费这一个理由，所以当消费货币下降，其他条件维持原状时，就业量会因此受到不好的影响也就不足为奇了。

如此一来，就会带来一些很麻烦的问题。因为个人的储蓄行为，并不意味着用某种具体的未来消费来取代现在的消费。而且即使可以这样，为进行将来消费品的生产而对于现在经济活动的需求，从数量上来说，也不一定刚好和这个储蓄数用于当前消费时所需要的经济活动相等。储蓄只是为了获得一种权利，把"财富"握在手中，可以在事先没有规划过的时间消费任何没有经过规划的物品。人们普遍有一种错误的观点，觉得仅从有效需求的角度来看，个人储蓄和个人消费所产生的结果是一样的。之所以会出现这种错误的观点，就是因为有一个乍看上去比得出的结论还要合理的谬论：所谓持有财富的欲望增强，就是持有投资的欲望增强，后者在投资上的需求增加，进而带动投资的生产。所以，当个人产生储蓄行为时，现行投资的增加量刚好和现行消费的减少量相等。

我们很难从人们头脑中把这个谬论清除出去。谬论的来源，就在于人们相信：资本资产本身（capital-asset as such）是财富持有人想要得到的东西，而实际上该资产的未来收益才是他想要得到的东西。未来收益完全由预期的未来有效需求和未来供给情况的关系来决定。所以，假设储蓄行为完全不能改善将来的收益，那么也不会给投资带来什么影响。而且，从个人的角度来说，要想通过储蓄拥有财富，也不需要产生新的资本资产来实现这个愿望。前面我们已经讲过，储蓄行为具有双面性，所以一人储蓄时，一定会强制性要求别人把原有的或新产的某种财富转移给他，当然因为他人的储蓄，他自己也会遭受损失。这种强制性的财富转移是和储蓄行为相伴而生的，是避免不了的，而且也不用产生新财富。相反，也许会对其有坏处。要想产生新财富，就必须使新财富将来的收益达到当前的利率水平。可是边际新投资的未来收益，则取决于一特定时间对一特定物品的需求的预期。所以，有人想财富增加的事实，并不能增加边际新投资的未来收益。

我们也不能就此断言：财富持有人看重的是可能有的最好的未来收益，而不是一特定的未来收益，所以，当财富持有人想要拥有更多的财富时，生产新投资品的人觉得满意的未来收益会随之下降。这个说法没有注意到一点，那就是持有财富的方式不仅有真正的资本资产，还可以用货币或债务票据的方式，进而使生产新投资品的人觉得满意的未来收益，必须比当前利率所规定的水准要高。可是，我们已经清楚，当前利率并不取决于财富要不要持有，而是取决于财富的持有是采用灵活的还是死板的方式，还有不同形态下，财富的供给量有多少。如果读者还觉得疑惑，则请他反思一下：如果货币数量固定，在当前利率下，当个人产生新的储蓄行为时，为什么人们愿意采用灵活方式持有的财富数量会因此下降呢？

　　如果我们还锲而不舍地问，那么还可以找出很多深层次的问题，那就只有等到下章再探讨了。

Ⅱ

　　与其说资本是生产的（productive），我们还不如说资本在其使用过程中，会产生一个比原来成本高的收益。因为资本在其使用过程中会产生劳役（services），而且这个劳役的总价值比其原来的供给价格要高，之所以会出现这样的结果，就是因为资本稀少。而资本为什么稀少呢，就是因为货币利率和它展开了竞争。假设资本不那么稀少，那么收益比原有成本数量高的就会减少。可是资本的生产力不一定会下降，最起码从物质层面来说是这样。

　　所以，对于经典学派之前的学说，我表示深刻的认同：其说觉得所有都是来自于劳力，给劳力者提供帮助的，有（a）古代称之为工艺（art），现在称之为技术（technique）的东西；（b）自然资源，如果自然资源很丰富，那么用起来就不需要付出什么代价，假如比较稀少，就要支付地租；还有（c）原来的表现在资本上的劳动，其价格也取决于其是否稀缺。我们将劳力（当然雇主和其助手的个人劳役也要算作在内）视为仅有的一个生产原素，在一特定的生产技术、自然资源、资本设备和有效需求等条件下工作是最好的。这可以一定程度上说明，劳力单位为什么是除了货币单位和时间单位以外，经济体系唯一的一个物质单位？

虽然有些比较长或者迂回的生产过程会取得比较高的物质效率（physical efficiency），可是有些短的生产过程也是一样。比较长的生产过程之所以取得较高的效率，并不是因为其耗时长。有些长的生产过程（也许是大部分）之所以物质效率低，原因就是有些东西无法永久保存，会有损耗。假设劳力数量固定，那么可以在迂回生产过程中表现出来的劳动力，其可以发挥一定用处的同时，也有相应的限制。把其他理由都先搁置一边，我们先对其中一个道理进行阐述：用于制造机器的劳力和用于使用机器的劳力，一定构成相应的比例。所以，当生产过程越发曲折时，即便物质效率还在持续上升，可是从最后价值量（ultimate quantity of value）的角度来说，随着所用劳力的上升，其不能无止境地上升。如果欲望的延缓消费很强，以致充分就业对投资量的需求大到使资本的边际效率成负数时，一种生产过程才会只因为它耗时长而变成有利的。在这种情况下，物质效率低的生产过程会受到我们的青睐，只要这些过程长到可以使延后消费的好处比效率低的坏处要大的程度，而短的生产过程到减少到其物质效率高的好处比其产物早熟的坏处要大的程度。一个科学的学说应该不管从正面来说，还是从反面来说都是成立的，也就是说资本的边际效率正也好，负也好，都能涵盖在其中，我想只有上面所说的稀少说才可以实现这一点。

而且，还有很多种理由可以解释为什么有些劳动力和设备会比较少，导致其价格（对应于所用劳力来说）偏高。比如说，空气质量恶劣的生产过程中，人们必须获得较高的报酬，才愿意从事这种工作。生产过程中有风险的情况也是一样。可是我们不能专门创立一个学说，说空气恶劣的生产过程本身，或具有危险性的生产过程本身是具有生产力的。总的来说，在同样的工作环境中，并不是所有劳动者都可以获得愉悦的劳动体验，在均衡状态下，在环境不够愉悦的状态下所生产出来的物品一定非常稀少，导致价格升高。像空气恶劣、危险系数高、时间上的间隔，都是属于不愉快环境。可是如果时间间隔变成一种愉快环境（这个可能性是很大的，而且已经有人发表过这样的观点），那么就像我在上面所说的，短的生产过程反倒会具有一定的稀少性。

　　假设已经定下最合适的迂回程度，那么我们肯定会选择最有效率的生产过程。这里所说的最合适的迂回程度，就是指在最恰当的时机，对消费者的延迟需求进行满足。也就是说，在最合适的情况下，生产的组织方式应该先预测在什么样的时机，会对消费者的需求形成有效性，之后以这个时间为根据，采用效率最高的方法去组织生产。假设交货时间和这个时间不一样，那么即便改变时间以增加物质产量也是徒劳的。除非（打个比方来说）消费者因为太喜欢饭菜了，愿意提前吃饭或把吃饭的时间往后拖延一下。假设消费者了解到不同晚餐时间的饭菜的所有内容以后，决定在晚上 8 点进餐，那么厨师的责任就是以这个时间为依据，尽可能做好饭菜。尽管如果不考虑时间的因素，单单考虑可以做出最好的饭菜的角度，厨师觉得7 点 30 分，或者 8 点、8 点 30 分是最佳的进餐时间。在社会生活的某些阶段，如果我们晚一点就餐，也许得到的饭菜要好一些，可是在其他的某些阶段，也许要提前一点开饭，得到的饭菜要好一些。就像我上面所说的，我们的理论必须适用于正反两种情况。

如果利率为零，那么不管是哪种商品，要想使其耗用最小的劳力成本，那么在生产原素的平均进货日期（average date of input）和该商品的使用日期之间，肯定存在一个最合适的时间间隔；假如生产过程比此短，那么可能是因为技术水平有限，效率才低，如果比此长，则可能因为储蓄费和折损的影响，效率也不高。假如效率比零大，那么又增加了一个成本因素，而且随着生产过程的变长，这个新因素也会增强，所以最合适的时间间隔也会因此被压缩。而为了将来交货而投入的生产要素会减少，一直到使将来价格的提高到对成本的上升进行弥补时为止。而成本增加的原因，是因为（a）利息包袱和（b）生产过程缩短而导致的效率下降。假设利率比零小（如果这种情况会出现在技术上），那么情况就完全反过来了，假设将来的消费需求是固定的，那么今日所投入的生产原素必定要和今后所投入的生产原素展开竞争，而后者因为具有较高的技术效率，或者将来生产原素的价格会发生变化，所以会使其产品成本下降。因此，只有当这种成本的下降难以弥补小量负利息的收入时，今日开始生产过程才不合适，最好留到将来再开始。大部分物品，只能在预期消费快到时开始生产，如果间隔太久，那么技术上效率就不高。所以，即使利率为零，要想提前开始有利的生产将来的消费需求，那么就必须制定一个非常严谨的生产比例限制。当利率一步步上升时，今日给将来的消费需求进行生产的比例会逐步下降。

Ⅲ

我们已经了解到这样一个事实：在长时期中，资本必须维持一种稀缺性，才能其边际效率最起码和长期——也就是资本的使用寿命这段时间的利率相等，而利率则取决于心理状态和社会制度的情况。假设一个社会有足够的资本设备，如果再增加投资，那么资本的边际效率将变成零或负数，可是这个社会的金融体系，又可以使货币"保存起来"，而且保管费和贮藏费都非常小，所以实际上，利率不能变成负数。假如在实现充分就业时，该社会还想储蓄，则又会怎么样呢？

现在我们先假设社会已达到完全就业的状态，再对上面各种假设的结果进行考察。如果雇主们持续提供的就业量，还可以让现有所有资本设备都得到充分的运用，那么雇主们就一定会亏损。所以，一定要减少当前就业人数和资本量，直到该社会穷到可以让总储蓄变成零的程度——很多个人和组织的储蓄，和他人的负储蓄相抵。所以对于我们所假想的社会来说，在宽松的政策下实现的均衡状态，就业量肯定相当低，生活水平也非常低，导致储蓄为零。还有一种更大的可能性，就是以这个均衡位置为中心，进行周而复始的变动。如果还有剩余，让人不确定未来，那么资本的边际效率偶尔会比零大，于是带来"繁荣"。在今后的萧条时期，资本数量还可以再降，于是边际效率又比零大。假设对将来的预知是准确的，那么在均衡状态下使边际效率刚好为零的资本数量，肯定比充分就业下的资本数量要小。因为均衡状态下的资本数量，肯定会使一部分人失去工作，以保证储蓄为零。

此外，只有这一种可能的均衡状态，那就是：边际效率为零时的资本数量，刚好是人们基于完全就业和利率为零的前提下，愿意提出以用于将来消费的财富数量。可是充分就业下的储蓄倾向，要想刚好使资本数量大到让边际效率为零时予以满足，是很难做到的。所以，假设利率是变化的，可以用来对储蓄倾向和完全就业之间的矛盾进行调和，那么利率就必须一步步下降，可是不需要马上就变成零。

截至现在，我们假设：由于存在制度因素（货币的保藏费特别微小），所以利率不能是负值。可实际上，先撇开制度因素不说，还有心理因素，所以利率下降时真实可能达到的限度要远大于零。特别是将借者和贷者汇聚到一块的成本，再加上利率前景模糊，所以在现在的形势下，长期利率可以达到的最低水平，也许依然维持在二厘或二厘半左右的年息。如果这种看法没错，那么可能是因为财富数量一直上升，还有可能是因为在宽松的政策下，利率已经下降到了最低限度，这两种情况合并在一起所出现的糟糕情况，也许很快就要在现实中上演了。而且，如果真实利率可以达到的最低水平要远远高于零，那么在利率还没有达到最低水平以前，社会要积累财富的欲望也基本上难以得到满足。

"战后"英美两国的经验，可以当作典型案例来佐证，说明是怎样由于积累的财富基础已然很高，而资本的边际效率却快速下降，可是利率受到心理和制度的影响而不能快速下降，于是，在宽松的条件下，不管是就业水平，还是生活水平，都不能达到一个科学水准，尽管从生产技术的角度来看，是可以达到这个水准的。

　　所以假设有两个生产技术一样，而资本数量不一样的社会，那么在短时期内，资本数量较小的社会，也许反倒比资本数量较大的社会的生活水平更高。当资本较少的社会追上资本较多的社会时，这两个社会都要面临米达斯（Midas）的命运。这个让人忐忑的结论，当然是以一个假定为基础的：那就是人们并没有想办法，从社会利益的角度考虑，有意对消费倾向和投资量进行控制，而任由它们在宽松的条件下自由发展。

　　假设利率和充分就业之间不存在矛盾，那么就等于说完全就业下的储蓄倾向会形成一个资本累积速率。现在假设存在某个原因，利率的下降速度要小于在这个累积速率下，资本的边际效率的下降速度，那么，即便人们不再渴望累积财富，而开始想要拥有经济上不能生息的资产，也可以让社会的经济福利增加。如果从有钱人生前建造高楼大厦居住和死后修建金字塔为坟墓的角度来说，抑或，为了赎罪，从他们修建教堂、捐赠寺庙或支援传教团体的角度来看，或许可以让资本丰富对物品丰富造成损害的时间到来的晚一些。所以用储蓄"在地上打洞"，不但可以让就业量增加，还可以让有价值的物品和劳动力增加。也就是说，使实际国民收入增加。可是，如果我们对有效需求的各种决定性因素已经了然于心以后，依然在这个科学的社会中持续使用这种偶然性的，而且通常带有铺张性质的补救办法就不太合理了。

IV

假设现在我们已经有办法来调整利率，使之达到充分就业情况下对投资量的要求。又假设国家也开展经济活动，以对私人企业的不足进行弥补，让资本设备的增长慢慢达到极限值，而且是循序渐进的，使现代生活水平不至于受到太大影响。

在上面各种假设下，我可以大胆预测，在一个已经走上正轨，并拥有现代生产技术的社会，假如人口不会太快增长，那么在一代人的时间内，就可以让均衡状态下资本的边际效率降低到基本为零的地步。于是该社会可以达到准静态（quasi-stationary）情况，除非生产技术、爱好、人口和制度发生改变，要不然就难以再有什么变化和进步发生。资本产品的售价和该产品所包含的劳动力之间构成一定的比例，其价值的决定原则就如同对资本需要相当少的消费品一样。

让资本丰富到使资本的边际效率等于零的地步，其实不难做到。假如我这种观点没错，那么这可能是最科学的慢慢把资本主义下很多不良特征驱除掉的办法。我们只要稍微想一下就会明白，假如把财富积累起来而慢慢得不到回报，这个社会变革多么重大啊！人们还可以把他各项收入累积起来，以备将来之需，可是他所累积的数额，不会自我膨胀。他的情况就会和波泼（Pope）的父亲一样：后者从商业经营中退下来时带了一箱金币到乡间别墅去住，每天就从箱子里取出金币用于日常开销。

虽然坐收利息阶级（rentiers）终有一天会消失，可是人们

还可以对未来有不同的看法，所以在对将来收益进行估计时，
企业和经营还有发挥作用的空间。因为上面的论述只是从纯利
率的角度而言，没有把承担风险等的回报计算在内，所以对于
把承担风险的报酬包含在内的资产的毛利是不适用的。所以，
除非利率是负数，要不然在一项未来收益不确定的资产上投资，
只要投得灵活，收益依然是正数。如果人们都对承担风险避而
远之，那么有风险的和没有风险的资产合并在一块也可以得到
正向的净收益。可是，在这种情况下，也完全有可能因为人们
在有风险的资产上投资过多，以期获得利益，造成投资者收入
的净收益总额是负数。

第十七章
利息与货币的主要特点

I

通过上面的论述，我们可以发现，在束缚就业水平这一点上，好像货币利率具有非同一般的作用。因为要生产一种新资本资产，货币利率的边际效率就一定要达到一个标准。乍一看，这点很是让人疑惑。所以我们要进行追问：货币区别于其他资产者的独特性是什么？利率是不是货币的专属？在非货币经济体系中，情况是怎么样的？在这些问题的答案没有找到以前，是很难彻底弄清楚我们学说的重要性的。

我要请广大读者注意这样一点，所谓货币利率只是用将来支付的款项高过其现值的百分比。如此看来，好像所有资本资产都有和货币利率相类似的东西。因为今天交货的 100 石麦子，相当于一年以后的几石麦子，有一个一定的数量。假设后者是105 石，那么麦子的利率就是每年 5 厘，假设是 95 石，那么麦子的年息就是负 5 厘。所以所有耐用性商品都有其自身的利率，像麦子利率、铜利率、房屋利率，连钢铁厂利率也包括在内。

拿麦子来说吧，麦子的利率就关系到麦子的现价和其在市场上将来的售价。可是因为将来的售价的计算单位是麦子将来交付的货币，而不是麦子现货，所以其中也包含了货币利率。它们之间有如下关系：

假设麦子的现货价格为每 100 石 100 镑，而一年后交货的期货价格为每 100 石 107 镑。又假设货币利率为年息 5 厘，那么麦子的利率是多少？如果现价 100 镑可以买到一年后货币 105 镑，那么一年后期货的 105 镑就可以买到一年后交货的麦子 $\frac{105}{107}$·100（=98）石。而且，现价 100 镑可以买到 100 石麦子现货，而 100 石麦子现货只能买到 98 石期货。可见，麦子的利率为年息负 2 厘。

这样说来，各种商品自身的利率没有理由会一致——麦子利率没有理由会和铜利率相等。通过对市场的观察，我们了解到，现货价格和期货价格之间明显不一样。今后我们会明白，正是这一点，让我们找到了研究的突破口。因为在各种商品的本身利率（own-rates of interest）中，其中起主导作用的有没有可能是最高数值的利率？货币利率有没有可能因为一些原因而成为本身利率中最大的呢？对于这两个问题，我们都可以给出肯定的答案，前者因为要产生新资本资产，那么其边际效率一定要达到本身利率中的最大值，所以它是肯定的，而后者因为我们将来会明白，其他资产的本身利率容易下降，而货币不容易。

这里可以顺道提一句：就如同无论什么时候，各种商品本身的利率都有区别一样。在外汇行业工作的人都清楚，两种货币（像英镑和美元）本身的利率并不是一样的。因为外币的现价和期货价格之间存在差异，所以，如果用英镑来衡量，那么各种外币都是不一样的。

在对资本的边际效率进行衡量时，我们的标尺可以是任意一种商品，其便捷性可以和货币相媲美。比如说，我们用麦子作为衡量的标尺，用麦子来对一资本资产的未来收益和现在供给价格进行计算，那么使这组年金和现在供给价格（二者的计算单位都是麦子）相等的折现率，也就是通过麦子计算出来的该资产的边际效率。假设将来，这两种标准的相对价值一样，那么不管采取哪种衡量标准，该资本资产的边际效率都是一样的，因为两种标准的计算公式左右两边的改变的幅度是一样的。可是如果将来这两种标准的相对价值发生了改变，那么资本资产的边际效率会因为计算标准不一样而出现不同的结果，可是当计算标准发生变化时，各资本的边际效率都要以相同的比例变化。打个最简单的比方：假设麦子和货币分别是两种标准，麦价（用货币衡量）将以每年百分之 a 的比例上升，那么用货币计算的百分之 x 的资产的边际效率，如果用麦子计算就将变成百分之（x－a）。因为所有资产的边际效率其增（减）的绝对值都是一样的，所以无论这个衡量标准选取的是哪种商品，各资本的边际效率的大小程序皆不变。

如果有一种复合商品可以全权代表所有商品，那么这种复合商品本身的利率，和以此为标准计算出来的资本的边际效率，从某种程度上来说，可以被认为是唯一的利率（the rate）和唯一的资本的边际效率。可是找出这样一种复合商品，和找出一个仅有的价值标准的难度是一样大的。

截至现在，我们发现，和其他利率相比，货币利率并没有什么特别的地方，也处于和其他利率相同的地位。那么货币利率到底特殊在哪，究竟是为什么让我们在前面几章中着力渲染它的重要地位呢？为什么产量和就业量和货币利率的关系如此密切，而不是和麦子利率、房屋利率紧密相关呢？

II

现在我们以一年为期，来探讨一下各种资产的本身利率也许会出现的情况。现在各种商品被我们拿来轮流当作标准，所以这里所说的各种商品的收益的计算单位都是其本身。

不同资产所具有的下面三个属性的程度都是不一样的：

（一）有些资产，可以对某种生产过程提供帮助，或者可以给消费者提供劳役，所以可以产出一种产物（yield or output），其数量用 q（用各该资本本身计算）表示。

（二）大部分资产（除货币以外），不管有没有用到生产上，也不管其相对价值有没有发生变化，只是会因为时间的流逝而贬值，带来成本上的支出。也就是说，这样的资产会引起一种保藏费（carring cost）用 c（用各该资产本身计算）来表示其数量。而 c 包括了哪些成本，在计算 q 时哪些应该扣除，也就是成本的分界线在哪，和现在的问题没有关系，因为之后我们只对 q－c 这一个数量进行讨论。

（三）最后，资产持有人可以对其资产进行任意处置，所以持有人享有一种潜在安全性或潜在便捷性。即使各种资产的初始价值相同，可是其潜在的安全性或潜在的便捷性也不相同。这就说明，这种潜在性是没有具体形状的，到一期结束时也看不到什么具体的产物，可是人们却愿意为此付出高昂的代价。人们所愿意支付的代价，希望通过资产——排除其产物和保藏费——的处置权中，得到这种潜在的便捷性或潜在的安全性，我们称之为灵活升值（liquidity premium），用 1 表示，1 也用各该资产本身来计算。

所以，在一段时间内，持有某项资产预期可得到的总收益，就可用该资产的产物把其保藏物减掉，再把其灵活升值加上，就等于 $q-c+1$。即，$q-c+1$ 是任意一种商品的本身利率（q，c 和 1 都用该商品自身计算）。

正被派上用场的工具资本（像一台机器）或消费资本（像一栋房屋）有一个特点，那就是其产物通常比其保藏费要高，其灵活升值则基本上不值一提，而还没有出售的商品，或多出来暂且闲置的工具资本和消费资本的产物则等于零，有保藏费，如果其保存量比某个数（不太大的）还要高，那么灵活升值则通常不值一提；而货币的产物则等于零，其保藏费亦不值一提，但其灵活升值则甚大。各种商品，可能也有程度不一的很多灵活升值，货币可能也有保藏费（像保管费），可是货币和所有（或大部分）其他资产最关键的不同点就在于，货币的灵活升值远远高出于保藏费，而其他资产则反了过来，其保藏费远远高出于灵活升值。为了更好地说明这个问题，我们来举一个例子，假设 q_1 代表的是房屋的产物，其保藏费和灵活升值都不值一提；c_2 代表的是麦子的保藏费，其产物和灵活升值都不值一提；l_3 代表的是货币的灵活升值，其产物和保藏费都不值一提。也就是说，q_1 是房屋利率，$-c_2$ 是麦子利率，而 l_3 是货币利率。

我们必须先弄清楚一年以内，预期各该资产的相对价值会发生什么变化，才能弄明白在均衡状态下，各种资产的预期收益之间有什么关联。现在我们用货币——这里的货币只是记账单位，同样地，我们可以用麦子作为计量单位，又假设房屋增值（或减值）的比例为 a_1，麦子或增或减的比例为 a_2。q_1，$-c_2$ 和 l_3 在上面分别称之为房屋、麦子和货币三者的本身利率，也就是说 q_1 是以房屋为计量单位的房屋利率，$-c_2$ 是把麦子当作计算单位的麦子利率，l_3 是把货币当作计算单位的货币利率。现在假设把货币当作共同价值标准，将三者换算成同一单位，那么 a_1+q_1，a_2-c_2 和 l_3 可分别叫作房屋折成货币的利率（house-rate of money-interest），麦子换算成货币的利率和货币折成货币的利率。有这样的符号以后，我们就很好理解，想要拥有财富的人，一定要先看 a_1+q_1，a_2-c_2 和 l_3 三者中哪个最大，然后再从自身需求出发，是需要集中于房屋、麦子，还是货币。所以在均衡状态下，麦子和房屋的需求价格（用货币计算），一定是这样的：在不同的财富形态中，是持有这个还是持有那个，利益上没有区别，也就是说 a_1+q_1，a_2-c_2 和 l_3 三者一样大。上面所得出的结论，无关于选择哪一个商品作为价值标准，因为在不同的标准间过渡时，所有项目的变化比例都是一样的，其改变量也就是新标准（用旧标准来衡量）的预期增值（或减值）之数。

要想产生新资本，那么这项资产的经常供给价格就一定要比其需求价格要小，也就是其边际效率（以经常供给价格为依据来计算得出）必须比利率（只要采用一样的价值标准，利率和边际效率就可以用任意一种商品作为价值标准来计算）大。当这样的资产的数量慢慢上升时，那么其一开始的边际效率最起码要和利率相等，以后再慢慢下降（下降的理由已经很明显，而且前面已经说过），所以除非利率一起下降，要不然就会出现继续生产不划算的情况了。假如所有资产的边际效率都比利率小，那么资本资产的生产就宣告结束了。

现在假设（在论证的现阶段，只是一个单纯的假设）有一资产（比如说货币），其利率是不变的，或当其产量上升时，其利率下降的速度比任何其他商品的本身利率的下降速度都要慢。那么，当出现这种情况时，我们要怎么调整？因为 $a_1 + q_1$，$a_2 - c_2$ 和 l_3 必须一样，又因为从假设中得知 l_3 是不变的，或者下降速度比 q_1 或 $-c_2$ 的下降速度都要慢，所以 a_1、a_2 必须上升；换言之，货币除外，所有其他商品的现在的货币价格，都有比其预期的未来价格低的倾向。所以设 q_1 以及 $-c_2$ 依旧下降，就会达到使任何商品的生产都没有利润的那一点，除非一种商品的未来生产成本比其现在的生产成本要高，而且二者的差额可以把现在生产的商品的保藏费到将来高价出售时所需的保藏费都抵消掉。

之前，我们说过货币利率会对产量起到约束作用，现在看来，这句话还存在漏洞。我们应该说，当各种资产的数量上升时，因为有一种资产的本身利率下降速度非常慢，所以使得其他资产的生产最后都没有利润了——除非在现在的和未来的生产成本间存在刚刚说过的特殊关系。所以当产量一步步上升时，很多资产的本身利率都会逐个下降到一种使该资产的生产没有利润的水平，最后只有一两个本身利率特别高，比任何其他资产的边际效率都要高。

从这里，我们可以知道，如果所谓货币只是价值标准，那么货币利率未必是引发难题的原因。我们不能只单纯通过一道法令的颁布，把黄金或英镑都废除掉，而用麦子或房屋作为价值标准，就想一下子解决所有困难——尽管有人是这样想的，可是如果有任何资产的本身利率随着产量上的上升时而没有下降，那么相同的困难就依然还在。比如说在一个不兑换纸币本位的国家中，黄金也许就是拥有这样的属性的资产。

III

因此，当货币利率被我们赋予非同一般的意义时，我们就在默默假设着：我们平常所使用的货币确实有很多特点使其本身利率（用货币本身来衡量）虽然因为产量的增加而下降，可是其下降速度却远远比不上其他资产的本身利率（用各该资产本身计算）。这个假设可以成立吗？我觉得，下面所说的现代货币通常具备的几种特点，可以让这个假设成立。只要货币确实具有这几种特点，那么上面概括性的说法也就是货币利率是唯一重要的利率的说法就能够成立。

（一）第一种特点是：不管是长期还是短期，如果只关系到私有企业的利益，那么不管金融当局者采取什么行动，货币的生产弹性都是零，最起码微乎其微。这里所说的生产弹性，就是货币购买力（用劳力计算）的比例改变除以劳工（从事于生产货币者）人数的比例改变。也就是说，货币的生产并不容易，当其价格（用工资单位计算）上升时，雇主们不能随便增派劳动力，用来生产增加的货币。在一个不兑换纸币或管理通货的国家，要满足这个条件完全没有问题，在金本位国家基本上也是这样。这就是说，除非该国的主要实业是采金，要不然以最大限度的比例增加用于生产货币的劳动量依然微乎其微。

我们之所以可以假设有生产弹性的资产的本身利率会下降，是因为我们可以假设：其现存总量的增加是因为其现有产量上升所带来的。而货币的供给是不变的（这里先不把工资单位降低的影响或货币当局刻意增加货币供给的影响考虑在内）。货币的生产并不容易，这一个特点已经可以初步用来解释，为什么货币本身的利率比其他商品本身的利率下降难度要大得多。假设货币可以像农作物、汽车一样被生产、制造出来，那么就可以预防或缓和经济低迷的情况。因为在这种情况下，当其他资产的价格（用货币计算）下降时，劳力可能会转向货币的生产。我们知道在采金的国家的确有这样的情况出现，可是从全球来说，劳力可以转而去采金的最大值也是不值一提的。

（二）很明显，不仅仅只是货币可以满足上面这个条件，所有原素的有纯粹地租者都可以满足，所以必须找出第二个特点，使货币和其他地租原素（rent-factors）区别开。

货币的第二个特点就是：货币的替换弹性为零，或者接近于零。意思就是，当货币的交换价值上升时，人们并不愿意用其他因素来取代货币，那么除非货币这个商品，同时还可以用于工艺。可即使是这样，使用范围依然小得可怜。货币之所以具有这个特点，是因为货币的效用完全来源于它的交换价值。所以二者的回升和跌落都是同步的，于是货币和其他地租原素不一样，当货币的交换价值上升时，人们并没有用其他原素来取代它的倾向或动机。

所以，当货币的价格（用劳力计算）上升时，我们不但不能在货币生产上投入更多的劳力，而且，不管其价格上涨到什么水平，人们都不会像对其他地租原素那样，对货币的需求有所降低，把这种需求转移到其他商品上。所以当货币的需求增加时，货币可包容的购买力是没有止境的。

对于上面的说法，只需要更正一个观点，那就是当货币的劳力价格上升到使人们开始不确定这种上升程度在未来能否持续下去的水平时，a_1 和 a_2 就会上升；如果 a_1 和 a_2 上升，那么商品折成货币的利率就会上升，于是会对其他资产的产量起到推动作用。

（三）尽管我们不能为了增加货币的生产而雇用劳力，可是说货币的有效供给量是一成不变的也不太准确。因为当工资单位下降时，可以从派上其他用场的现金中抽调一部分，用来对灵活偏好的动机进行满足。而且，当物品的货币价值下降时，在社会总财富中，货币数量所占的比例在明显上升。这些会不会对上面的结论产生影响呢？

我们不能仅从理论方面来证实这种反应不会让货币利率有一定程度的下降。可是我们可以罗列出这样几个原因，来解释为什么在我们平常所了解到的经济体系中，货币利率不会轻易下降，把这几个原因汇聚在一起时，就会具有非常大的力量。

（a）首先，我们一定要考虑，当工资单位下降时，资本的边际效率会发生什么样的变化，而我们也关注后者和货币利率的差数。假设工资单位下降时，人们预测今后还会涨，那么结果就一片大好。相反，假设人们估计今后还会下降，那么资本的边际效率方面所发生的变化，可以和利率的下降相抵消。

（b）其次，货币工资通常有刚性（rigid or sticky），稳定性比实际工资好，所以工资单位（用货币计算）不会轻易下降。

而且，如果不是这样，那么情况可能更糟，而不是更好。因为，如果货币工资下降很容易，那么只要下降，人们可能就会预测其还会下降，导致资本的边际效率遭受不好的影响。还有更严重的，假设工资规定用其他商品（像麦子）来计算，那么它可能会丧失刚性。就是因为货币有其他特点，特别是货币周转灵活，所以规定工资用货币计算以后，一般不容易发生改变。

（c）最后，现在到了讨论最根本的东西的时候了。也就是货币有很多可以满足灵活偏好的特点，正因为如此，在某些（时常会发生的）情况下，特别是当利率下降到某种水平时，就算相比其他形式的财富，货币数量增加的幅度要大一些，利率也没什么变化。也就是说，超过某个点后，由于货币有周转灵活的特点，所以其产物尽管会因为货币数量的上升而下降，可是其下降的速度比不上其他资产以同等数量增加时下降的速度快。

在这里，货币极低的保藏费（或者根本不值一提）有很重大的意义。因为，如果保藏费极为喜人，人们便不会因为对货币的未来价值的预期，而逐步增加货币的持有量。再简单改变一下说辞：就是因为货币有周转灵活的特点，而且也没有高额的保藏费，所以对于极小的刺激，人们也会马上行动起来，增加货币的持有量。而货币以外的其他商品，尽管少量持有会给使用者带来一些便利，可是假如数量大规模增加，那么即便该财富价格非常稳定，可以作为保存财富的有效途径，可是持有人要承担保藏费（堆栈费、耗损等），所以在达到某点以后，如果再持续增加持有量，一定会遭受损失。

货币则不一样，它之所以不一样，原因有很多，其中最主要的就是一般人觉得货币是最"灵活"的东西。所以，有些改革家所采取的弥补措施，就是想给货币造出人为的保藏费。比如说每隔一段时间，人们就必须交纳一定的费用，请当局在法偿通货上盖章或类似的标志，只有加盖了这个印记以后，该通货才能继续被当作货币使用。这些人的思路倒是没错，可是其所提出的策略的实际意义还值得探讨。

货币利率之所以重要，是由于这三种特征的共同作用：第一，因为有灵活偏好动机，所以当货币数量比其他财富（用货币计算）增加得多一些时，利率可能没什么变化。第二和第三，货币的生产弹性和替换弹性都等于零，或者根本不值一提。第一点表明，人们对资产的需求基本上都集中在货币上；第二点表明，如果发生这种情况，劳力也不能用于货币的增产；第三点表明，就算其他商品价格很低，也不能取代货币，所以货币的需求不可能减少。所以假设资本的边际效率不变，灵活偏好不变，那么仅有的一个弥补方案就是，增加货币数量，或从理论角度来看是一样的——提高货币的价值，增加一特定量货币可以提供的货币劳役（money-services）。

所以，当货币利率上升时，所有有生产弹性的商品的产量都会受阻，而货币的产量却没增加（根据假设，货币没有生产弹性）。也就是说，因为所有其他商品本身利率下降的程度都由货币利率来决定，所以在其他商品的生产上投资势必会受阻。可是根据假设，货币不能生产，所以无法扩大在生产货币上的投资。而且，因为投机动机给货币需求带来了很大的弹性，所以当需求情况稍微有所变化时，可能也不会很大程度上改变货币利率；同时，因为货币的生产（除非当局采取措施）没有弹性，所以通过自然力量从供给角度来降低利率是不可能的。而换作一种普通商品则不一样。人们对于普通商品的持有弹性不大，所以当需求稍有变化时，可以使其本身利率发生剧烈的变化。而且，该商品又有生产弹性，所以其现货价格和期货价格（都是用该商品本身来衡量）之间的差距不能太大。所以，如果任由其他商品发展，那么"自然力量"（也就是一般市场力量）就可使其本身利率下降到实现充分就业时为止——已经实现充分就业以后，普通商品就会有货币常有的特点，也就是供给没有伸缩性。所以，假设没有货币，又假设没有其他商品具有货币的特点，那么只有在充分就业的情况下，各种利率才有可能达到均衡。

这就是说，之所以出现失业现象，就是因为人们要造幻想中的楼台——假如人们想要的东西（如货币）不能生产，而又难以压制对这个东西的需求，劳力就不能就业。仅有的一个补救措施就是，只有让公众认可，纸币也是货币，而且纸币工厂由政府统一管理，也就是说，中央银行由政府来统治。

有一个情况颇有意思，需要提醒大家关注：一直以来，之所以黄金尤其适合用来作为价值标准，就是因为黄金的供给没有弹性，现在我们知道，就是因为这种特点，才造成了很多困难。

归纳来说，我们的结论就是这样的：如果消费倾向固定，那么当所有资产的本身利率的最大值，和所有资产的边际效率（用本身利率最大的资产作计算单位）的最大值相等时，投资量就达到了顶点。

在充分就业的情况下，是一定可以满足这种条件的。可是在充分就业还没有达到以前，如果有一个商品的生产弹性和替换弹性都等于零（或非常少），当其产量上升时，其本身利率的下降速度又慢于其他各种资本资产的边际效率（用该商品作为计算单位）的下降速度。那么，这个条件也可以得到满足。

IV

前面我们讲过，一个商品能否作为价值标准，和该商品的利率是不是唯一重要的利率无必然联系。现在我们要问，使得货币利率成为唯一重要的利率的各种特点，有多少是来源于货币是债务和工资的计算标准？这个问题，我们要从两个角度来探讨：

首先，用货币规定契约和货币工资通常很是稳定这两点，当然非常强烈地关系到货币的高额灵活升值大。假设所持有的资产，可以直接用于将来的债务偿付，而且用这样的资产作为将来的生活费的计算标准也极其稳定，那么持有这种资产就具有很大的便利性。可是如果是一种具有很大弹性的商品作为价值标准，那么公众可能会质疑将来产品的货币成本的稳定性。而且，货币利率会成为仅有的一个关键性利率，不单单只是因为高额灵活升值这一个原因，还因为其极低的保藏费。因为从利率的角度来论，灵活升值和保藏费的差额非常关键。如果价值标准采用的是金银或钞票以外的商品，以此来签订合约或规定工资，那么这样的商品当然会拥有价值标准一般都具有的灵活升值。可是大部分这样的商品的保藏费，最起码和灵活升值一样，所以，即便把今日英镑所有的灵活升值都转移到麦子身上，麦子利率也许依然小于零。所以可以得出这样的结论：虽然合约和工资把货币作为价值标准来进行规定这一事实，可以让货币利率显得更加重要，可是这个情况本身，还不会让我们发现货币利率的特点。

其次，就更加让人难以捉摸了。如果用货币来计算产物的价值，相比用其他商品来计算，前者要稳定得多，之所以会出现这样的情况，并不单单只是因为工资率取决于货币规定这一事实，还因为工资如果用货币规定，更具有刚性（也就是稳定）。假如人们预测，还存在一两种商品可作为工资的计算标准，而且相比用货币来计算，更具有刚性（也就是更稳定），那么会出现什么情况？如果有这样的预测，必须先具备这两个条件：首先，该商品的生产成本（用工资单位计算）一定要非常稳定，不管产量多少，也不管是长期还是短期。其次，如果以成本价售出，供大于求，那么余下来的部分一定可以当作存货，而不需要多支付成本。这就是说，该商品的灵活升值一定要比其保藏费高，要不然，就不可能取得很高的利润，那么保藏存货就一定会遭受损失。如果有这样一种商品具备上面这两个条件，那么这种商品就会成为货币强有力的竞争对手。要找出这样一种商品（如果用该商品作为计算标准，那么产品的预期价值的稳定性要超过用货币作为计算标准的稳定性），从逻辑上来说也不是不可能的，可是这样的商品似乎在现实中不可能存在。

所以我断定，如果真有一种商品，而且用这种商品来计算工资最具有刚性，那么该商品肯定是生产弹性最小的，而且保藏费肯定比灵活升值的最小值要高。也就是说，货币工资之所以被人们认定刚性很强，就是因为和其他不同资产相比，它的灵活升值超过其保藏费的数量是最大的。

通过上面的论述，我们得知，这种种特点联合在一起，使

214

得货币利率成为唯一重要的利率，而且该种种特点还彼此影响，强化各自的作用。因为货币的生产弹性和替换弹性都小，保藏费又少，所以人们预测货币工资会极其稳定，也因此提高了货币的灵活升值，也使得货币利率和其他资产的边际效率之间不会息息相关了——如果有关联，那么货币资产就没法发挥作用了。

皮古教授（还有其他人）经常假设，实际工资的稳定性要好过货币工资。可是，这个假设要想成立，就必须先解释这样一个问题：为什么就业量极其稳定。而且还存在一个难题，那就是工资品的保藏费太大了。如果人们想把工资固定在工资品上，并通过这个来稳定实际工资，那么结果只是让物价（用货币计算）发生很大的变化。这是因为，在这种情况下，只要消费倾向或投资诱导些微有点变化，物价就会突然降为零，或者突然涨到无限大。所以经济体系想要具有内在的（inherent）稳定性，货币工资的稳定性就要超过实际工资。

只要我们有这样的理念，我们所研究的经济体系确实非常稳定，也就是说，当消费倾向或投资诱导有略微改变时，物价（用货币计算）不会发生很大的改变，那么如果真实工资的稳定性好过货币工资，不但不符合事实经验，而且从逻辑上来说也是不通的。

V

这一节是脚注性质，对上面说过的东西进行解释说明。有一点需要提醒大家注意，所谓"周转灵活性""保藏费"，都只是程度上有轻有重而已。货币的特点，只是前者大于后者罢了。

现在，我们来对一个经济体系进行研究，在这个体系中，所有资产的灵活升值都比其保藏费（我觉得这是所谓"非货币经济"的最好概念）要小。换句话说，这个体系就只有各种消费品和各种资本设备。虽然各该资本设备的可使用年限不一样，可以生产（或协助生产）的消费品也不一样，可是该资本设备自身有一个共同特点：那就是，如果把它当作存货保藏，那么其损耗和费用肯定比其灵活升值要高。

在这种经济体系中，对资本设备进行区别，主要是从下面三个方面：（a）其协助生产的消费品不一样，（b）其产品价值具有不同的稳定性（面包的价值的稳定性要超过时尚新奇品的价值），还有（c）其所涵盖的财富，可以"流动转化"（become liquid）的速度不一样，也就是说，其生产产物具有不同的速度，所以其产物的售价，可以用于对其他完全不一样的财富的购买。

持有财富的人，必须对二者的利弊加以权衡：首先，各种资本设备，基于上面所说的意义，都没有周转灵活的便利；其次，持有财富（在把风险成分去除以后）能够得到的未来收益（后者是或然性的最佳预测）。请留意，灵活升值和风险费既相同也不相同。之所以会有不同，是因为对可能性的最佳预测和进行这个预测的信心是完全不一样的。在前面几章，当我们对未来收益进行探讨时，没有对预测方法进行仔细探讨，又考虑到简化论证，也没有对来源于周转灵活性和风险本身的差异进行区分，可是在对本身利率进行计算时，必须考虑二者。

显然，所谓周转灵活之便的标准并不是绝对的，只是程度上有差异而已。在对不同财富的好处进行对比时，除了对保藏

216

费和使用该财富可得到的收益进行预测外，还要考虑灵活升值。而"周转灵活性"是由什么构成的，概念上还比较模糊，经常在变化，取决于社会习惯和社会制度。可是不管在什么时间，财富持有人对各种财富的周转灵活度的看法都是不变的。如果只需要分析经济体系的行为，这一点已然足矣。

在特定的历史环境中，财富持有人很有可能觉得土地的灵活升值相当高。因为土地和货币是类似的，其生产弹性和替换弹性都可以很低，所以历史上可能存在这么一段时间，那时的利率之所以高得离谱，就是因为人们愿意持有土地，就好像现代利率之所以高得吓人，就是因为人们愿意持有货币一样。从数量上，我们要想对这个势力进行跟踪的难度是相当大的，因为更准确地来说，土地没有一个可以和债务票据上的利率相对比的期货价格（用土地本身计算）。可是我们可以找到极其相似的东西，那就是在土地抵押借款上非常流行的高利贷。土地抵押借款者所支付的利息通常比耕种该地的净收益要高，这是农业经济司空见惯的现象。禁止高利贷法针对的对象一直都是这种借款，是非常正确的。因为在早期社会组织中，根本没有现代式的长期债务票据，如果土地抵押借款的利率太高，就会使投资（生产新资产）受阻，对财富的增长造成阻碍，就好像在现代社会中，长期债务票据上的利率被规定得太高一样。

在历经几千年个人努力储蓄以后，世界上所累积的财富还是这么少，我觉得这其中的原因，并不能归咎于人类不愿意勤俭，也不能归咎于战争所带来的影响，而是因为之前持有土地有太大的灵活升值，而如今持有货币又有太大的灵活升值。在这一点上，对于传统的观点，我是持否定态度的。在马歇尔所著的《经济学原理》第 581 页，后一种观点被这样肯定地论述：

所有人都清楚，财富的积累之所以受限，利率之所以可以维持，就是因为大部分人都喜欢在现在满足自己的欲望，而不想留到以后去满足，也就是说，他们不想"等待"。

VI

在我所著的《货币论》中，我曾经这样定义过自然利率（natural rate of interest）：所谓自然利率，是使一时期中储蓄量（根据该书所给出的定义）等于投资量的利率。当时我觉得这是仅有的一个利率，也对这个概念深信不疑，这在魏克赛尔的"自然利率"概念的基础上又往前进了一步，使他的概念更加清晰了。因为魏克赛尔所谓的"自然利率"，是使某种物价水平维持稳定的利率，而究竟是哪种物价水平，他并没有具体规定。

我当时没有注意到这样一点：从这个定义出发，那么在一特定社会中，一个假定的就业水准必定对应一个不同的自然利率；一样的道理，有一个利率就必定对应有一个就业水平。对于这个就业水平来说，该利率是"自然利率"，也就是说，经济体系可以在该利率该就业水平下达到均衡。所以说自然利率只有一个，或者从上述概念中，不管就业水平是怎么样的，都只会出现一个利率，是不对的。我当时很疑惑，在某种情况下，在没有实现充分就业以前，经济体系就已经实现了均衡。

当时，我觉得"自然"利率这个概念很有前景，不过现在不这样认为了。相反，我觉得对于我们的研究来说，这个概念没什么价值，也起不到什么作用。自然利率只是一个保持现状的利率，而通常情况下，对于现状本身，我们并没有多大兴趣。

如果有一个利率，可以称之为唯一的、重要的利率，那么该利率可以称为中立利率。它的概念是这样的：假设经济体系中的其他条件固定，那么在一组（上面所说）自然利率中，有一个自然利率和充分就业是相符的，那么这个利率就是中立利率（neutral rate of interest）。可是叫作最适度利率（optimum rate）也许还妥当些。

更准确点来说，所谓中立利率，就是特殊均衡状态下的利率。在该均衡状态下，产量和就业量已经达到使就业弹性（从整体来说）等于零的水平。

上面所说，又可以让我们明白：经典学派的利率论要想具有意义，需要什么样的假设条件。该利率论或者假设实际利率经常和中立利率（定义前面刚说过）相等，或者假设实际利率经常能使一特定就业水平保持在一个固定的利率。如果经典学派理论是这样进行解释的，那么其实际结论中出现的错误就会少得多。经典学派偷偷假定：银行当局或自然力量，可以使市场利率经常满足上面条件中的一个。他们的研究就是基于这个假设，社会生产资源的使用和回报是被什么法则所支配。在这个约束下，对产量起决定性作用的，就只是该假设固定的就业水平，和当时的设备和生产技术，于是我们顺利地迈进了李嘉图氏天地。

第十八章
就业通论提要

I

现在我们已经到了可以对上面的论证进行总结归纳的阶段。一开始，我们最好先弄明白，在经济体系中，哪些因素是已知的，可以被假设成是固定的，哪些因素是自变数，哪些又是依变数。

假设固定的因素有这样几种：现有劳力的技能和数量、现有资本设备的品质和数量、现有生产技术、竞争水平、消费者的喜好和习惯、各式各样的劳力活动（包括监督组织等劳心活动）的负效用，还有社会结构——涵盖（除下面列举的变数以外）对国民收入的分配发挥决定性作用的各种势力。这并不是指我们假设这些因素确实固定，我们只是说，在本书中，对于这些因素发生变化所带来的影响和结果，我们不探讨也不考虑。

我们的自变数有消费倾向、资本的边际效率表和利率。前面我们讲过，这些自变数还可以深入进行研究。

我们的依变数就是就业量和国民收入（后者是以工资单位

计算）。

我们觉得固定的因素会对我们的自变数带来影响，可是不能对我们的自变数起到决定性作用。比如说，资本的边际效率表，一定程度上取决于现有资本设备的数量——这是我们觉得固定的一个因素，可是还有一部分由长期预期状态决定——这从固定因素中无法推出。可是也有几种因素，可以从固定因素中推导出来，所以，这种推导出来的东西也可以被我们看作是固定的。比如说，从固定因素中，我们可以推导出来，假设就业水准是已知的，那么国民收入（用工资单位来计算）的水平将是怎么样。所以，在我们觉得固定的经济体制中，国民收入只由就业量决定。也就是说，只取决于现在生产上所用到的劳动量，意思就是，在国民收入和就业数量之间存在一个仅有的关系。而且，因为这个固定的因素可以把各种总供给函数推导出来，一物的总供给函数，相对于该物的有效需求（用工资单位来计算）来说是自变数，相对于该物生产的劳力数量是依变数。最后，通过这些固定因素，可以推导出劳力的供给函数是什么样的，还可以推导出来到了那点以后，劳力的就业函数就失去了弹性。

资本的边际效率，既取决于以上所列举的固定因素，也取决于各种资本资产的未来收益，利率则取决于灵活偏好状态（即灵活偏好函数）和货币数量（用工资单位来计算）。所以，我们也可以说，最后只有三种自变数，分别是（一）三个基本心理因素，也就是心理上的消费偏好，心理上的灵活偏好，和心理上预期的资产的未来收益；（二）工资单位，取决于劳资双方的共同商议，和（三）货币数量，取决于中央银行。假设上述所列的固定因素固定，那么这三种自变数会对国民收入和就业量起到决定性作用，可是这三种自变数还可以进一步加以研究，所以并不是原子式的最后自变数。

对经济体系中的决定因素进行这样的划分，分成固定因素和自变数这样两大类，不管从哪个绝对的观点来说，都是相当轻率的。只能依据经验来进行划分，这样，只要是变化缓慢，或者和我们所研究的问题关系不大的，或者在短期内只能带来很小的影响时，都被列入到固定因素中。相反，只要其改变对我们所研究的问题起到了决定性作用，就被列入自变数中。我们现在研究的问题是：不管在什么时候，一特定经济体系中的国民收入，或者（二者差不多是同一种物体）就业数量到底是由什么决定的？经济学的研究既然这么错综复杂，我们不能寄希望于得出严密的归纳性结果，所以我们只能提出几个主要因素，其改变足以对我们所要研究的问题起到决定性作用的因素作为自变数。我们最终的任务，可能就是在我们现实生活中的经济体系中，找到几个变数，可以把掌控或管理权交给中央当局。

II

现在我们要简要概括一下前面各章的论证。这一概括中各因素的出现顺序，正好和上面各章中出现的顺序相反。

市场上有一种投资诱导可以驱使新投资达到使一般资本的边际效率（取决于各种资产的供给价格和其将来收益），和利率大致相等的数量。意思就是，新投资的数量取决于资本品工业的生产情况、对于未来收益的信心、心灵上的灵活偏好和货币数量这四个因素。

投资量增加（或减少）时，必然会使得消费量增加（或减少），因为通常情况下，只有当收入增加（或减少）时，公众才倾向于扩大（或缩小）其收入和消费之间的差距。意思就是，通常情况下，消费的变化和收入的变化方向经常是一致的，可是数量要小得多。储蓄上升一特定量时，消费量应该上升多少，它们之间的关系可以从边际消费倾向推导出来。投资上升时，总收入将上升多少，则可通过投资乘数推导出来。

最后，假如我们假设（作为最接近的一个值）就业乘数和投资乘数相等，那么把这个乘数和投资工业中的就业增量（或减量）相乘，就可以得到总就业增量（或减量）。投资量为什么有增有减，原因见上。

就业人数增加（或减少）时，可以使灵活偏好表上升（或下降），产生这种影响的原因有三个方面：首先，当就业量增加时，就算工资单位是固定的，物价（用工资单位计算）是固定的，产品的总价值依然会增加；其次，就业量增加时，工资单位也有上升的倾向；最后，产量增加时，因为短期内成本越来越高，所以物价（用工资单位计算）会上涨，这三者都会让货币的需求增加。

这种种反应（还有其他反应），都会对均衡位置产生影响。而且，上面所列举的自变量都可以在没有任何征兆的情况下，随时发生变化，有时改变幅度还很大，所以从现实来说，事态的实际发展相当复杂。尽管这样，我们依然要单独列出这几个变数，因为只有这样做，才能真正有效果，更方便一些。如果我们用上面的研究方法来对实际问题进行分析，那么这个问题处理起来就比较容易，要不然我们在解决实际问题时，只能通过直觉（直觉可以考虑的事实，通常有太多细节，不是一般原理可以解决的），也许我们会发现材料让人无从下手。

III

上面所说的就是对就业通论的简要归纳。因为消费倾向、资本的边际效率表和利率三者都具备很多特点，所以经济体系的实际现象也有了多种颜色。有关这种种特点，我们完全可以从经验中进行归纳总结，可是从逻辑上来说，这个结论并不是一定的。

如今我们所生活的经济体系有个非常明显的特点：那就是尽管在产量和就业量方面波动很大，可是该经济体还是有一定的稳定性。相反，好像可以在次正常（sub-normal）情况下，持续一段时间。既没有明显倾向于复兴，也没有一边倒向彻底崩塌。而且，从之前的事实中，我们可以发现，充分就业（或者接近充分就业）是一个很少见的现象，即便会出现，也不会持续很长时间。一开始发生变化时，幅度会非常大，可是在没有达到顶点前，好像自身都没有力气了，于是我们时常处于平凡之境，和大失所望有一段距离，和满意也相隔很远。正是因为在还没有达到顶点之前，这种波动就已经没有力气了，后来竟朝相反方向在变化，所以才会出现商业循环理论。上面所论述的内容，在物价上也是适用的。经过一段不稳定期后，物价好像会找到一个水平，然后短时间不再变化了。

这些从经验中总结出来的事实，从逻辑上来说并不是必然的，所以我们只能假设：现代社会的环境和心理倾向肯定具有产生这种结果的很多特点。于是，我们需要考虑这样两个问题，一是，什么样的心理倾向会产生一个稳定的经济体制？二是，从我们所了解的当代人性出发，我们能不能假设当代社会确实存在这种心理倾向呢？

从上面的研究中，我们得知，要想对观察现实世界得来的结果进行解释，必须具备如下条件：

（一）当社会增（减）劳力在其资本设备上，其产量随之增（减）时，该社会的边际消费倾向一定是这样：通过该边际消费倾向推导出来的乘数尽管比一大，但大不了多少。

（二）当资本的未来收益或利率发生变化时，资本的边际效率表一定是这样：新投资量的变化，不能和前者的变化太不对应。意思就是，如果资本的未来收益或利率发生一定的变化时，投资量的变化幅度也不能太大。

（三）当就业数量发生变化时，货币工资也要朝同一个方向变化，可是不成比例。意思就是，如果就业量的变化幅度不太大时，那么货币工资的变化也不能太大。说它是就业量稳定的条件，还不如说它是物价稳定的条件还准确些。

（四）与其说第四个条件是为了让经济体系趋于稳定，倒不如说是为了让该经济体系朝一个方向变动到一定程度以后，会自己转换方向变动。这第四个条件就是：如果每期的投资量在相当长一段时间内（假如以一年为计算单位，那么该时期就不算长）都在前期的基础上上升（或下降），那么资本的边际效率就会受损。

第一个稳定条件的意思是，尽管乘数比一大，可是大得不太多。如果从人性的心理特征来看，这个条件好像很科学。可是当实际收入上升时，要想对现在的欲望进行满足，所要承受的压力越来越小，而生活所需费用（保持一贯的生活水准所需的费用）和收入之间的差额越来越大；如果实际收入下降，就会出现相反的情况。所以，从社会上普通人的角度来看，当就业量上升时，现在的消费量虽然会越来越高，可是比不上实际收入的所有增量大；当就业量下降时，现在的消费量当然会越来越少，可是也没有实际收入的所有增量大。而且，不仅普通人是这样，政府大概也是这样。就好像在现在这个社会，当失业人数越来越多时，政府就必须通过举债的方式来救济。

不管从之前的经验方面，读者会如何看待这个心理法则，可有一点是毋庸置疑的：如果这个心理法则不适用，那么现实经验肯定和现在大不一样。因为在后一种情况下，不管投资增量多么小，有效需求都会越来越多，直到实现充分就业为止。相反，当投资量下降时，有效需求都会越来越少，直到没有人就业为止。可现实情况却和这个又不一样，我们并不走向两极，而是在两个极端之间徘徊。也可能：在一段时间范围内，确实存在这种变动性。如果真是那样，那么这个范围肯定不大，跳开这个范围，不管朝哪个方向，我们的心理法则都是适用的。还有一点也非常肯定，那就是尽管乘数比一大，可是在一般情况下，并不会特别大。因为如果这个数特别大的话，投资量的改变会使消费量发生很大的变化（其在充分就业和完全失业之间变化）。

因为有第一个条件的存在，当投资量发生适当的改变时，消费品的需求也不会改变太大。因为第二个条件的存在，当资本资产的未来收益或利率只是适当发生改变时，投资量也不会有太大的改变。之所以会这样，就是因为在现有设备的基础上去大量提升产量，也许会让成本上升。假设一开始就存在大量的可以用于资本资产的生产的多余资源，那么在一段时间范围内，也许会非常动荡。可是当余下的资源基本上都已经派上用场时，这个动荡就会消失了。而且，如果工商界在心理上产生很大的起伏，或者有转折性的新发明，导致资本的未来收益发生很大的变动时，那么第二个条件也会对因此带来的动荡起到约束作用。可是，这个约束更多的是在向上变化方面，而不是向下变化方面。

第三个条件符合我们所体验过的人性。尽管前面我们已经说过，有关货币工资的斗争，基本上只是为了保持比较高的薪酬。当就业人数上升时，不仅因为工人有了更强的议价能力，也因为工资的边际效用下降，工人的财政情况比从前要好，愿意多承担一些风险。所以不管在哪个行业，货币工资的斗争都会比较厉害，可是这些动机也有一定的限制，工人不会在就业情况得到改善的情况下，要求增加太多工资，也不会为了防止失业，而要求大量减少货币工资。

这里又和前面一样，不管从之前的经验看，这个结论是否符合情理，可是从现实经验出发，这种心理法则肯定存在。如果不是这样，那么失业工人间的彼此竞争就肯定会让货币工资大幅度减少，使得物价水平动荡不安。不仅仅是这样，也许只有实现充分就业，才能够达到稳定的均衡状态，因为货币工资率会一直下降，直到货币数量（用工资单位计算）非常充分，利率下降到可以使充分就业恢复的程度为止，没有其他的停止符。

第四个条件不是稳定条件，而是经济低迷和经济振兴会接连出现的原因。这个条件只是以一个假设为依据：那就是资本资产的使用寿命都不一样，使用年限都很短，最后都会失去使用价值。所以假设投资量比某个最低水平还要低，那么即便其他因素变化幅度不大，最后资本的边际效率还会再次提高，投资量又再次回到比这个水准高的程度，也只是需要时间而已。同样，假设投资量越来越大，那么除非其他因素发生变化，要不然最后资本的边际效率还会再次降低，导致经济低迷，也只是需要时间而已。

因为第一、第二、第三个稳定条件的存在，所以经济振兴和经济低迷的程度已经受到了约束，因为第四个条件的存在，所以即便有适当的经济振兴和经济低迷，只要已经持续了一段时间，而没有受到其他因素变化的干扰的情况下，也会自己向相反的方向变动，直到同样的力量再次将变动方向转换过来。

把这四个条件合并到一起，就可以对我们现实经验中的显著特点进行说明：就业量和物价的变化并不会朝两个极端发生变化，而只是以一条中线为中心，上下波动，这个中线的位置，虽然比充分就业低得多，但也比最低就业量高得多。所谓最低就业者，也就是如果就业人数比这个水准还低，生活便会岌岌可危。

可是我们不能由此得出一个结论：这个适中的位置，既然取决于"自然"趋势，而且这种"自然"趋势，如果我们不专门去纠正，也许会一直延续下去，所以这个位置是以必然律为基础的，没办法改变的。实际上，上面四个条件一直以来都畅通无阻，只是人们通过长久的观察得知，并不是一个不能改变的必然原理。

第五编
货币工资与物价

第十九章
货币工资的改变

I

如果我们能提前探讨货币工资发生变化时所带来的影响，倒还不错。经典学派一直以来都觉得经济体系有主动调节的属性，就是因为假设货币工资有弹性。货币工资表现出刚性的时候，就会让这个刚性承担经济体系失调的过错。

可是我们不能这样做，因为在我们自己的理论还没有成立前，我们还不能对这个问题展开充分的探讨。货币工资的改变所带来的影响极其复杂，在某种情况下，降低货币工资确实可以拉动产量。我和经典学派不同的地方主要在于研究方面，所以在读者对我的方法不太了解以前，我不能将这种不同之处解释得过于清楚。

据我了解，一般意义上的解释非常简单，没有像我下面所说的那么复杂。这个解释只是告诉我们，假如其他情况固定，那么，当货币工资下降时，制成品的价格会下降，所以会引发需求，进而提高产量和就业量。可是如果资本设备不变，那么产量的增加就会带来劳力的边际效率下降；当劳力的边际效率和劳工愿意接受的货币工资率再次一样时，产量和就业量就不会再上升。

这种解释也就是承认了：货币工资下降时，需求不会有变化。现在可能还有很多经济学家觉得需求确实不会发生变化，他们的依据是：总需求的大小取决于货币数量和货币的收入流通速度二者相乘得出来的结果。当货币工资下降时，并没有充分的理由来对货币数量下降，或货币的收入流通速度下降的原因进行解释。他们甚至还会说，如果工资下降，那么利润肯定会上升。可是我想大部分经济学家会认可，一部分劳力的购买力会因为货币工资的下降而下降，所以总需求多多少少会受到影响，可是他们会指出，反过来，有一部分人的货币收入并没有下降，所以这些人的实际需求会因为物价的下降而增加。就算在劳工方面，只有当劳力的需求弹性比一小的时候，当货币工资下降，就业人数上升时，劳力方面的总需求才会上升。所以在新的均衡状态下，相比从前，就业人数会上升——除非是在极其特殊的极端情况下，可是这种情况实际上不会出现。

对于这种分析，我持完全的否定态度。事实上"分析"二字还不太合适，因为上面所说的，尽管可以说出很多经济学家的心声，可是他们极少详细写下他们所根据的分析方法。

他们的结论应该是这样得出来的：从一个产业展开分析，那么该产业的产物就有一个需求表，用来把销售价格和销售量之间的关系表示出来；还有一组供给表，把产量和生产该量时生产者所要求的价格二者的关系表示出来。因此供给表格，因为成本的计算基础，而各厂不一样。假设其他成本固定（除非是产量的变化所带来的），那么通过这两种表格所算出来的劳力的需求表，把就业人数和工资水平之间的关系表示出来。该曲线任意一点的形状，都会决定劳力的需求弹性。之后把这个概念稍加修改一下，就可以运用到工业整体上去，觉得以同样的理由为依据，工业整体也有一个劳力的需求表，把就业人数和工资水平之间的关系表示出来。而工资，究竟是货币工资还是实际工资，对于论证并没有太大影响。因为如果是货币工资，那么就必须改正币值的改变，可是这不会对论证的宗旨起到实质性影响，因为物价的改变，不可能和货币工资的改变的幅度是一样的。

如果上面所论述的，确实是他们论证的依据（如果不是，我就不清楚他们到底是以什么为依据了），那么这个论证就是不成立的。因为要给一个工业建立需求表，必须先假设其他工业的供需是固定的，总有效需求的数量是固定的，所以只有假设总有效需求也是固定的，我们才能把适用于一个行业的论证搬到整体工业上去。可是即便真这样假设了，那么这个论证就可以说是牛头不对马嘴了。为什么呢？因为大家虽然都认可，假设货币工资下降，那么总有效需求依然和以前一样，就业人数必然会上升，可是，争论的焦点在于：当货币工资下降时，总有效需求（用货币计算）会和以前一样吗？或最起码总有效需求（用货币计算）的减少，和货币工资的下降并不是完全成比例（即如果用工资单位进行计算，总有效需求比前者会有所增加）。如果经典学派用类比方法，将只适用于一个行业的结论推广到工业整体上去不被我们所认可的话，那么该学派就完全不能回答：当货币工资下降时，就业人数会发生什么样的变化？

因为对于这个问题的解决，该学派没有给出一种分析方法。在我看来，皮古教授的《失业论》已经把经典学派做到了最好，可是结果这书刚好成了一个明显的案例，那就说明对于实际总就业量由什么来决定这个问题，经典学派依然束手无策。

Ⅱ

现在让我们用自己的分析方法，来对这个问题进行解决。我们可以从这样两个方面来探讨：（一）假设其他情况不变，那么货币工资的下降会不会直接带来就业人数的增加？这里所说的其他情况固定，是指消费倾向、资本的边际效率表和利率这三个条件，从社会整体的角度来看，依然和前面一样。（二）货币工资的下降，会不会真的会必然的或或然的影响到上面这三个因素，可以在一个特殊的方向，形成影响就业人数的必然的或或然的趋势？

对于前一个问题，在上述几章中，我们已经给出了否定的答案。我们清楚，就业人数只关系到有效需求量（用工资单位计算），后者是预期的消费和预期的投资的总和，所以假设消费倾向、资本的边际效率表和利率三者是固定的，那么有效需求就不会发生变化。假设上面三个因素固定，那么从雇主整体来说，雇主们增加就业人数，势必会让其收益比供给价格低。

把货币工资减少，可以把生产成本降下来，所以可以带动就业人数的增加——这是一个很粗陋的结论。要对这个结论的错误性加以论证，我们不妨先假设（这是对这个说法最有好处的假设），起初，雇主们确实预测：货币工资减少，会让生产成本下降，之后再注意事态的发展，从一个雇主的角度来说，当货币工资下降时，他可能只发现他自己的生产成本降下来了，而没有注意到：货币工资的下降会影响到其产物的需求。于是他会觉得，现在增加产量，可以让利润上升，所以提升产量。如果所有雇主的预期都是这样的，都这样去做的话，他们的利润真的会增加吗？不会。除非（一）该社会的边际消费倾向为一，即收入的增量和消费的增量相等；或（二）投资扩大，可以弥补收入增量和消费增量的裂缝。可是要想增加投资，资本的边际效率表必须比利率的增加要高，所以除非边际消费倾向为一，或者货币工资的下降会让资本的边际效率表比利率的增加要高，进而增加投资量，要不然产量提升以后的收益，肯定会使雇主们失望，于是就业量又恢复到之前的数量。所以假设雇主们真的以预期售价为依据，提供就业量，那么公众的收入将上升，收入既然上升了，那么愿意储蓄的数量就会比当前的投资量要高，所以雇主们的利益肯定会受损，而且这个损失值正好等于愿意储蓄的数量和现在投资量之间的差额。上面所说的，不管货币工资率位于什么水平，结果都是一样的。当然，在一段时期中，雇主们也许自己会扩大对运用资本（working capital）的投资，用来弥补二者的差额，可是最多也只是让失望的时间晚一点到来而已。

所以，把货币工资降下来，并不会直接使就业人数上升——除非它们会影响该社会的边际消费倾向，或资本的边际效率表，或利率。所以要想对货币工资下降所带来的结果进行分析，只能先把这三个因素也许会受到的影响先找出来。

这种影响最主要的方面，大体上是这样的：

（一）货币工资下降时，会带来物价的下降，由此引发两个方面的实际收入的再分配：（a）从工资阶级过渡到直接成本中的其他生产原素（假如后者的回报不变），（b）从雇主阶级过渡到利息阶级（rentiers），因为后者的收入是用货币来规定的。

这种再次分配，会如何影响社会整体的消费倾向呢？实际收入从工资阶级过渡到其他原素，也许会让消费倾向下降，而从雇主阶级过渡到利息阶级，会产生什么影响，还是个问题。从总体上来说，社会上的利息阶级通常比雇主阶级经济上要宽裕些，其生活水平的弹性也很小，那么再次分配对其就是不利的。考虑到这种种因素，我们就只能猜测最后的净结果了。也许是趋向于不利，而不是朝有利的方向发展。

（二）假设我们所探讨的经济体系不是一个闭关的体系，又假设所谓货币工资的下降，又是和国外货币工资（当二者都换算成共同单位以后）相比下降，那么贸易差额就会被放大，明显是有利于投资的。这里当然会假设：国外的关税，进口限额等是固定的，可以把这种有利抵消。拿英美两国来说，也许是因为美国的封锁比较严重，而英国的封锁要轻微一些，所以一直以来，英国才相对比较相信货币工资的下降会增加就业量。

（三）在一个非闭关体系中，货币工资的下降当然会让贸易顺差增大，可是也会使贸易的物物交换条件（terms of trade）越来越恶劣。所以，除了新就业者以外，原就业者的真实收入也会下降。这一点也许会让消费倾向增强。

（四）假如货币工资下降时，人们预测这种下降是相对应于将来货币工资的下降的，那么（原因见上面），资本的边际效率将上升，所以是有利于投资的；同理，可能也有利于消费。相反，如果货币工资的下降，使人们预期将来的货币工资还会继续下降，或预期有很大的可能会出现这种情况，那么效果就会完全反过来。因为在这种情况下，资本的边际效率会下降，投资和消费二者会往后拖延。

（五）因为工资总支出（wages bill）的下降，还因为一般物价和一般货币收入的下降，可以让收入以及因为业务需要而持有的现金减少，所以在这个范围内，社会整体的灵活偏好会下降。如果其他情况固定，就可以让利率下降，从而对投资有利。可是，利率的下降程度也会被预期所影响，假设像上面（四）最后所说，人们预期今后工资和物价还会上涨，那么短期利率就受到很大影响，长期利率只会受到很小的影响。还有，假设货币工资的下降让群众有了怨言，打压了社会上对政治前途的信心，则灵活偏好增强，且增强的程度也许不能被积极流通中挪出来的一点现金抵消了。

（六）如果货币工资的下降只仅限于一个厂或一个行业，那么肯定有利于该厂或该行业。基于这个原因，当货币工资广泛性下降时，尽管其实际利率不一样，但也可能会让雇主们乐观起来，进而不再陷在对资本的边际效率预测过于悲观所带来的恶性循环里，于是所有事物还可以以更正常的预期为依据再次进行。反之，如果工人们像其雇主一样，在对待工资广泛性下降的后果上犯一样的错误，那肯定会引起劳资纠纷，也许会完全抵消这一好处。此外，因为一般情况下，各业的货币工资不可能会同时下降，而且下降的幅度也一样，所以工人们考虑自身的利益，都要对货币工资的下降予以反抗。实际上，当雇主们想办法降低货币工资时，其所遇到的反击的程度要比物价上涨和实际工资逐步下降时所遇到的反击强烈得多。

（七）反过来说，当货币工资下降时，雇主们要承担的债务更重，这种不利影响会在一定程度上抵消上面的乐观情绪。假设工资和物价下降的幅度很大，那些负债太重的雇主们也许快要到达破产的边缘。如果真到了这个地步，就会非常不利于投资。又假设物价水平下降，那么公债——因为租税的实际负担变重，所以极其不利于工商界的信任心。

上面所引，当然不可能把所有复杂的社会现实中因为货币工资下降所带来的影响都包括进去，可是基本上都涵盖了一般情况下至为关键的影响。

所以，如果我们只对一封闭型社会进行探讨，并假设真实收入再次分配，不会影响到社会的消费倾向，即便有，也表现在不好的方面，那么当货币工资下降时，我们想要就业量增加，只有以下两个主要渠道：（a）像（四）所说，因为资本边际效率的增加，故投资增加；（b）像（五）所说，利率的下降。现在我们就再深入探讨一下这两种可能性。

假如人们相信：当货币工资率下降到最低水平时，假如以后工资再发生变化，肯定只会上升，那么就会有利于资本的边际效率；而货币工资正缓缓下降时，工资每下降一次，人们就更不相信此工资将来能否保持现在的工资水平，这是最不利的情况。所以当有效需求正在慢慢下降时，还不如干脆把货币工资下降到使所有人都觉得这是最低水平的程度，不可能一直持续下去，这样做，反倒最有利于有效需求的增强。可是如果这样做，只能在行政法令的规定下才能实现，所以在工资取决于自由议价的经济体系中，这种可能性很小。如果不能这样做，那么在下面二者之间（a）货币工资极其稳定，一般人觉得不会有什么大的变化，（b）经济低迷时，货币工资有继续下降的趋向，所以，（比如说）当失业人数上升一个百分点时，人们就会预期工资还会再下降，还是对前者更有利。假如人们预期明年工资要下降两个百分点，那么其影响大致和明年所付利息要上升两个百分点是一样的。上面所说，只要略微矫正，也可以在经济繁荣时期运用。

因此在当前世界和现实制度中，制定一个使货币工资非常刚性、固定的政策，要比制定一个使货币工资极具弹性、可以随着失业人数的变化而极易发生改变的政策好得多。上面是专门从资本的边际效率这个角度来讨论的，如果从利率这个角度展开讨论，上面的结论是否依然成立呢？

所以相信经济体系有自动调节特性的人，一定是将论述的重点放在了工资水平和物价水平的下降给货币需求所带来的影响上面了。可是据我了解，他们并没有这样做。假设货币数量也是工资水平和物价水平的函数，那么照这个思路发展下去，他们就不可能得到什么结果了。可是如果货币数量几乎是不变的，那么只要货币工资大幅度削减，货币数量（用工资单位计算）便可以一直增加下去，而且在收入中占据越来越大的比重，后一种增加到何种程度，取决于工资成本在边际直接成本中占到多大的比例，还有当工资单位下降时，边际直接成本中其他原素是怎么反应的。

所以单从理论的角度来看，有两种效果一样的方法可以对利率产生影响：首先是货币数量不变，工资下降；其次是货币数量增加，工资水平不变。所以，不管是降低工资，还是增加货币数量，作为实现充分就业的方式，二者所受的限制是一样的。前面已经罗列了很多种理由，解释为什么只从增加货币数量入手，让投资增加到合适的水平的方法是行不通的。同样的，只要稍微修改一下细节，就可以在降低工资这个方法上使用。假如货币数量只是适度地上升，那么，也许不会对长期利率产生太大的影响，假如大量增加，则恐怕要对社会信心产生影响，而将货币数量上升带来的其他优势抵消掉。同样，如果货币工资只是适度地下降，则恐怕不会产生太大的影响。如果下降的幅度很大，则即便现实中是可行的，恐怕也会让信心发生动摇。

所以，相信只要有一个有弹性的工资政策，充分就业就可以维持下去的人，就像相信只用公开市场交易政策，不采用其他辅助方法，就可以得到同样的结果一样毫无依据。我们不能通过这些渠道让经济体系具有自动调节性。

每当就业量比充分就业量小时，劳工们便会团结在一起，主动要求把工资标准降低，使得货币数量（用工资单位计算）增加，利率下降，以实现充分就业。如果是这样，那么为实现充分就业所采取的货币管理，就是由工会来实施的，而不是银行体系。

有伸缩性的工资政策和有伸缩性的货币政策，如果只从增加货币数量（用工资单位计算）这一点来说，二者在理论上所产生的效果虽然是一模一样的，可是在其他方面，二者却有着千差万别。现在就把这三大区别陈列出来，以给读者提个醒儿。

（ⅰ）只有当一个社会已经由国家来统治时，工资政策可以被一项法令改变，要不然所有劳工的工资都趋向于下降是不可能的。只有经过一系列零散的、缓慢的、不规律的改变，才能达到这个结果，也许还要经过几轮劳资纠纷才能实现。不管是从社会正义的角度来看，还是从经济权宜方面来看，这种改变方法都不可取，而且劳资纠纷通常是浪费的、不幸的。而且在争执的过程中，议价能力最差的那部分人所受到的伤害最深。相反，只需要动用公开市场政策或相似的办法，就可以实现改变货币数量的目的，故已被大多数政府牢牢掌握了。人性和制度既然是这样，那么有弹性的工资政策只有那些愚不可及之人才会选择，而有弹性的货币政策会被他们所摒弃，除非他能够发现，有弹性的工资政策所具有的好处，是有弹性的货币政策所没有的。而且，如果其他情况都一样，一个操作性强的方法当然比一个难以操作的方法要好。

（ⅱ）如果货币工资是既定的，那么除了垄断价格（不只是边际成本会决定垄断价格，还有其他因素）以外，其他物价发生改变，最主要的原因是：在现有设备上增加产量，将会有边际生产力递减的现象。社会上一部分人的收入取决于用货币规定的契约，像利息阶级和公私机关中拿固定工资的薪水阶级。如果货币工资固定，那么就可以在这批人和劳工之间，实现最大化的、可操作的公平办法。如果有很多主要阶级的货币收入不管怎样都是维持不变的，那么从社会正义的角度来考虑，或从社会权宜的角度来考虑，最好所有生产的货币报酬都维持不变。有一大部分人的收入既然是用货币规定的，而且没什么弹性，那么这种有弹性的工资政策，只有不义之徒才会选择，而放弃有弹性的货币政策，除非他能够指出前者所具有的优势，后者是没有的。

（ⅲ）用降低工资单位的办法，来使货币数量增加（用工资单位计算），会使债务人的负担越来越重。可是如果货币增加的同时，工资单位固定，那么债务负担就会越来越轻。有很多种债务负担已经难以承载，那么选择前者的就只是那些缺乏经验的人。

（ⅳ）如果工资水平降下来以后，才能使利率慢慢下降，那么就像前面所说，资本的边际效率会受到两重不利的影响，所以有两重理由会让投资延迟，经济的振兴也被推后。

Ⅲ

所以，假设当就业量缓慢下降时，工人们也对货币工资的要求慢慢降低了，那么这种政策因为不利于产量，所以一般情况下，不仅不会下降，反倒还会让实际工资上升。使用这种政策所得到的结果，只是让物价变得动荡——或许物价会动荡到一个非常严重的程度，使得我们所生活的经济体系内，所有业务计划都变得毫无意义。所以说一个整体开放的经济体系中，有弹性的工资政策是应有的、也是必需的附属品，这种说法，正好和真理是背道而驰的。只有在高度集权的国家，政府的一项法令才可以进行大规模的、突然的、广泛性的改变，有弹性的工资政策才能畅通无阻。我们可以想象，在意德俄，这个政策是行得通的，而在英美法，则是行不通的。

如果像澳洲一样，实际工资由法令来规定，那么和这个实际工资相对应的，就只有一个就业水平了。而在一封闭型体系中，真实就业人数则取决于投资量和该水准是否相符，而在该水准和完全没有就业之间急剧变化。如果投资量正好和该水准相符，那么物价就处在动荡的状态下，只要减少一些投资量，物价就会马上降为零，投资量增加一些，物价又会骤然上涨。要在这种经济体系中找到一个固定的东西，就只能在统制货币数量上下功夫，使得货币工资水准和货币数量相协调，成立一个利率，而该利率和资本的边际效率的关系又正好使投资量正好。如果是这样，那么就业水准（和法定实际工资相对应的就业水准）固定，可是货币工资和物价则通常会发生剧烈的变化，以确保投资量正好。从澳洲的现实情况来说，之所以没有发生这种严重动荡的现象，一定程度上是因为法令不是万能的，还有一部分原因是澳洲是一个开放的体系，所以货币工资本身是一个全球投资量——总投资量的决定性因素，而贸易条件又会极大地影响实际工资。

考虑这种种因素，我现在觉得：对于一个封闭型体系来说，在权衡利弊以后，还是保持一个稳定的一般货币工资水准（general level of money-wages）要好一些。也就是说，从开放体系的角度来看，假如可以采用变动外汇率的办法来和世界其他各国保持在一个均衡的状态，那么上述结论也是适用的。从单个工业来说，货币工资如果有一定的弹性当然好，因为工业可以快速从更低迷的工业转移到比较兴盛的工业上。可是一般货币工资水平还是稳定一些好，最起码在短时间内是这样。

物价水平会因为这种政策的实行，而非常稳定——最起码比在有弹性的工资政策下稳定。除了垄断价格以外，在短时间内，物价的变化只是因为就业人数变了，导致边际直接成本受到影响；在长时期中，只是因为设备的增加，或发明了新技术、产生了新设备，导致生产成本发生变化。

当然，如果就业量发生了巨大的变化，物价水准也会发生很大的变化，可是我前面已经说过，这种变化幅度还是比不上在有弹性的工资政策下。

在短时期内，实施刚性工资政策，要想物价稳定，必须尽可能不让就业量发生变化。可是长期来看，我们还可以在两种政策中选择：一是为了让工资稳定，而让物价因为技术和设备的进步下降得慢一点；二是为了让物价稳定，而使得工资上涨得慢一点。从整体上来说，我对第二种意见持肯定态度，有这样几个方面的原因：一方面是要让真实就业水平和充分就业更靠近，那么在预期将来工资会上涨的前提下，实现比较容易，而在预期将来工资会下降的前提下，实现的难度要大一些；另一方面是债务负担有所减轻，有利于社会在低迷工业和兴盛工业之间，调节起来比较容易。如果货币工资上涨缓慢，那么心理上可能会觉得这是一种激励。可是这里并没有原理上的关键性区别，所以我现在不需要对这两方面进行详细论证。

附录：皮古教授的《失业论》

在《失业论》中，皮古教授使就业量由两个基本因素来决定：也就是（一）工人要求的真实工资率（real rates of wages），和（二）劳力的真实需求函数（Real Demand Function for Labour）的形状。该书的核心部分就在于探讨这个函数的形状是由什么来决定的。本书并没有扼杀这一事实，即工人所要求的是货币工资率，而不是真实工资率。可是该书认为，用工资品的价格除实际货币工资率所得到的商数，就可以当作工人所要求的真实工资率。

皮古教授在该书第 90 页提出两个方程式，认为这是研究的起点。可是皮古教授分析方法的应用受到了几个假设的约束，而这些假设一早就出现在论证的开头部分。所以我先要简要介绍一下他的解决方法，一直到争论的焦点。

皮古教授把工业分成两类，也就是（a）在国内进行工资品的制造，和进行出口品的制造，销售到国外去，以得到国外的工资品者；（b）其他工业。考虑方便这两类工业可以称为工资品工业和非工资品工业。他假设前者雇用 x 人，后者雇用 y 人，用 F(x) 表示 x 人所生产的工资品的总价值，用 F'(x) 来表示一般工资率。尽管皮古教授自己没说，可是这就相当于假设：边际工资成本和边际直接成本相等。他还假设 $x + y = \phi(x)$，这就相当于说，总就业量就是工资品工业中就业量的函数。于是他说，所有劳力的真实需求弹性（elasticity of the real demand for labour in the aggregate），可以写为

$$E_r = \frac{\phi'(x)}{\phi(x)} \cdot \frac{F'(x)}{F''(x)}$$

通过这个弹性，可以推导出劳力的真实需求函数的形状。

如果单从符号的角度来讨论，那么他的和我的表示方式就区别不大。只要我们可以将皮古教授的工业品看作我的消费品，将他的"其他物品"看作我的投资品，那么因 $\frac{F(x)}{F'(x)}$ 是（用工资单位计算）工资品工业所产产物的总价值，所以就和我的 C_w

相等。又假设工资品和消费品相等，那么 ϕ 就是我所说的就业乘数 k′ 的函数。因为 $\Delta(x+y)=k'\Delta y$，所以 $\phi'(x)=\dfrac{K'}{K'-1}=1+\dfrac{1}{K'}$（approx），所以，皮古教授所说的"所有劳力的真实需求弹性"就是一个结合体，其中的组成因子，和我所用的很多因素都很相似。因为这个弹性既取决于工业上的生产情况（他用函数 F 表示），也取决于人们对工资品的消费倾向（他用函数 ϕ 表示）。上面所说的，当然只适合于一个特殊情况，也就是边际劳力成本和边际直接成本相等的情况。

皮古教授把劳力的真实需求函数和劳力的供给函数结合到一起，从而对就业量进行决定。他假设后者只是真实工资率的函数。可是，因为他已经假设真实工资率是工资品工业中所雇工人人数 x 的函数，所以劳力的供给只是真实工资率的函数，这就是在说，在现行真实工资率下的劳力总供给量只是 x 的函数。表示出来就是 $n=X(x)$，其中 n 表示的是真实工资率 $F'(x)$ 之下也许会有的劳力供给量。

所以厘清了所有复杂因素以后，皮古教授的分析方法，是想从下面这两个方程式中，找到就业量。这两个方程式是：

$$x+y=\phi(x)$$

$$n=X(x)$$

可是在这两个方程式中，还有三个数是未知的。他躲开这个难题的办法，好像就是假设 $n=x+y$。当然，这相当于假设：不存在非自愿的失业（根据上面所给出的准确定义），即，在现行真实工资率之下也许会有的劳力供给量，实际上都没有失业。

于是 x 的值，可从

$$\phi(x) = X(x)$$

这个方程式中算出来。假设因此得到的 x 的值为 n_1，那么 y 肯定等于 $X(n_1) - n_1$，总就业量 n 就是 $X(n_1)$。

这里需要暂停一下，研究一下这究竟是什么意思。意思就是：假设劳力的供给函数发生变化（也就是在一特定实际工资之下，劳力的供给量比前者要大），所以从 $\phi(x) = X(x)$ 中所得出来的 x 的值现在就成了 $n_1 + dn_1$，那么非工资品的需求情况一定会让非工资品工业中的就业量上升，以让（$n_1 + dn_1$）和 $X(n_1 + dn_1)$ 保持一致。会让总就业量发生改变的，除了供给函数的变化以外，就只有非工资劳动者（non-wage-earners）的偏好发生变化了，多采购非工资品，少购买工资品。

如果 n = x + y，当然就是假设劳力的真实工资率可由自己决定，而假设劳力的真实工资率可以一直由自己决定，又相当于假设：非工资品的需求状态肯定会和上述法则相符，也就是说，就相当于假设利率肯定会时常和资本的边际效率表相对应，得以维持充分就业。如果没有这种假设，那么皮古教授的分析就难以成立了，无法找到一个决定就业量的方法。让人讶异的是，皮古教授居然会觉得，他可以忽略由于利率或信任状态的改变，而不是由于劳力的供给函数发生变化，所带来的投资量的变化（即非工资品工业中就业量的变化），就可以创造出一个失业理论。

所以这本书被命名为《失业论》就有违事实。该书确实没有对失业问题进行探讨，而探讨的是：假设劳力的供给函数固定，又假设充分就业能一直保持下去，那么就业量会怎样。而所有劳力的真实需求弹性这个概念，也只是为了说明：当劳力的供给函数发生特定的改变时，充分就业量会上升或下降多少。或者（或者是更好的看法），这本书可以被我们看作是一种没有因果性的（non-causative）研究，是对真实工资水准和就业水准的函数关系进行的研究。可是本书不能告诉我们，真实就业水准是由什么决定的；本书也没有直接说到非自愿失业这个问题。

即便皮古教授不承认非自愿失业有存在的可能，我们还是很难知道，他的分析可以怎么应用。他没有对 x 和 y（工资品工业中就业量和非工资品工业中的就业量）之间的关系由什么来决定进行探讨，这个遗漏的地方，是他的要害。

而且，他还认可，在某种限度内，事实上，劳工们所要求的经常不是一特定真实工资率，而是一特定货币工资率。如果认可这一点，那么劳力的供给函数就不单单只是 $F'(X)$ 的函数，而是 $F'(x)$ 和工资品的货币价格二者的函数。于是他前面的分析就不成立了，因为这里多了一个因素，而这个新未知数没有多加一个方程式来解。用假数学方法的危害是，在对经济问题进行处理时，要想得到结果，就必须先假设所有函数都只包括一个自变数，不存在所有偏微分（partial difrerentials）。皮古教授的分析法给这种危害性提供了一个很好的例证。事后他坦承，的确存在其他变数，可是如果不把之前所写的纠正一遍，那么这种坦承的价值何在？所以假设在某种限度内，劳工要求对货币工资进行规定，那么除非我们知道工资品的货币价格是由什么决定的，要不然即便假设 $n = x + y$，还是缺少资料。因为工资品的货币价格取决于总就业量的多少，所以要想弄清楚总就业量，就必须先弄清楚工资品的货币价格是多少，而要想知道工资品的货币价格是多少，则必须先弄清楚总就业量是多少。这就是我曾经说的，我们缺少一个方程式。可是即便我们暂时假设货币工资率有刚性，而不假设真实工资率有刚性，也许会更接近事实。比如说在 1924—1934 年这十年间，英国的经济状况非常不稳定，可是在这十年内，货币工资只在 6% 的幅度内发生变化，而真实工资的变化幅度却超过 20% 。就算一个理论可以称之为通论，那么不管货币工资有没有固定下来（或不管有没有一个范围，在该范围内货币工资都是固定的），都是适用的。进行政治工作的人当然可以说，货币工资理应有很大的弹性，可是一个理论家应该公正地研究货币工资是不是应该有很大的弹性。一个科学的理论，不能要求事实去符合假设。

当皮古教授进一步对货币工资下降所带来的影响进行探讨时，在我看来，他所用的材料太不充分了，所以无法得出一个具体的答案。一开始（同书第 101 页），他就反驳了一种论证，这种论证是这样说的，假设边际直接成本和边际工资成本正好相等，那么当货币工资下降时，非工资劳动者的收入将和工资劳动者的收入同比发生变化；他的驳斥是基于这样的原因，他说只有当就业量固定时，这个论证才是成立的，而就业量是不是固定的，刚好是有待研究的一个问题。可是在下一页（同书第 102 页），他自己也犯了相同的错误，他假设"起初，非工资劳动者的货币收入固定"，他自己刚刚说明，只有当就业量并不是不变时，这个假设才能成立，而就业量是否发生变化的问题还有待研究。实际上，除非在研究材料中，再加上其他因素，要不然答案是得不出来的。

实际上，劳工们所要求规定的是一特定货币工资率（只要真实工资不比某一最低限度还要低），而不是一特定真实工资率，坦承这一点，就会影响到整个研究。如果坦承这一点，就不能再同时假设：除非实际工资上升，要不然劳力的供给量还会维持原样，而这个假设又是很多论证的根基。比如说，皮古教授对乘数理论持否定态度（同书第75页），原因就是：真实工资率既然固定，也就是说，已经实现充分就业，真实工资的下降不能增加劳力的供给量。在这种假设下，他的论证是没有问题的。可是在该段中，皮古教授所驳斥的是现实政策中的一种方案，当英国超过200万人失业时，即有200万以上工人愿意在现有货币工资水平下工作，就有工人要退出劳力市场，而且还不止200万人退出，这样假设实在太背离事实，太异想天开了。

我们要格外关注一点：在整本书中，皮古教授都是以一个假设为基础，也就是当生活费用相对于货币工资上升时，不管是多么柔和地增加，就有一部分工人要退出劳力市场，而且退出的人数比现在所有失业人数都要多。

还有，在该段中（前引书第75页），皮古教授忽略了，他不仅觉得政府投资政策不能带来"第二级"就业（secondary employment），则从同样的理由出发，该政策也不能让"第一级"就业（primary employment）增加。因为假设工资品工业中的真实工资率固定，那么除非工资品劳动者愿意把其工资品的消费减少，要不然就业量是不会上升的。原因就是：在第一级就业中新增加的工人，也许会在工资品消费中增加，于是真实工资下降，于是（从他的假设出发）有一部分之前在其他地方失业的就业工人，将从劳力市场上退出去。可是皮古教授好像觉得，第一级就业还有可能增加。第一级和第二级就业的分界线，好像也是皮古教授心理上的分界线，越过该线以后，皮古教授的好常识就无法和他的坏理论相对抗了。

因为假设不一样，分析不一样，所以得出来的结论也不一样，下面援引一段作为例证："假设在工人之间存在开放式竞争，劳力的移动又是自由式的，那么二者（按即工人所要求的真实工资率和劳力的需求函数二者）的关系就非常简单。在这种假设下，肯定存在一种非常激烈的态势，让工资率和需求情况彼此适应，让所有人都就业。所以当情况稳定时，让所有人都有工作。这就是告诉我们，不管什么时候出现失业现象，都是因为需求情况在持续发生变化，而摩擦阻力使得工资不能马上做出调整。"这是至关重要的一段，皮古教授简明归纳了一下他的观点。

他所得出的结论是：之所以出现失业现象，最主要的原因就是工资政策没有随劳力的真实需求函数的变化进行完全调整。

所以，皮古教授相信，在长时期中，对工资进行调整就可以解决失业问题。我认为，真实工资当然有个最低水平，也就是说不能比就业量的边际负效用还低，而且对货币工资进行调整，可能会对实际工资产生影响，可是真实工资的主要决定者是经济体系中的其他因素，而不是货币工资的调整。其中有几个，特别是资本的边际效率表和利率的关系。据我所知，在他的分析体系中，皮古教授并没有将之涵盖进去。

最后，皮古教授在对"失业的原因"进行探讨时，他当然和我一样，提到需求状态的变化时，将劳力的真实需求函数看作需求状态，可是他忽略了，从他的定义出发，前者的意义要狭隘得多。在上面，我们已经知道，从他的定义出发，劳力的真实需求函数只由两个因素来决定：一是在一特定环境中，总就业量和工资品工业中的就业量的关系（工资品工业的产物，来自于所有劳力的消费），二是工资品工业中边际生产力的情况。可是在《失业论》第五编中，"劳力的真实需求"情况已经发生了变化，可是却占据着举足轻重的地位。他将"劳力的真实需求"理解成短期内会发生剧烈变化的一大因素（前引书，第五编，第六至第十二章）。他好像觉得，"劳力的真实需求"的变化和工资政策不能马上适应这个变化，是商业循环的主要原因。读者乍一看上去，这些好像都很科学，都很了解，因为除非读者对名词的定义进行追溯，要不然他极易将"劳力的真实需求的变化"和我所说的"总需求情况的变化"理解成一个意思。可是一对定义进行追溯，皮古教授所说的就无法让人相信了。因为在短期中，"劳力的真实需求"是最不会发生急剧变化的。理由见下：

从定义出发，皮古教授所说的"劳力的真实需求"，只是两个因素的函数，即 $F(x)$ 和 $\phi(x)$，前者是工资品工业中的生产情况，后者是工资品工业中就业量和总就业量之间的函数关系。除非是在长时期中慢慢发生变化，要不然很难发现这两个函数改变的原因是什么，最起码我们找不出来原因，可以假设其在一个商业循环中会发生变化。$F(x)$ 的变化只能缓慢进行，而且在生产技术不断进步的社会中，只能向前进方面改变，而 $\phi(x)$ 很难稳定下来，除非工人阶级忽然变得节俭，或更总结性地来说，除非消费倾向忽然发生变化。这样一来，在商业循环中，劳力的真实需求就应该是固定的。我再重申一遍：皮古教授在他的分析体系中，没有将投资量的变化这个不稳定因素涵盖进去，而就业量发生变化的根本原因就是这个因素。

我之所以如此详尽地批评皮古教授的失业理论，倒不是因为和经典学派的其他经济学家相比，他需要指正的地方更多，而是因为据我了解，他是率先准确写出经典学派的失业理论的人。所以我觉得，要对经典学派的失业理论进行驳斥，就必须批评该理论中最完善、最难以攻克的对象。

第二十章
就业函数

I

　　在第三章第一节中，我们已经给出了总供给函数 $Z = \phi(N)$ 的定义：所谓总供给函数，就是指就业量 N 和其对应产量的总供给价格之间的关系。就业函数（employment function）和总供给函数的区别在于：（a）前者是后者的倒函数，（b）衡量标准是工资单位。就业函数表示的是有效需求（用工资单位计算）和就业量之间的关系，其宗旨在于指明：假设一个工厂、一个行业或所有工业面临的有效需求是特定的，那么该厂、该行业或该工业要给予什么样的就业量，才能使其产量的总供给价格正好和该特定量有效需求相等。现在假设 D_{wr} 是一个厂或一个行业的有效需求（用工资单位计算），N_r 是该厂或该行业所带来的就业量，那么就业函数就可以表示为 $N_r = F_r(D_{wr})$。或归纳来说，假设我们可以假设总有效需求 D_w 唯一的函数是 D_{wr}，那么就业函数就可以表示为 $N_r = F_r(D_w)$。即，假设 D_w 为有效需求，那么 N_r 就是 r 工业中可以提供的就业量。

本章将对就业函数的多种特性进行研究。除了感兴趣于这些特性本身以外，我们有这样两点理由，要说明普通所谓供给曲线为什么要被就业函数所替代，以和本书的方法和宗旨保持一致。首先，本函数只用我们已经选择好的单位，对有关事实进行陈述，其他在数量方面性质模糊的单位，统统不用。其次，本函数和普通所谓供给曲线相比，在解决有关整体工业或整体产量等问题（和一特定环境下，单独一厂或一业所遇到的问题区别开）上更加容易，其理如下：

拿一种商品来说，如果要给该商品绘制一普通所谓需求曲线，首先得假设社会各分子的收入是固定的。如果收入发生了变化，那么需求曲线就要推翻重来。同样，要给一种商品描绘一普通供给曲线，就必须先假设工业整体的产量是固定的。如果工业的总产量发生了变化，那么该供给曲线也会随之发生变化。所以，当我们研究总就业量发生变化，很多工业的反应时，我们会遇到多条需求曲线和多条供给曲线。随着我们对总就业量给出的假设不一样，就会有两组曲线。可是如果用就业函数，那么要想得出一个在工业整体上都适用的函数，对总就业时的变化进行反映，实现起来并不难。

现在假设消费倾向是固定的，又假设第十八章中作为不变的其他因素也是固定的，假设我们现在要研究的问题，是就业量会因为投资量的变化而发生什么样的变化。在这样的假设前提下，就会有一个总就业量和一个有效需求量（用工资单位计算）相对应，而且这个有效需求量一定根据相应的比例在消费和投资之间进行分配。此外，因为有一个有效需求水准，便有一特定的收入分配法与之相对应，所以我们更能够假设：一特定量总有效需求在各业间，只有一个分配方法。

因此，如果总就业量是已知的，我们就可以得出各业中的就业量。即如果总有效需求量（用工资单位计算）是已知的，我们就可以把各业中的就业量算出来，于是一个行业的就业函数就可以用 $N_r = F_r(D_w)$ 表示出来，这就是就业函数的第二种形式。这样写出来有一个好处：假如我们要了解，在一特定量有效需求不变的情况下，要想弄清楚工业整体的就业函数是什么，只需要累加各业的就业函数就行了，也就是

$$F(D_w) = N = \sum N_r = \sum F_r(D_w)$$

其次，我们要定义一下就业弹性（elasticity of employment）。一个行业的就业弹性就等于

$$e_{er} = \frac{dN_r}{dD_{wr}} \cdot \frac{D_{wr}}{N_r}$$

因为，如果该业预期其产物的需求（用工资单位计算）会发生变化，那么其雇用的劳工人数也会做出相应的反应，那么这个等式就会对这种反应进行衡量。工业整体的就业弹性，就可以表示成：

$$e_e = \frac{dN}{dD_w} \cdot \frac{D_w}{N}$$

假如我们可以找到一个衡量产量的理想办法，那么用产量或生产弹性（elasticity of output or production）这个概念来衡量也是可以的：不管哪个行业的有效需求（用工资单位计算）上升时，用符号表示其产量的增加率，都可以表示成

$$e_{or} = \frac{dO_r}{dD_{wr}} \cdot \frac{D_{wr}}{O_r}$$

如果价格和边际直接成本相等，那么

$$\Delta D_{wr} = \frac{1}{1 - e_{or}} \Delta P_r$$

其中 P_r 是预期利润。因此，假设 $e_{or} = 0$，换句话说，假设该行业的产量是固定的，那么所有有效需求（用工资单位计算）的增加量，都会变成企业家的利润，也就是 $\Delta D_{wr} = \Delta P_r$。相反，假设 $e_{or} = 1$，换句话说，假设产量弹性为 1，那么有效需求的增加量，都不会变成利润，而被边际直接成本中的构成分子所吸收了。

又假设一个行业的产量，就是该业所雇劳工人数的函数 $\phi(N_r)$，那么

$$\frac{1 - e_{or}}{e_{er}} = -\frac{N_r \phi'(N_r)}{P_{wr}\{\phi'(N_r)\}^2}$$

其中 P_{wr} 是一单位产物的预期价格（用工资单位计算）。所以 $e_{or} = 1$ 这个条件，就代表的是 $\phi'(N_r) = 0$，也代表的是就业量上升时，该业的回报既不递增也不递减。

经典学派假设实际工资经常和劳力的边际负效用相等，当就业量上升时，后者也会上升，所以假设其他情况是固定的，那么当实际工资下降时，劳力的供给量也会下降。进行这样的假设，就是在告诉人们：如果总支出用工资单位计算，那么实际上，总支出是不会上升的。如果这种说法没错，那么就业弹性这个概念就一点意义都没有了。而且，在这种假设的前提下，想要增加就业量，也不能采取增加货币支出的办法，因为随着货币支出的增加，货币工资会成比例上升。可是，如果经典学派的假设是错的，那么我们就可以通过增加货币支出来使就业量上升，直到实际工资下降到和劳力的边际效用相等的那一点

为止，根据定义，这一状态就是充分就业。

当然，一般情况下，e_{or}的值通常在零与 1 之间徘徊。所以当货币支出上升时，物价（用工资单位计算）上升到什么水平（也就是实际工资下降的幅度），取决于支出（用工资单位计算）上升时，产品弹性会发生什么样的反应。

令 e'_{pr} 表示的是：当有效需求 D_{wr} 发生变化时，预期价格 P_{wr} 的弹性，则

$$e'_{pr} = \frac{dP_{wr}}{dD_{wr}} \cdot \frac{D_{wr}}{P_{wr}}$$

因为　　　　　　　　$O_r \cdot P_{wr} = D_{wr}$，所以有

$$\frac{dO_r}{dD_{wr}} \cdot \frac{D_{wr}}{O_r} + \frac{dP_{wr}}{dD_{wr}} \cdot \frac{D_{wr}}{P_{wr}} = 1$$

或　　　　　　　　　$e'_{pr} + e_{or} = 1$

即，有效需求（用工资单位计算）发生变化时，物价弹性加上产量弹性等于 1。有效需求的力量，也就根据这个法则，不仅对产量产生影响，也对物价产生影响。

如果我们是对工业整体进行探讨，而且又假设我们能够找到一个单位，来对总产量进行衡量，那么采用同样的论证方法，就可以得到 $e'_p + e_o = 1$，其中 e'_p 和 e_o 在工业整体的物价弹性和产量弹性上都是适用的。

现在用货币来计算，不用工资单位，而把我们的结论延伸到所有工业上去。

假设一单位劳力的货币工资用 W 表示，一单位总产量的货币价格用 P 表示，那么当有效需求（用货币计算）发生变化时，货币价格的弹性可以表示为 $e_p = \frac{D}{P} \cdot \frac{dP}{dD}$，货币工资的弹性可以

表示为 $e_w = \dfrac{D}{W} \cdot \dfrac{dW}{dD}$。我们轻而易举就可以得出

$$e_p = 1 - e_o (1 - e_w)。$$

在下一章，我们会了解，对货币数量的说法进行推行，这个方程式是第一步。如果 $e_o = 0$，或者 $e_w = 1$，那么产量就是固定的，物价会和有效需求（用货币计算）上升的比例将是一样的。假如不是这样，那么物价上升的比例就会小一些。

II

现在我们继续讨论就业函数。上面我们假设：一特定量总有效需求，只有一个方法在各业之间进行分配。可是当总支出发生变化时，通常情况下，其用来购买一个行业的产物相对应的支出，不会成比例变化。不仅仅因为当个人的收入上升时，其所购买的各行业的产物的数量不会同比例上升，还因为当各种商品的需求越来越大时，其对价格的反应程度也不一样。

所以，如果我们承认，当收入上升时，这个增加量有多种使用法，那么上面的假设，也就是就业量只会因为总有效需求（用工资单位计算）的改变而发生变化，只是一个最接近的值而已。因为如果我们假设总需求上升时的增加量是怎样在各业间分配的，可能会极大地影响就业量。比如说，如果需求的增加，基本上都是偏向就业弹性高的产物，那么就业量就会大幅度增加，假设都是偏向于就业弹性低的产物，那么就业量增加的幅度就会很小。

同样，如果总需求固定，可是需求方向变了，转向就业弹

性低的产物，那么就业量也会下降。

在对短期现象进行探讨时，这些因素都非常关键。这里所说的短期现象，是指提前没有预料到的需求转向，或需求数量的变化。有些物品需要时间生产，所以几乎不可能快速增加供给。如果提前没有通知，突然让这些物品承担大量的需求增加，那么就业弹性就会很低。可是如果提前通知，做好了充足的准备，那么这类物品的就业弹性可能就会和 1 很接近。

我觉得生产时期（period of production）这一概念，其最大的价值就表现在这里。在我看来，如果一定要改变需求，在 n 个时间单位以前，对一种物品提前发出通知，之后该物才能使就业弹性在 n 个时间单位达到最高。这样说来，从整体上来说，明显消费品的生产时期是最长的，因为每个生产过程的最后一个阶段都是消费。所以假设有效需求的增加始于消费的增加，那么和始于投资的增加相比，其就业弹性的最后均衡值要小一些，而其一开始的就业弹性就比其最后的均衡值更小了。此外，假设要求就业弹性太低的产物承担更大的需求，那么这个需求增量的大部分都会变成企业家的收入，只有一小部分会变成工资劳动者和直接成本中其他原素的收入。结果也许会不利于消费。因为雇主收入增加以后的储蓄数，也许会大于工资劳动者。可是不能太夸大这两种情况的区别，基本上反应还是一样的。

不管什么时候通知雇主将来需求发生变化了，除非在每个生产阶段都有剩余存货或剩余生产能力，要不然当投资量增加一特定量时，刚开始就业弹性的值都比不上最后均衡值。此外，剩余存货出清就是负投资，所以会抵消投资增量。假设一开始，每个阶段都有剩余存货，那么一开始的就业弹性可能会和 1 很接近，可是在存货已经被使用，而生产阶段上早期产物的增产量还没有大量到来前，弹性又会下降。当新的均衡位置慢慢靠近时，就业弹性又会再次涨到接近 1 的位置。如果当就业量上升时，利率也升高了，或者地租原素把支出增量吸收了，就必须加以矫正。因为这各种原因，所以在动态经济体系中，物价不能彻底稳定下来，——除非是有特种机制可以让消费倾向短时间变化得正好。可是因此所带来的物价动荡，并不形成一种利润刺激，所以会引发生产能力的过剩。因为这种不虞之得，只有在当时刚好拥有生产阶段上较后期产品的雇主来说才能得到，而对那些不拥有这种特殊资源的雇主来说则就没办法了。所以，如果经济体系有变化，物价也会发生变动。可是这种不稳定的物价，也不会对雇主们的行为产生影响，只是将意外所得送给当时运气好的人而已（如果是朝相反的方向变动的，那么上面的原理依然是适用的，可是必须要在细节上加以纠正）。我觉得现代对物价稳定的好办法进行探讨时，通常把这点忽视了。事实上，在一个极易发生变化的社会里，物价稳定政策不可能取得完全成功。可是也不能因此下结论说：只要物价稍微有所偏离，就一定会带来累积的失衡。

III

前面我们讲过，当有效需求欠缺时，就业量也会欠缺。所谓就业量欠缺，是指有人愿意从事比现在的实际工资水平更低的工作，可是依然没有工作。所以，当有效需求增加时，就业

量也会增加，可是真实工资率则小于，或最多等于现行工资
率，照这样发展下去，直到到达一点。到这一点时，根据以往
通行的真实工资率，可用的剩余劳力已经没有了。也就是说，
经过这点后，除非货币工资涨得比物价还快，要不然工人人数
和工时都不会再增加了。接下来还有一个问题要考虑：如果在
这点已经达到以后，还在继续增加支出，会发生什么样的
情况？

　　直到这一点为止，尽管在一特定量资本设备上增加劳动力
的回报在逐渐下降，可是和劳工愿意接受的真实工资也在下降
相互抵消了。经这这点以后，再增加一个劳动力，则一定要提
供更高的真实工资率（也就是更高实物），可是因为增加一个
劳动力所得到的回报反倒小于之前，所以，为了保持均衡，随
着支出的增加，工资和物价也应该同比上升，从而使得"真
实"情况（涵盖就业量和产量）依然和前面保持一样。意思
就是，我们已经达到这样一种状态，在这种状态下，简单的货
币数量说（将"流通速度"理解成"收入流通速度"）是完全
适用的。如果产量固定，那么物价上升和 MV 正好成比例。

　　可是，要在现实情况中运用上面的结论，还必须进行很多
修正：

　　（1）物价的上升或许在一段时间内会让雇主们觉得迷茫，
增加雇用人数，远比为了得到最丰厚的利润（衡量单位是自己
产物）所需要的就业量要多得多。因为雇主们一直以来都觉得，
只要总售价（衡量标准是货币）上升了，就代表着需要扩大生
产。所以，即便这种政策已经不利于他们，他们依然坚持实行。
也就是说，对于其在新物价环境下的边际使用者成本，雇主们

也许小看了。

（2）雇主必须给固定收入者分配一部分利润，因为这部分利润的规定者是货币。所以，即便产量固定，物价上升也会带来收入的再次分配，这种收入的再次分配对固定收入者不利，而对雇主有利，消费倾向可能也会受到影响。可是这种过程并不是开始于实现充分就业以后，而一直出现在支出逐渐上升的这段时间内。假设固定收入者不仅比雇主节约，而且其实际收入又在下降，那么为了实现充分就业，其所需的货币数量的上升和利率的下降的程度要小于反方向假设（也就是雇主比固定收入者节约）的程度。在实现充分就业以后，如果一直适用第一种假设，那么当物价再次上升时，为了避免物价无节制地上涨，就必须提高利率，也说明货币数量的上升比例也会比支出增加的比例要小。如果适用第二种假设，那么情况就完全反过来了。因为固定收入者这个阶层会因为实际收入的下降而变得穷困，所以可能会出现一个转折点，从前一个假设过渡到后一个假设，不管是在实现充分就业前，还是在实现充分就业后，这一点都可以达到。

IV

通货膨胀和通货紧缩明显是不协调的，可是如果把有效需求压缩到充分就业所要求的水平以下，那么就业量和物价都会下降，可是如果把有效需求扩大到这个水平以下，那么受影响的就只有物价，这一点可能会让人费解。可是这种不协调，却正好反映了这一事实：如果某就业量的边际负效用比真实工资高，那么劳工就可以对这项工作说不，让该就业量无法实现。可是劳工却不能因为某就业量的边际负效用比真实工资小，而要求别人一定要提供该就业量。

第二十一章
物价论

I

经济学家在对价值论进行探讨时，一直声称物价由供需情况决定，边际成本和短期供给弹性所占的地位尤为重要。可是当他们抵达第二卷，或者另一本书中，对所谓货币和物价论进行探讨时，我们似乎到了另一个世界。这些通俗易懂的概念都不见了，取而代之的是物价的决定因素，像货币的数量、货币的收入流通速度、流通速度和交易额之比、囤积、强制性储蓄、通货膨胀或紧缩等。可是，根本没有人想把这些虚无的名词和之前的供需弹性等观念联系在一起。如果我们反思一下人家传授给我们的东西，并想办法让其合乎情理，那么在更浅显的讨论中，好像是假设供给弹性一定要为零，需求和货币数量一定要成比例。可是到了更复杂的情况，我们就像到了迷宫一样，什么都不知道了，也充满了无限可能。我们都已经习惯了，在这种难以捉摸的东西左右徘徊，自己也不清楚如何在两边过渡，二者之间好像存在着睡与醒的关系。

前面各个章节，其中的一个目的就是为了预防这种举棋不定的探讨，而使整个物价论和价值论再次联系起来。我觉得将经济学分成一部分是价值论与分配论，另一部分是货币论，这样是极其不科学的。我觉得应该这样分才对：一是有关一个企业或一个行业的理论，研究一特定量资源怎样在各种用途间分配，又会得到什么样的回报等，二是对社会整体都适用的产量论和就业论。如果我们的研究只适用于一个行业或一个企业，那么假设就业资源的总量是固定的，又暂时假设其他行业或其他企业的情况是固定的，那么我们完全可以不考虑货币的特点。可是当我们进一步对社会整体的产量和就业量由什么来决定进行探讨时，我们就需要一个有关货币经济（Monetary Economy）的整体理论。

也许我们还可以这样划分：一面是静态均衡论（theory of stationary equilibrium），另一面是动态均衡论（theory of shifting equilibrium）。如果有一种经济体系适用于后一种理论，那么当前的情况就会受到将来不同观点的影响。我们之所以这样划分，就是因为货币的重要性主要来源于货币现在和将来的关系。我们可以先探讨一下：如果在一个经济体系中，人们是以不变的、稳定的眼光看待将来，人们的活动也是遵循正常经济动机，那么在均衡状态下，资源应该在各种用途间怎样分配。这种经济体系还能进一步划分，一是一点变化都没有的经济体制，二是尽管经济体制会随时变化，但都在掌握中。我们可以从这个简化了的理论出发，进而开始探讨各种实际生活中的问题。在实际生活中，也许曾经的预期不会出现，而现在对于将来的预期又会对现在的行为产生影响。当我们进入到第二种讨论时，我们就必须考虑把现在和将来联系起来的货币有什么特点。尽管动态均衡论依据的一定是货币经济，可是依然是一个价值论或分配论，而不是一个独立的货币理论。货币最重要的属性既然把现在和将来灵活地联系在了一起，那么我们只有把货币利用起来，要不然就根本无法探讨预期发生变化时，现在的活动会受到什么影响？就算取消金银和法偿工具，我们依然要和货币捆绑在一起。只要存在任何持久性的资产，这种资产就会有货币属性，货币经济所特有的很多问题就会出现。

II

如果我们只对单独一个行业进行讨论，那么产物的价格水平，就由边际成本中的各生产原素的价格和生产规模共同来决定。我们找不出来这个结论不能在所有工业中适用的原因。所以一般物价水准（general price-level），既取决于边际成本中各生产原素的价格，也取决于生产规模。可是，当我们假设技术和设备固定不变时，生产规模就是就业量。当然，我们在对社会总产量进行探讨时，我们要考虑：不管哪个行业，其生产成本都一定程度上取决于其他行业的产量，可是比这个更重要的是，我们更要考虑到的是，需求的变化会对成本和产量产生什么影响。我们的创新之处都体现在需求方面——当我们是对总需求进行探讨，而不是对单独一种商品的需求进行探讨（假设总需求固定）时。

Ⅲ

假如我们把情况看得简单一点，假设边际成本中各生产原素的回报的变化比例是相同的，也就是说，都随着工资单位的变化而发生相同比例的改变，又假设技术和设备是固定的，那么一般物价水准，就取决于工资单位和就业量这两个因素。所以，货币数量的改变对物价水平所产生的影响，是综合了两种影响，一是货币数量给工资单位带来的影响，二是货币数量给就业量带来的影响。

为了对这种概念进行解释，我们再把情况弄得简单一点，假设（1）从生产效率的角度来说，所有失业资源都是一样的，可以彼此交换；（2）边际成本中的各生产原素，只要还没有充分就业，就不会要求增加货币工资。在这种情况下，则只要存在失业现象，那么工资单位就不会发生变化，生产的回报也不会发生变化。所以，当货币数量上升时，如果还存在失业现象，那么物价就不会受到影响。随着有效需求的增加，就业量也会同比上升，而有效需求的增加则是因为货币数量的上升所带来的。可是，一旦实现充分就业，工资单位和物价就会因为有效需求的增加而同比上升。所以假设存在失业现象时，供给就有完全弹性（perfectly elastic），实现充分就业以后，供给就失去了弹性；又假设有效需求的变化比例和货币数量的变化比例刚好一样，那么货币数量就可以像这样描述："存在失业现象时，就业量会因为货币数量的改变而发生同比变化，一旦实现充分就业以后，物价则会因为货币数量的变化而发生同比变化。"

为了使情况变得简单一点，我们已经引入了很多假设，货币数量才能够成立，这算是和一直以来的传统相吻合了。现在我们接着来讨论，实际上参加其中的有哪些可能性因素：

（1）有效需求的变化和货币数量的变化并不刚好成相同比例。

（2）资源的特性并不是相同的，所以当就业量一步步上升时，回报不会不变，而是会越来越少。

（3）资源并不能相互替代，所以，虽然有些商品的供给已经彻底没有弹性时，有些商品还依然有失业资源，可以用于生产。

（4）在没有实现充分就业以前，工资单位有上升的态势。

（5）边际成本中各生产原素的回报，发生变化时的比例并不一样。

所以我们首先要考虑，货币数量的变化会如何影响有效需求量的效果。通常情况下，增加的有效需求会用于两个方面，一是就业量的增加，二是物价水平的提高。所以实际上并不是存在失业现象时，物价不变，只要实现充分就业，物价就会因为货币数量的上升而同比上升；而是当就业量上升时，物价会逐渐上涨。既然物价理论可对货币数量和物价水平之间的关系进行研究，从而对货币数量的变化起到决定性作用时，物价弹性会有什么样的反应，所以，上述所列举的五个复杂因素都必须进行仔细研究。

现在我们就依次来进行讨论。尽管我们是逐个讨论，可是我们不能把这些因素看作是完全独立的。打比方来说，有效需求上升，可用于产量的增加，也可用于物价的上升，这两部分分别占到多大的比例，会对货币数量和有效需求量之间的关系产生影响。又比如说，各生产原素所得回报的改变比例不一样，也会产生这样的作用。我们研究的宗旨，不在于制造出一部机器，或者一种模糊的计算方法，让我们可以得到一个准确的答案，而在于让我们具有一种条理分明的思维方法，对很多具体问题进行探讨。我们先隔离开这些复杂因素，得到一个初步的结论，之后再尽我们所能，对这些因素之间可能有的关系进行考虑。考虑经济方面更应该是这样，除此以外的其他办法，运用死板的思维原则，都会有漏洞。可是如果没有这些原则的话，我们又会不知道该怎么办才好了。用符号的假数学的方法把一组经济分析变成公式，再进行形式化，就如同本章第六节要做的那样，其最大的坏处就在于：这些方法都明确假设其所探讨的各个要素是完全独立的。如果这个假设被推翻，那么这样的方法所产生的作用和影响力就全部消失了。在平常交谈中，我们并不是像无头苍蝇一样乱撞，而很清楚自己正在做的事是什么，文字代表了什么意义，又牢牢记着以后要进行的调整。可是我们却不能把复杂的偏微分写在几页代数的书角上，因为这几页完全假设不存在这些偏微分。近代所谓"数理"经济学，有很大程度上都是硬拼凑的，其准确度还赶不上一开始所依据的假设，而其作者，却得意扬扬于一点价值都没有的符号迷阵中，完全忘记了现实世界的复杂性和相互联通性。

IV

（1）货币数量的变化给有效需求带来的最主要的影响，来源于货币数量可以对利率起到决定性作用。如果只会产生这样的反应，那么影响有多大，可以根据这样三个因素推断出来：（a）灵活偏好表，从这个表中，我们可以知道，利率一定要降到什么程度，新货币才会有人愿意吸收；（b）从资本的边际效率表，我们可以知道，利率降低一特定量时，投资将增加多少；还有（c）投资乘数会告诉我们，投资增加一特定量时，总有效需求会增加多少。

可是（a）、（b）、（c）三点也一定程度上关系到（2）、（3）、（4）、（5）个复杂因素，我们还没有对后者进行讨论。如果我们把这点忘了，那么上面的研究尽管有意义，可以让我们的研究上一个台阶，有入手的地方，可是太简单了，已经到了让人极易产生误解的程度。因为灵活偏好表本身也关系到收入和业务两种动机会把多少新货币吸收进来，而这个吸收量的多少，又和有效需求增加的大小，以及这个增加量的分配法息息相关：用来提高了多少物价，工资增加了多少，产量和就业量又增加了多少。而资本的边际效率表，则关系到货币数量上升所带来是不是会影响到人们对将来货币情况的预期。当有效需求增加，收入增加时，这种新的收入分配方法会对投资系数产生影响。上面所说的种种，当然不会把所有可能的反应都包括进去。可是如果我们得到所有资料，那么找到一组联立方程式，把具体结果求出来也不算太难。比如说，我们可以明白，当考虑所有因素以后，便可得到一个特定的有效需求量的增加值，和特定的货币增量相对应并保持均衡。而且也只有在非常特殊的情况下，货币数量的增加反倒会减少有效需求量。

有效需求量和货币数量之比，类似于一般所说的"货币的收入和流通速度"，区别只是，有效需求和预期的收入（即决定生产活动的收入）相似，而不是真正实现的收入，相当于毛收入，而不是净收入。可是"货币的收入流通速度"本身也只是一个名词，没有解释什么。而且我们也找不出来预期其不变的理由，因为前面说过，这个速度是由很多复杂变化的因素所决定的。我觉得用这样一个名词，反倒模糊了真正的因果关系，没有什么意义，只会弄得一团糟。

（2）前面讲过（第四章第三节），回报递减和回报固定不变的不同之处在于，一定程度上取决于工人得到的回报是不是和其效率刚好成比例。假设刚好成比例，那么当就业量上升时，劳力成本（用工资单位计算）将固定。可是，如果某一级劳工收入的工资不和效率挂钩，统统一样，那么不管资本设备的效率是什么样的，劳力成本都会递增。如果资本设备的效率也有差别，把某部分设备用于生产时会带来单位产品的直接成本上升。如此一来，边际直接成本也会上升，除了因为劳力成本的递增以外，还有了另一个因素。

所以，一般情况下，一定要增加供给价格，才能在一特定设备上增加产量。所以不管工资单位有没有发生变化，产量增加总会带来物价的上升。

（3）在（2）中，我们已经想到供给弹性也许不太充分。假设各种专业化的失业资源配合默契，那么各该资源可以一起实现充分就业。可是通常情况下，有些商品或劳役的产量已达到这样一个水平时，该商品或劳役的供给将暂时失去弹性的水平，而在其他方向，那么就会有很多剩余资源没有就业。所以当产量上升时，会衍生出一组"瓶颈"（bottle-necks），换句话说，很多种商品已经完全没有供给弹性，所以其价格一定会上升到使其需求转变方向的程度。

所以，当产量上升时，只要每种资源都还有剩余，不管有没有就业者，那么一般物价水准基本上不会涨得太厉害。可是当产量已经增加到出现"瓶颈"现象时，一些商品的价格就会急剧上涨。

此项和（2）项所谓供给弹性，一定程度上取决于时间的长短。如果时间过长，资本设备的数量也会发生变化，那么供给弹性的值，肯定是末期比初期大。所以当失业率很高时，如果有效需求适当增加，那么这个增量极少用于提高物价，主要都用于增加就业量了。如果增加较大，而且让人猝不及防，导致短时间内引起"瓶颈"现象，那么有效需求用于物价上升（和就业量区别开）方面，初期就要大于后期。

（4）在充分就业没有实现以前，工资单位就会呈上升的态势，这一点已不需要多加说明了。如果其他情况不变，那么每个工人集团都会因为本身工资的上涨而受益，所以，如果所有集团都要求提高工资，而且理直气壮，那么当雇主们经营状况良好时，他们也乐于满足这种要求。所以，当有效需求上升时，也许有一部分会被工资单位的上升态势所吸收。

所以，虽然充分就业是一个最后分界点（critical point），到达这点以后，如果有效需求（用货币计算）继续增加，那么随着工资品价格的上涨，货币工资肯定会同比上升。可是在这点以前，还存在一组半分界点（semi-critical points），在这些点上，当有效需求上升时，货币工资也会上升，只是上升比例比不上工资品价格的上升比例而已。有效需求下降时也是如此。在现实生活中，有效需求稍一发生变化，工资单位并不会马上发生变化，它的变化是断断续续的。这些不连续点取决于工人的心理和雇主与工会的政策。在一国际经济体系中，如果一国变更了其工资单位，那么各国之间的工资成本就会相应发生变化。在一商业循环中，就算在一封闭体系内，工资的变化也会让现行工资成本和将来预期工资成本产生相应的变化，所以，这些断断续续的半分界点，可能在现实中有很大的价值。又因为在这些点上，有效需求（衡量单位是货币）如果继续增加，便会使工资单位断断续续地上升，所以从某个角度来看，这些点可以叫作半通货膨胀（semi-inflation），有些类似于下面所说的绝对通货膨胀，尽管相似程度非常低。而绝对通货膨胀是指，在充分就业情况下，继续增加有效需求会出现的情况。还有在历史上，这些点具有非常重大的价值，可是想要用理论来归纳比较难。

（5）本章第三节一开头，就假设边际成本中各生产要素的回报的变化幅度是一样的。可实际上，如果用货币计算各种生产原素的回报表现出来的刚性程度很不一样，那么。当货币回报发生变化时，其供给弹性也会不同。如果不是这样的话，那我们可以说，物价水准取决于工资单位和就业量这两个因素。

在边际成本中，其改变比例可能和工资单位不太一样，而且其变动范围最大者要属边际使用者成本。假如当有效需求上升时，人们对之前的预期进行了调整，觉得设备复购之日会提前到来。假设真的出现这种情况（通常有），那么在就业状态有所改善时，边际使用者成本就会大幅度攀升。

考虑多重目的，假设边际直接成本中，各生产原素所得的回报和工资单位一起发生同比变化，当然是一个极有价值的最接近值，可是更好一点的办法是，将边际直接成本中各生产的回报加权平均，叫作成本单位（cost-unit）。成本单位可看作价值最基本的标准。如果各生产原素的回报发生变化的幅度的确是一样的，那么工资单位也会以这个为标准。假设技术和设备固定，那么物价水准不仅取决于成本单位，也取决于生产规模。因为短期间会出现报酬递减现象，所以当产量上升时，物价水平的上升比例会比成本单位的上升比例要高。假设产量已经达到一种各生产原素代表的单位边际产物，和各该生产原素为了持续该产量所要求的最低（实际）回报相等的水平时，就已经实现了充分就业。

V

假如有效需求的继续增加，已无法再起到增加产量的作用，只会让成本单位因为有效需求的上升而同比上升，那么，这种情况就可以叫作真正的通货膨胀。到这点为止，货币膨胀的效果只是一个程度上的区分。在这一点以前，我们无法找到一个可以借此划分界线的点，而且这个分界线代表已经进入了通货膨胀。因为在这点以前，货币数量只要上升一次，有效需求就会上升，所以其有这样两个方面的作用，一是提高成本单位，二是提升产量。

在这个通货膨胀是否发生的分界线的两边的状况并不是对

称的。如果有效需求（以货币计算）降到这个边界线以下，那么，若用成本单位计算，有效需求的数量也会下降。可是如果有效需求量（以货币计算）在这个分界线以上，那么通常情况下，如果仍然采用成本这个计算单位的话，其数量不会上升。这个结果是以一个假设为前提的，那就是生产原素（特别是工人）总会反抗货币报酬的下降，可是当货币报酬上升时，他们却没有理由。这个假设明显不符合事实，因为，如果货币报酬的变化只是局部，而不是整体的，那么这个局部的原素将会受益于其货币报酬的上升，受损于其下降。

相反，假设就业量比充分就业时小，货币工资就会持续下降，那么这种不对称就不存在了。可是在这种情况下，只有当利率已经不能下降了，或者工资已为零，工资在充分就业以下才会有安定的点。实际上，在货币经济体系中，我们必须拥有很多原素，价值才能保持稳定，即便这些原素的货币价值是变化的，最起码刚性十足。

有人认为，任何货币数量的上升都有通货膨胀性。除非我们认为"通货膨胀性"一词的意思只是物价上升，要不然我们依然是以经典学派的基本假设为前提的。这个假设是说，生产原素的实际报酬下降时，其供给量肯定会下降。

VI

现在我们可以用第二十章中所用的符号，对上面的要义进行表示了。

假设 M 代表货币数量，V 代表货币的收入流通速度（这个定义稍微不同于一般情况，本章第四节 [1] 已经交代过），D 代表有效需求，那么 MV = D。假设 V 是常数，又假设，$e_p = \frac{Ddp}{pdD} = 1$，那么物价的变化比例和货币数量的变化比例就是一样的。e_p 等于 1 这个条件，乃 $e_o = 0$，或 $e_w = 1$（第二十章第一节末）。$e_w = 1$ 表示的是，随着有效需求的上升，货币工资也会以相同比例上升，所以根据概念，如果 $e_o = 0$，因为 $e_o = \frac{Ddo}{OdD}$，所以代表的是，当有效需求持续增加时，产量就不会再有反应了。在上面两种情况下，产量都不变。

同时，如果 V 是个变数，那么就必须再把一个弹性引进来，也就是有效需求对货币数量的弹性，表示为

$$e_d = \frac{M}{D} \cdot \frac{dD}{dM}$$

所以 $\frac{M}{p} \cdot \frac{dp}{dM} = e_p \cdot e_d$，其中 $e_p = 1 - e_e \cdot e'_o (1 - e_w)$

$e'_o = \frac{N}{O} \cdot \frac{dO}{dN}$；所以

$$e = e_d - (1 - e_w) e_d \cdot e_e \cdot e'_o$$
$$= e_d (1 - e_e \cdot e'_o + e_e \cdot e'_o \cdot e_w)$$

其中 e 表示的是 $\frac{M}{p} \cdot \frac{dp}{dM}$。e 是金字塔的塔顶，会对货币价格因为货币数量的改变所产生的反应进行衡量。

最后一式所代表的是货币数量的比例变化所带来的物价的比例变化，所以这个式子可以被看作货币数量说的推广。我自己不太关注这种计算，我愿意再重申一遍上面所提的醒：这种计算也和平常的计算一样，暗自假设着自变数是什么，而忽略

很多偏微分式。我严重怀疑，相比平常的计算方式，这种计算又会好多少。用公式把货币数量和物价的关系表示出来，其最大的意义可能只在于指出这二者的关系有多么复杂。货币数量的变化会对物价产生什么样的影响，取决于 e_d、e_w、e_e 以及 e_o。在这四者中，e_d 代表的是灵活偏好因素，对每种情况下货币的需求进行决定；e_w 代表的是劳力因素（更准确点来说，是代表直接成本中的各生产原素），对货币工资因为就业量上升而上升的幅度予以决定；e_e 和 e_o 代表的是物质因素，对现有设备上增加工人时报酬递减的速度进行决定。

假设公众所持有的货币，通常和其收入维持相应的比例，那么 $e_d = 1$；假设货币工资不变，那么 $e_w = 0$；假设生产回报不变，那么边际报酬和平均报酬相等，$e_e e'_o = 1$；假设劳力或设备已实现充分就业，那么 $e_e e'_o = 0$。

如果 (a) $e_d = 1$，$e_w = 1$；抑或 (b) $e_d = 1$，$e_w = 0$，$e_e e'_o = 0$；抑或 (c) $e_d = 1$，$e'_o = 0$；那么 $e = 1$。可是，通常情况下，e 并不等于 1。我们可以果断地给出一个结论：不管前提是什么，只要不太偏离现实，又不对"通货逃避"（flight form the currency）情况（如果出现通货逃避情况，那么 e_d 和 e_w 会变大），进行探讨，那么 e 也许一直比 1 小。

VII

以上的论述是从短时期的角度展开的，重点在于对短时期内，货币数量的变化会对物价带来什么样的影响进行探讨。在长时期中，关系能不能简化呢？

这个问题的答案最好从历史中总结得出，而不要单从理论上进行探讨。假设在长时期中，灵活偏好状态非常有规律，那么从悲观时期和乐观时期的平均值展开探讨，那么在国民收入和货币数量之间，基本上都会存在某种关系。比如说，人们愿意动用国民收入的多大比例用于储蓄，在长时期内可能会比较稳定。所以在长时期内，假如利率比某种心理上的最低限度高，人们就不会以货币的形式保持超过这个比例的国民收入。所以，如果除流通所需货币以外，人们持有的货币量在国民收入中所占的比例要比这个比例高得多，那么经济体系早晚会表现出利率下降的趋势，直到利率达到最低水平。如果在其他条件不变的情况下，利率下降，那么有效需求就会增加，进而到达一个或一个以上的半分界点，于是工资单位就会不间断地上升，物价也因此受到影响。如果剩余货币数量在国民收入中只占据很小的比例，那么就会出现相反的态势。所以在一段时间内，利率变化的净结果就是确立一个平均值，以和国民收入与货币数量之间的稳定比数相适应——这个稳定比数因为是以群众心理为基础，所以早晚会复原。

这种趋势朝上发展所遇到的阻力要比往下发展所遇到的阻力小。可是如果货币数量一直以来都有很大的缺口，那么解决这个难题最常见的方法就是改变货币本位或货币制度，从而把货币数量提高，而不是把工资单位往下压，导致债务负担的增加。所以，从非常长一段时间展开讨论，物价总归是朝上发展的，因为货币充裕时，工资单位会上升，而货币稀缺时，总有办法增加货币的有效数量。

19世纪以前，选取每十年的平均数字作为样本展开讨论，因为人口数量的上升、发明层出不穷、新区域的开发、公众的信心增强、纷繁的战事和消费倾向这些因素的影响，好像已足够描绘出一个资本的边际效率表。这样一来，不仅就业的平均水平达到令人非常满意的程度，而且其他方面的利率也高到财富持有人在心理上觉得可以认可的程度。从记载中，我们了解到，大约有150年这么长的时间，各主要金融中心中极具代表性的长期利率，年息一直都是5厘左右，金边债券（gilt-edged securities）的利率，年息也一直保持在3厘和3.5厘之间。可是这种利率，在当时还算低的，在这个利率下的投资量，还可以使平均就业量不至于太低。有时对工资单位进行调整，可是货币本位或货币制度还是调整幅度最大的，其中最突出的就是银行货币的运用。调整以后，货币数量（用工资单位计算）完全可以对正常的灵活偏好进行满足，而利率和上述标准利率相比，又不会低得很厉害。工资单位的趋势和以往一样，基本上都是呈上升的态势，可是劳力的效率也在上升。各种力量相匹敌，所以物价非常稳定，——根据索贝克（Sauerbeck）物价指数，在1820年至1914年，如果选择5年平均数作为样本，那么最高者与最低者之间只相差50%。这个也是意料之中的。论者觉得这个情势的出现，缘于各种力量的均衡。因为在这一时期中，各雇主集团的实力都非常强，所以工资单位的上升速度不会比生产效率的增加速度高多少，而且金融体系不仅活跃，又非常传统，其所提供的平均货币数量（用工资单位计算），使得平均利率刚好和财富持有人在其灵活偏好势力之下所乐意接受的最低利率相等。当然，平均就业量要远低于充分就业，可是也没有低到让人无法接受，以致带来革命的程度。

现在（将来基本上也是这样）情况则不一样，因为各种各样的原因，资本的边际效率表要远低于 19 世纪。当代问题之所以如此激烈而非同一般，就是因为平均利率降低的水平，会使平均就业量非常科学而造成的，可是这却让财富持有人难以忍受，而我们想只在货币数量上下功夫，使利率降到这个水平是很难的。假如只要货币供给量（用工资单位计算）充裕，那么，20—30 年以内的平均就业量就会非常合理。如果问题只是这样，那么 19 世纪就可以找到解决办法了。如果这个问题只存在于现在，也就说，如果我们所需要的，只是适度的通货贬值，那么现在我们一定可以找到一个解决办法。

可是在当代经济体系中，截至现在（也许将来也是这样），一般财富持有人所愿意接受的最低利率是稳定、最不可动摇的因素。假如要使就业量趋向于合理，那么利率就一定要远低于 19 世纪的平均利率，那么这种利率是不是只对货币数量进行操控就可以实现，就成了一个很大的疑问。资本的边际效率，就是借款者预期可以得到的收益，可是从这项收益中，还必须把（1）把借贷两方拉到一起的费用，（2）所得税及附加税，和（3）补偿贷款者所承担的风险都减掉，减剩之数，才是净收益，才能够作为财富所有人放弃周转灵活性所付出的代价。如果平均就业量还算合量，这个净收益就不值一提，那么一直以来的方法可能就失去了效用。

再回到我们现在所讨论的课题。在长时间以内，国民收入和货币数量的关系取决于灵活偏好，而物价是否稳定，则取决于工资单位，（或说得更准确些，成本单位）的上升，比之生产效率的上升二者的速度谁快谁慢。

第六编

通论引起的几篇短论

第二十二章
略论商业循环

上面各个章节都是在对任何一时间对就业量起到决定性作用的各种因素进行探讨，如果这个理论没有问题，那么它就可以对商业循环现象进行解释。

假设对任何一商业循环实例进行详细研究，我们就会发现其复杂性。要想对其进行充分的解释，那么上面分析中的各个因素都可以派上用场，用处最大的要属消费倾向、灵活偏好状态和资本的边际效率。这三者的变化在商业循环中都发挥了自己的作用，可是我觉得商业循环之所以可以叫作循环，特别是在时间次序和期限长短上的规律性，主要是因为资本边际效率的变化。当资本的边际效率发生变化时，经济体系中的其他重要短期因素也会跟着发生变化，所以情况会变得更加复杂，更难以理解。可是我觉得商业循环最重要的原因还是资本边际效率的循环性变化。要想对这个论点进行论述，就必须详细研究事实，得用去一本书那么多的篇幅，一章肯定是不够用的。下面短短几节只是以上述理论为依据，给出一个研究思路而已。

I

所谓循环运动（cyclical movement），是指当经济体系向前发展时，其推动力会慢慢变大，然后彼此增强，然后衰弱，抵达某一点时，会出现向下的驱动力，也是先变大，彼此增强，达到最高点后衰退，之后被相反的力量（向上力）所取代。可是我们所说的循环运动并不仅仅是指：一旦出现向上或向下的态势，不会沿同一方向持续进行下去，最后物极必反。我们还指：不管是向上运动，还是向下运动，其在时间和期限上的长短，其规则性都非常明显。

要想对商业循环进行完全解释，还必须关注这样一个特点，那就是恐慌（crisis）现象。换句话说，我们要对向上趋势转变成向下趋势，转变得十分骤然、剧烈，可是向下趋势变成向上趋势时，一般来说，并无尖锐转折点进行说明。

假设消费倾向固定，那么投资量的变化一定会带来就业量的变化。可是投资量的决定性因素却非常复杂，所以强行说投资本身的所有变化，或资本边际效率的所有变动都具有循环性也不太合理。变动的一种特殊情况就是，经由农业变化所带来的商业循环，将在本章下面一个章节进行专门探讨。尽管这样，我还是觉得在19世纪的环境下，从工业上极具代表性的商业循环展开讨论，我们完全有理由相信，资本的边际效率的变化确实有循环性。理由本身也不陌生，也经常被人用来对商业循环进行解释。这里只是把这些理由和上述理论联系在一起。

II

我觉得从经济繁荣（boom）的后期，"恐慌"来临时开始说比较好。

前面我们讲过，资本的边际效率，不仅取决于现有资本品的数量和现在生产成本的大小，还取决于现在人们如何预期资本品的将来收益。所以如果是持久性资本品，在决定新投资量时，人们对将来的预期理所当然就会产生很大的影响。可是预期的根基太微弱了，其物证也千变万化，所以预期常会突然发生激烈的变化。

一直以来，我们在对"恐慌"进行解释时，都把关注的焦点放在利率上涨方面。觉得利率上升的原因是商业和投机两方面对货币有更大的需求。虽然这个因素有时会让事态变得严重，偶尔也带来恐慌，可是我觉得，一个极具代表性的（经常是最常见的）恐慌并不是利率上升带来的，而是资本的边际效率忽然崩塌。

繁荣后期的特点，是人们乐观地估计资本品的未来收益，所以即便资本品越来越多，其生产成本也越来越高，或利率的上升，都不会对投资的增加带来影响。可是在有组织的投资市场上，大部分购买者都对自己所购的东西一无所知，投机者所关注的，也不在于合理预测资本资产的未来收益，而在于估计在最近的将来，市场情绪会发生什么样的变化，所以在估计过于乐观，购买太多的市场上，失望的降临也会来势汹汹。此外，资本的边际效率一旦崩塌，人们也会因此对将来感到失望，觉得前景灰暗，于是灵活偏好快速增加，利率也随之上升。资本的边际效率崩塌时，经常附带利率的上升，这一点会让投资量大量衰退。可是事态的核心依然在于资本边际效率的崩塌——特别是之前大受人们青睐的资本品。而灵活偏好，则除了由于业务的增加或投机的增加所带来以外，须在资本的边际效率崩塌以后才会上升。

正因为这样，所以才导致经济衰退（slump）极难应对。以后，降低利率会对经济复苏（recovery）非常有利，而且可能是后者的必要条件。可是在现在，资本的边际效率也许崩塌到一种程度，导致在现实可行范围内，不管利率如何下降，都不能使经济复苏。如果降低利率本身是一种行之有效的弥补办法，那么在金融当局的直接掌控下，不需要经过漫长的时间就可以使经济复苏。可是事实通常不是这样，要想恢复资本的边际效率，其实难度还很大，而且资本的边际效率是由难以管控、任意妄为的市场心理所决定的。直白点来说，在个人主义的资本主义经济体系中，最难以操控，最不好恢复的就是信任心。银行家和工商界一直都非常关注经济衰退，实在是对的，而经济学家反倒不够关注，因为后者过分相信"纯货币的"的弥补办法。

这就说到了我的论点。要想对商业循环中的时间因素进行说明，即想对为什么要经过一定时间以后，经济才会开始复苏进行说明，一定要先对资本的边际效率会在什么样的情况下才会复苏进行追踪。有两个方面的原因（一是来源于持久性资产的寿命和某时代中人口的增长速度之间的关系，二是来源于过剩存货的保藏费），使得向下运动的时间上有长短之分，不是这次 1 年，下次 10 年的变化，而是比较有规则性，始终在 3—5 年徘徊。

现在再回到恐慌情况。只要经济持续繁荣，那么很多新投资现阶段的收益就会很可观。当人们突然开始质疑未来收益的可靠性，或者看到新生产出来的持久性物品的数量持续上升，现在收益呈下降的趋势时，人们就会觉得希望破灭。如果人们觉得当前生产成本要高于以后，那么资本的边际效率下降的原因就又多了一个。质疑一旦出现，就会快速传播开去，所以一开始经济衰退时，可能有很多资本品的边际效率变成不值一提，甚至是负数。经过一段时间以后，因为使用、侵蚀或损耗等原因，资本品又变得稀缺，于是边际效率再次上升。这段时间的长短，可能是一时代（epoch）资本品的平均寿命的函数，而且这函数关系很稳定。如果时代的特点发生变化，那么标准的时间间隔也会有所变化。如果从人口递增时期进入人口递减时期，那么衰退期就会越来越长。通过上面的论述，我们了解到，衰退时期的长短和持久性资产的寿命，还有某时代人口的正常增加速度之间为什么有具体的关系。

第二个稳定的时间因素，来源于过剩存货的保藏费，由于有保藏费，所以在某一时期内，过剩存货必须使用完，这个时期必须刚好合适，不能太短，也不能太长。恐慌过后，新投资突然停了下来，可能会累积很多半制成品过剩的存货。这些存货的保藏费，基本上每年都不会小于 10%。所以其价格一定要下降，缩减产量，以至在 3—5 年内，把这些存货用完。吸收存货相当于负投资，所以在这个吸收的过程中，就业量受到的打击越发明显，一定要吸收完以后，就业量才会有明显的提升。

还有，在向下时期中，随着产量的下降，运用资本当然也会下降，这又是一项负投资。而且有很大的可能性，一旦开始衰退，这一项便会加剧下坡的趋势。在一个极具代表性的经济衰退中，一开始存货的投资可能会增加，有助于把运用资本方面的负投资抵消掉；在下一期，也许在短时间内，在存货和运用资本两方面都有负投资；经过最低点以后，存货方面也许还是负投资，可是运用资本方面已经再次投资，二者可抵消一部分。最后等到经济复苏已经开始一段时间以后，二者才会都对投资有利。正是因为这样一种环境，我们才必须研究：当持久品的投资量发生变化时，究竟会出现什么样的附加结果。如果持久品方面的投资下降，导致出现了一个循环性变化，那么在这个循环还没有走完一部分路程以前，这种投资很难复苏。

遗憾的是，如果资本的边际效率急剧下降，那么消费倾向也会受到不好的影响。因为前者会导致证券市场上的证券价格快速下降，这时对证券投资非常有兴趣的人，特别是投资款项来源于借款的人，当然会因为证券市价的下降而觉得沮丧。这样的人在决定消费量时，也许会极少受到收入多少的影响，更大限度上会受投资价值的影响。在如今的美国，公众都具有非常强烈的"证券意识"（stock-minded），证券市价上升，基本上会带来消费倾向的好转。这样的环境，当然会使资本的边际效率下降所带来的不利影响进一步恶化，可是直到现在为止，极少有人关注这个。

一旦经济开始复苏，我们当然非常清楚力量会多么强大。可是在经济衰退期，一时间固定资本和原料存货都有多余的，运用资本又在下降，那么资本的边际效率表也许会降到很低的一种水平，导致在现实可能范围以内，不管利率低到何种水平，新投资量都不能达到让人满意的水平。就拿现在的情形来说吧，市场的组织是这样，市场所受的影响又是那样，所以对于资本边际效率的推测也许会是很大的变化，远非变动利率可以抵消。不仅仅是这样，资本的边际效率下降时，证券市场也会趋向于下降，于是当我们对消费倾向的扩大有最大的需求时，消费倾向反倒下降了。在开放的经济体制下，只有当投资市场心理发生完全的转变时，才有可能避免就业量发生巨大的变化，可是我们没有理由预测这种变化是完全的。因此我得出了这样的结论：我们不能由私人决定当前投资量。

III

　　上述分析好像和有些人的观点一样，这些人觉得经济繁荣的特点是过度投资，为了防止以后出现经济衰退，仅有的一种办法就是以防出现过度投资的现象。当然，我们不能用低利率来对经济衰退进行预防，可是我们采用高利率的办法却可以预防经济过度繁荣的出现。通过上面的分析，这种观点是有理由可依的。

　　可是通过上面的论述所得出来的结论，会把我的分析曲解了，而且，在我看来，还犯了极其严重的错误。投资过度（over-investment）一词，还真是寓意不明，不仅可以用来指预期收益不可能实现的投资，抑或在出现大量失业时，无法进行的投资，还可以用来指另一种情况，其中每种资本品都非常充裕，所以即便在充分就业的情况下，也不能在该投资品的寿命中出现任何新投资，其收益比重置成本要高。准确来说，只有后一种情况，才可以叫作投资过度的意思是：如果投资继续增加，就意味着对资源的浪费。可是即便采用这种解释，即便这种投资过度是经济繁荣期间的一个正常特点，弥补的办法也不是提高利率。因为利率的提高，也许会对很多有用的投资造成阻碍，还会使消费倾向下降，而只有果断采取方案，比如说对收入进行再次分配或其他办法，从而带动消费倾向。

可是在我看来，只有采取前一种解释，才能说投资过度是经济繁荣的特点。我觉得在极具代表性的情况下，并不是资本已经足够充裕了，如果再多一些，社会整体便不能进行充分运用，而是进行投资的环境不仅不稳定，而且无法持久，所以投资预期无法实现。

当然，在繁荣时期，也许——甚至难免——有人会看花了眼，觉得有些资本资产的确会过量生产，其中有一部分不管用什么标准来衡量都是对资源的浪费。这样的情况，就算不在繁荣时期，也偶尔会出现。这可以说是投资方向错误（misdirected investment），可是在这个基础上，繁荣时期的一个重要特点就是在实现充分就业以后，有很多投资的确只能产生 2 厘的年息，可是人们预料会产生 6 厘的年息，便冲动地根据这个错误预期而出手，一旦真实真相显露出来，就会被过度失望所取代。于是有很多投资在充分就业的情况下，只能产生 2 厘的年息，可是人们预料其不仅无法生息，还会亏本，结果是新投资崩塌，出现失业的情况。于是在充分就业情况下，本来可以产生 2 厘年息的投资，现在不仅不能产生利息，还要亏本。我们似乎处于房荒的境地，可是如今的房子，却没人买得起。

所以要想对经济繁荣进行挽救，采用降低利率的方法比较可行，而不是采用提高利率的办法。利率的下降也许会让繁荣持续下去。弥补商业循环的好对策，不在于把繁荣取消，让我们一直处于半衰退的状态下，而在于把衰退取消，让我们一直处于接近繁荣的状态下。

经济繁荣以后，接下来必然会出现经济衰退，这是由利率和预期状态二者联合导致的。如果预期没有问题，那么利率太高就会和充分就业不相符。如果预期有问题的话，尽管利率很高，但事实上不会产生阻碍作用。理智地来看，尽管利率已经很高，可是过度乐观还可以战胜利率，这种状态就是经济繁荣。

我觉得，除了战争时期，我非常质疑在近期经验中，我们有没有出现过一个强烈的经济繁荣，其水平高到足以带来充分就业。1928—1929 年，美国虽然就业量可观，可是除了极少数非常专业化的工人集团以外，我没有发现劳力欠缺的现象。虽然有几个"瓶颈"，可是总产量还能够再扩大。如果所谓投资过度是指住宅的标准已经相当高，数量也非常丰富了，在充分就业的情况下，所有人都得到自己想要的，而房屋在其使用寿命中可以产生的收益也只能把其重置成本抵消，不能产生利润。而投资于运输、公用事业和农业改良等方面已经达到使将来收益足以弥补其重置成本的一点，假如继续增加，则不足以弥补了。如果是这样的解释，那么 1929 年，美国的投资还没有过度，相反，说当时美国出现这样的投资过度，倒显得可笑了。当时的实际情况、性质完全不一样。在过去 5 年内，新投资总量确实很大，所以如果用审慎的目光来看，如果再增加投资，其未来收益肯定会急剧下降。如果提前预料到了，那么资本的边际效率已经降到最低点，所以，只有把长期利率压到最低水平，或者预防人们过度投资于错误的方向，才能使"繁荣"持续下去，健全基础。当时事实刚好相反：利率已经高到可以阻碍新投资的地步，只有在投机冲动以下，面临过度发展风险的方向上，投资还可以持续。如果把利率提高到可以把这种投机冲动遏制住的话，那么所有科学的新投资被阻碍了。所以，如果大规模的新投资已经持续了一段时间，这时想采用提高利率的办法来弥补因此所出现的情况，无异于给病人看病而把病人看死了的情况。

像英美这样发达的国家，如果消费倾向就是现在这样的，又假设充分就业状态可以持续很长一段时间，那么新投资量也许会大到充分投资（full investment）的程度。所谓的充分投资，是指不管哪种持久品，只要再增加一些，则其总收益都不会比重置成本高。而且，也许在非常短的时间内（比如说 25 年或更短），就可以实现这个目标。千万不要觉得我曾经说过，这种意义上的充分投资状态在过去几乎没有出现过短暂的一瞬间，就觉得我不承认有这种可能性的存在。

更深入地来说，即便我们假设，在当代经济繁荣时期，确实会短时间内达到充分投资或投资过度（以上述定义为依据）的境地，我们依然不能用提高利率来弥补。如果真的出现这种情况，那么那些觉得病因在于消费欠缺的人就会觉得自己非常有理了。真正的弥补之道，是采用多种方法，像重新分配收入来增加消费倾向，使某特定就业水准通过一个小小的投资量就可以保持。

IV

有好几派学说，从不同的角度出发，都觉得就是因为消费不足，所以才导致当代社会出现就业不足的长期趋势。也就是说，因为社会习惯和财富分配才导致消费倾向过低。

在当前局势下（或最起码是在近期），投资量是被资本的边际效率和长期利率所掌控的，是没有规划性和被统治的。前者的掌控权掌握在私人手上，进行这种判断的人，要么进行投机，要么一无所知。所以资本的边际效率千变万化，而后者则是以成规的最低水平为基础，不能（或极少）下降。在这样的情况下，把这种学说当作现实施政的方针，当然没有问题。因为除此以外，没有其他的方法可以使平均就业量上升到更令人满意的水准。如果实际上已经无法增加投资量，那么，要想达到较高的就业水平，就只有增加消费了。

从实际政策的角度来看，我和这些学派的唯一区别就在于：我觉得他们太过于看重增加消费，而对于如今这个社会，增加投资还是有很多好处的。从理论的角度来看，他们之所以要受到批评，就在于他们没有关注到产量的增加方法可以有两个。即便我们准备让资本逐步增加，再把力量都集中到一块用于增加消费，我们也应该以开放性的眼光，认真考虑其他办法以后，再做出决定。我自己觉得，增加资本数量，使资本充裕些，会让社会受益良多。可是这只是一个现实判断，不是理论上一定要这样才行。

我也认为，最好的办法是两个方法同时进行。一方面想办法使投资量由社会来统驭，使资本的边际效率慢慢下降，同时采用各种政策来使消费倾向增加。在现有的消费倾向下，不管采取什么办法来对投资进行操控，也许都难以维持充分就业，所以两个政策可以同时实施。增加投资的同时提高消费。既然投资增加了，那么即便在当前消费倾向下，消费也一定会上升，以此和这个投资的增加相吻合。所谓提高消费，不是单单指这个，而是还要再上升一个台阶。

打个整数的比方来说。假设现在的平均产量要低于充分就业情况下可能会有的产量的15%，又假设在现在平均产量中，10% 为净投资，90% 为消费，还假设在当前消费倾向下，产量从100 上升到115，消费从90 上升到100，净投资从10 上升到15。所谓同时进行，是指我们也许可以对消费倾向进行修改，使之在充分就业的状态下，消费从90 上升到103，净投资从10 上升到12。

V

还有一种观点觉得，商业循环的解决不是通过增加消费的方法，也不是通过增加投资的方法，而是通过缩减求职人数的方法。也就是说，再次分配现有就业量，那么就业量或产量都不会再增加。

我认为实施这种计划还不到时候——相比增加消费计划，还不到时候。将来可能会有这么一天，那时所有人都会对空闲（leisure）的增加和收入的增加的利弊进行权衡，可是从现在的情势来看，好像大多数人都愿意选择增加收入，不愿意增加空

闲。我实在找不到什么完全的理由，可以强制性要求这些人有
更多的空闲时间。

VI

确实让人觉得匪夷所思，竟然有人认为商业循环的解决，
最好是通过提高利率的办法，未雨绸缪，在一开始就抑制住经
济繁荣。恐怕只有罗伯森的理论会拥护这种政策了。事实上，
他假设充分就业这种理想状态是不可能实现的，我们最多只能
希望实现一个比现在稳定一些，或者比平均水平高一些的就业
水平。

如果在抑制投资或消费倾向方面，没有更好的办法，又假
设已有状态基本上能持续下去，那么采用一种银行政策所定的
高利率，可以对过度的乐观主义者加以制止，使得经济繁荣一
开始就被扼杀，这样是不是反而好一些，还有待商榷。经济衰
退时期，由于不能实现预期，也许会造成很多浪费，如果提前
阻止了，可能有用投资（useful investment）的平均水平反倒还
会高一些。从其自身的假设出发，很难判断这个观点是否正确，
因为这是一个要用事实进行判断的问题，而它所依据的材料尚
显不足。这种看法恐怕把这样一点忽视了：那就是即便事后证
明投资方向是错的，可是因此所带来的消费增加还是有利于社
会的。所以即便是这种投资，也好过没有投资。还有，如果遇
到美国 1929 年那样的经济繁荣，手中又持有美国联邦储备制所
掌控的银行政策手段，那么即使当时的金融当局再贤德，也会
觉得难以下手。不管用其权限中的哪一项，结果都大同小异。

不管怎样，我觉得这种观点太失败命定论（defeatist），不仅风险大，而且根本没必要，对于现有经济体系中的不足表示默认，而没有想办法去弥补。

只要就业水平明显比前十年的平均水平要高，便需要马上把利率提高来进行控制，这种观点太残酷了。可是除了上面所说的罗伯森的理论拥护这种看法以外，其他为此种看法辩护的人大概是思维混乱，口说无凭。比如说，有人觉得在繁荣时期，投资会比储蓄高。提高利率不仅可以对投资起到遏制作用，还可以拉动储蓄，所以可以让均衡恢复。这种说法假设储蓄和投资可以不同，所以在没有特殊定义这两个名词前，这种说法是没有价值的。又有人说，虽然投资的增加会带来储蓄的增加，可是这种储蓄是不能要的，缺乏公正性的，因为物价通常也会因此上升。如果按照这个说法，那么不管现有产量和就业量发生什么样的改变，都会遭到非议。因为，物价的上涨的主要原因不是投资的上升，而是因为在短时间以内，生产上会出现报酬逐步下降的现象，抑或当产量上升时，成本单位（用货币计算）有上升的态势，所以随着产量的上升，供给价格也会跟着上升。假设短时期的供给价格是不变的，那么物价肯定也不变，可是当投资上升时，储蓄还是会跟着发生变化。储蓄的增加，来源于产量的增加，物价的上涨只是产量增加附带的而已，而且即便储蓄不变，可是消费倾向增加的话，物价依然会上涨。物价低落只能归因于产量的低迷。没有人可以合法地行使这种权利，为了廉价购买而降低产量。

又有人说，如果因为货币数量的上升，利率的下降，导致投资增加，那么这种投资增加就是不能要的。可是之前利率没有格外突出的优势，非保留不可，新货币也不能勉强人们接受。
既然利率下降了，交易量增加了，那么灵活偏好也会上升，增
发新货币就是为了实现这一目的。持有新货币的人，也是出于自
身意愿，不想以很低的利息贷出去。更有人说，经济繁荣的特点
是资本消费（也许是指负的净投资），也就是说，是过度的消费
倾向。除非将商业循环现象和"战后"欧洲币制崩溃时发生的通
货逃避现象弄混了，要不然事实就完全反过来。而且，即便这种
说法没错，那么要想治好投资不足，更合理的办法还是降低利率，
而不是提高利率。总的来说，我根本不知道这些思想是什么意
思——除非暗自加一个总产量不变的前提。可是一个理论假设产
量固定，当然用来对商业循环进行解释就是行不通的。

VII

一开始对商业循环进行研究的人，特别要提一下翟文思
（Jevons），他想从起于天时的农业变化中对商业循环进行解释，
而不是从工业现象着手。从上面的理论中，我们可以看出，循
着这个思路来对这个问题进行研究，倒是非常科学。也就是说
在如今，农产品的存量的不同，还是一年和他年之间造成投资
量有区别的主要原因之一。在翟文思写作时，这个原因肯定比
其他所有因素都要重要。他所收集到的资料，绝大部分都早于
他的写作时期，所以更是如此。

翟文思觉得商业循环之所以产生，主要原因就是农作物的
产量不稳定。其理论可以这样转述：假设某年大丰收，那么本
年产物用于以后数年（也就是积谷）食用的谷物存量也会明显

增加。销售这个积谷增加量的收入会被农民视为一年的收入，而且社会其他各阶层的支出却不会因为积谷量的增加而下降，所以这个增加量的售价来自于储蓄。也就是说，积谷量的增加是本年投资量的增加。即便物价快速下降，这个说法依然是说得通的。同理，如果某年收成不好，那么本年度的消费就要动用积谷，于是有一部分消费支出并不组成农民本年度的收入。也就是说，积谷的减少代表着本年投资的下降。所以假设其他方面的投资是固定的，那么在两年之间，一年增加了很多积谷，一年减少了很多积谷，这两年之间的总投资量可以有很大的差别。在以农业为支柱的国家，积谷变化这一个原因，足以压倒所有其他会让投资量发生增减变化的原因。所以，我们会在丰收的年份找到向上的转折点，而在歉收的年份找到向下的转折点。而能不能从物理上找到原因，让丰年和歉岁形成规律，当然就不属于我们的讨论范围了，这是另外一个问题。

最近又出现了很多学说，认为歉岁才对手工商者有利，而不是丰收。原因是，如果收成不好，那么工人们就会愿意接受实际回报低一点的工作，或者再次分配购买力，促进消费。我上面所说的，用农作物丰收和歉收现象来对商业循环进行解释，指的并不是这些学说。

可是在近代，农业变动这个原因没有那么重要了。理由是：一、在总产量中，农产物所占的比例越来越小；二、自从农产品走向国际化以后，世界各国的丰收和歉收可以相互抵消了，所以全世界农作物的产量的变化比例，要小于一国的变化比例。可是在过去，因为各国基本上都以本国作物为依靠，所以除了战事以外，农产品存量的变化是使得投资发生变化最重要的原因。

即便到了今天，要对投资量的多少进行决定，还要时刻关注农矿产原料的存积量有什么变化。进入经济低迷期以后，所有短时间内难以恢复的，我觉得主要是因为经济低迷期间的过多存货量在减少到正常状态的过程中，没有发挥出紧缩作用。经济繁荣一旦崩溃，因为累积的存货，所以崩溃速度不会太快，这样虽然可以解决眼前的难题，可是也是要付出代价的，以后复苏的速度也会慢得多。有时存货一定要减少得非常完全，经济才会开始复苏。如果存货方面没有负投资，那么如果在其他方面进行一定数量的投资，也许会出现向上运动。可是如果负投资持续出现，那么该投资量可能还不够。

美国刚开始实行"新政"时，可作为一个很好的案例。当罗斯福总统开始大量举债支出时，各种货物——特别是农产品——的存货都非常大。"新政"的一部分，就是用减少生产等办法，来想办法让存货减少。将存货量降到一个正常的水平是不可或缺的步骤，一定要这样做，可是在减少的过程中，在其他方面举债支出所产生的作用也大为削减，一定要完成这个过程以后，经济复苏才能走上正轨。

最近美国经验也对这一点进行了解释，制成品和半制成品二者的存货量的变化，可以在商业循环的主要起伏中带来次重要的波动。制造商根据他们对数月以后的消费量的预测，而对如今的生产规模进行调整。可是计算时总会出现错误，一般都是过高估计了。只要发现错误，那么短时期内，他们必须减少生产，使生产量低于现在的消费水平，让过多存货慢慢消耗完。这种步伐有时快，有时慢，会对投资量产生很大的影响，像在美国这样统计完备的国家，就可以显示在统计资料上。

第二十三章
略论重商主义、禁止高利贷法、加印货币以及诸消费不足说

I

大概 200 年以来，经济理论家和实行家都坚信，贸易顺差特别有利于一国，而贸易逆差则会有很大的风险。如果后者导致贵金属流向外国，那么风险就更大了。可是在最近 100 年内，却出现了不同意见。在大多数国家，大部分政治家和实行家还坚持传统的说法，尽管英国是最早出现相反意见的，可是在英国，依然有一半的政治家和实行家拥护旧学说。相反，差不多所有经济理论家都觉得担心这种事，真是多此一举，目光不够长远，国际贸易的机构会主动进行调节，只要是想办法对这种机构进行干涉的人，不仅会白费力气，还会让本国匮乏，国际分工的好处也会因此消失。我们可以根据传统，把这种旧的学说叫作重商主义（Mercantilism），把新说叫作自由贸易（Free Trade），可是这两个名词都有广义和狭义，读者要参考上下文进行解释。

通常情况下，近代经济学家不仅觉得国际分工所带来的好处，比实行重商主义办法也许会带来的好处要多，而且觉得重商主义理论是完完全全的思维混乱。

举个例子来说，马歇尔在说到重商主义时，虽然还寄予了一定的同情，可是对于重商主义者最核心的理论，他从来没有表示过认可，甚至压根儿没有提到他们论证中的真理部分。而这些成分具体是什么，接下来我会讨论。同样，在当代论辩中，认可自由贸易的经济学家，在像鼓励幼稚工业或贸易条件的改善等方面，在理论方面向重商主义者妥协了，可是这些都跟宗旨无关。本世纪最初 25 年内，在财政政策方面有很多争辩。据我了解，在这场论辩中，没有一个经济学家认可：保护政策也许可以让国内就业量上升。把我自己写的东西拿来作为案例，想来是最公道不过的了。1923 年，我还是经典学派的忠实拥护者，认可旧说，对于这个问题，曾经不遗余力地说过："如果有一件东西是保护政策毫无办法的，那就是治疗失业……拥护保护政策有很多理由，其中还有一部分是源于也许会得到，可是没多大可能的各种利益，所以不能进行简单作答。可是如果保护主义者觉得保护政策可以对失业进行治疗，那么保护主义的错误，可以说到了最无耻最可笑的地步。"当时有关早期重商主义理论也没有好的资料可以借鉴，因此我和先辈们一起，坚信重商主义是胡说八道。经典学说的控制力由此可见一斑。

II

让我先用自己的话，说出重商主义学说里面所包含的科学真理成分，之后再和重商主义者事实上所采用的论证进行对比。当然，实行重商主义可以得到的好处只对一国适用，而不会波及全球。

在开放式的状态下，当一个国家的财富正在快速增长时，这种愉悦的状态会因为新投资的动力欠缺而中止。假设对消费倾向起到决定性作用的社会政治环境和国民特性都固定，那么根据我们已经说明过的理由，如果想要国家持续往前发展，这种投资引诱的充分程度就起到了决定性作用。投资引诱既可来自于内部，也可以来自于外部（后者涵盖积累贵金属），二者合起来就是总投资。假设总投资量的多少完全取决于利润动机，那么国内的投资机会，在相当长的时间内，都由国内利率的高低来决定，而对外投资的多少，则取决于贸易顺差的大小。所以假设在一个社会内，国家如果不能直接进行投资，那么政府在经济方面，对国内利率和国际贸易差额二者进行关注也是合情合理的。

现在假设工资单位极其稳定，不会发生较大的变化（这个条件差不多总是满足的），又假设灵活偏好状态，从短期变化的平均数的角度来看，也非常稳定，更假设银行所遵守的成规也比较稳定，那么利率的高低就取决于国内贵金属（用工资单位计算）的多少，可以用来对社会的灵活偏好进行满足。同时，在这个不仅不存在大规模的国际借贷，也几乎不可能在国外购置产业的年代里，贵金属数量的变化就主要取决于贸易是顺差或逆差。

所以在当时，政府当局对贸易顺差予以关注确实是一件一举两得的事，而且也别无他途。当时当局既不能对利率直接进行掌控，又不能直接对国内投资的其他引诱进行掌控，那么政府要想增加国外投资，仅有的一个办法就是增加顺差。同时，如果贸易是顺差，那么贵金属流向内部，又成为政府降低国内利率、增加国内投资动机仅有的一个间接办法。

可是这种政策的成效也受到两方面的制约，是我们必须予以关注的。如果国内利率下降，投资量上升，导致就业量打破很多分界线，工资单位上涨，导致国内成本上升，以致开始对国际贸易差额产生不好的影响。所以尽力增加顺差，今后就会起到反作用，导致一败涂地。同时，如果国内利率下降，比其他国家的利率低，以致给对外贷款造成影响，比顺差额还高，那么就会带来贵金属外流，于是出现意外的情况，使得前面的努力都付诸东流。国家越大，便拥有越重要的国际地位，那么就越容易受到这两种制约。因为假设每年贵金属只有很小的产量，那么一个国家会有贵金属流进来，其他国家就会有贵金属流出去，所以，假设重商主义过度推行这种政策，那么所带来的不利影响，不仅来源于国内的成本上升、利率下降，也来源于国外的成本下降、利率上升。

一个国家的国际贸易，可以因为贵金属过剩、工资单位上升而被毁灭，15世纪下半叶和16世纪的西班牙经济史，可以作为一个例证。20世纪内，英国的"战前"经验就可以告诉我们，如果对外贷款和在国外购置产业非常方便，那么通常会让国内利率无法下降，于是就无法实现充分就业。印度的实例告诉我们，如果一国的灵活偏好程度过于强烈，导致出现这样的局面：即便贵金属一直大规模流入，都不足以让利率降下来，实际财富增加，所以该国常处于困乏的状态。

尽管这样，如果有一个社会的工资单位、决定消费倾向的国民特性和灵活偏好这三者都非常稳定，其货币制度的基础又是贵金属，在货币数量和贵金属数量间经常维持一稳定的关系，那么政府当局为了保持繁荣，就必须非常关注贸易差额。如果是贸易顺差，又很小，则会产生很大的激励作用，如果是贸易逆差，则也许很快就会出现顽固的经济衰退。

可是并不是越严格限制进口，则国际贸易顺差就越大。早期重商主义就非常关注这点，所以常常对贸易制约持反对意见。因为他们认为，如果考虑长远一点，那么贸易限制肯定对顺差是不利的。在 19 世纪中期英国的特殊国情中，采取自由政策也许是最能够对当时英国的贸易顺差起到推动作用的方法了。从当代经验来说，"战后"欧洲各国都想方设法对贸易进行限制，增加顺差，却起到了反效果。

因为这种种原因，读者千万不要武断地给出结论，觉得我会对哪种实际政策表示认同。除非有特殊理由可以给贸易限制进行辩护，要不然通常情况下，贸易限制确实会遭到质疑。虽然经典学派一再夸大国际分工所带来的好处，但毕竟是让人欣喜的事实，很可观的。而且，贸易顺差给一国带来的好处往往就是他国蒙受的损失（重商主义者对这一点很清楚）。所以自身更要懂得克制，不要过度，不要使一国的贵金属数量超过一般的限度，更何况这种政策过度推行的话，会带来毫无价值的国际竞争，大家都去争取顺差，最后大家都没有得到好处。最后，推行贸易限制政策未必就会达到预期效果，因为私人利益、行政不作为以及事情本身棘手等原因，结果也许难遂人愿。

所以，我批评的要义在于，我之前所传承并宣传的开放式学说的理论基础有待加强。我所不认同的学说，是说利率和就业量会自动调节到最合适的水平，所以在贸易差额上投入精力纯粹就是对时间的浪费，倒是我们经济学界同人不够细心，把几百年来执政者费心追逐的目标看作是没事找事。

正是因为这种荒谬的理论，伦敦金融界慢慢找到一个极端恶劣的办法来保持均衡：那就是严格维持外汇率的同时，使银行利率自由增减。如此一来，国内利率就只能和充分就业相吻合了。因为实际情况是，国家必须考虑到国际支付差额，所以又想到了一个管理办法，这个办法不但不给国内利率提供保护，反而使国内利率葬身于盲目势力之下。晚些时候伦敦银行界意识到了这些错误，我们希望从此以后，英国不要再走老路：为了给国际支付差额提供保护而提高利率，却以国内失业为代价。

经典学派理论在对一个厂商的行为进行解释，在对雇用一特定量资源收入所得的分配方法进行解释方面，当然有自己的贡献，这是不可否认的。在这几方面，如果不运用这套思想方法，思维根本就是混乱的。千万不要觉得我说他们把前人学说中有意义的部分忽略了，就觉得对这一点，我也是持否认态度的。可是政治家关心的是整个经济体系，怎样让该体系中的所有资源都实现最充分就业。16、17 世纪的经济思想在这方面反倒得到一点处世哲学，而李嘉图不切实际的抽象思维，反倒先遗忘，后扼杀了这一点处世哲学。重商主义者想方设法通过禁止高利贷、保持国内货币数量，以及防止工资单位上升等方法，把利率压低。如果国内货币数量因为难以规避的贵金属流向外面、工资单位上升等原因，造成国内货币流通量明显不足时，不惜采用货币贬值的办法来恢复货币流通，这种种做法都体现出了重商主义者的智慧。

III

恐怕有人会提出这样的质疑：早期进行经济思想研究的人，只是意外得到了一些处世哲学，对于其背后的理论基础却不甚了解，所以我们现在必须简要反思一下他们的理论，还有他们的意见。这件事情现在做起来并不难，因为如今由海克雪尔（Heckscher）教授所著的《重商主义》问世了，这本书写出了两个世纪的经济思想的纲要，可给一般经济学读者提供参考。下面所引用的部分，基本上都是从该书上摘录的。

（1）重商主义者从来没有提出过这样一种观点：利率会自动调整到合适的水平。相反，他们一再强调，利率太高是横亘在财富增长前面的一大拦路虎，他们甚至清楚，利率取决于灵活偏好和货币数量。他们关注的是这样两个方面，一是降低灵活偏好，二是增加货币数量。其中还有人清晰地阐明，他们想方设法增加货币数量，是因为要把利率降下来。海克雪尔教授这样总结了重商主义者在这方面的看法：

比较英明的重商主义者在某种程度内，在这方面的主张，和在其他方面一样，特别清晰。他们觉得，按现在说法被叫作生产原素的货币，和土地的地位是平起平坐的。货币有时被他们看作是"人为的"财富，以和"天然的"财富区别开来。利息是租用货币的代价，性质和地租一样。在这段时期内，重商主义者在对利率高低的决定性因素进行探讨时，列举出了很多客观理由。他们一直坚持认为，利率是由货币数量决定的。这方面有很多材料，这里只选择几个有代表性的例子，说明这个观点是多么深入人心，经过了多么漫长的岁月，依然昂首屹立。

17 世纪 20 年代初，曾有过一场论战，主题是"货币政策和东印度贸易"，可是在这一点上，论战双方的领袖的意见却没有分歧。杰拉德·梅林斯（Gerard Malynes）声称"充裕的货币供应量可以让高利贷减少"，还列出了很多理由，来对这句话进行支持（《商法》[Lex Mercatoria] 和《维持自由贸易》[Maintenance of Free Trade]，1622）。其强有力的竞争对手爱德华·弥赛尔顿（Edward Misselden）也说，"可以对高利贷进行医治的办法，恐怕就是让货币充裕起来"（《自由贸易或使贸易兴旺之道》[Free Trade or the Means to Make Trade Florish]，同年）。半世纪过后，最有名的作家之一——蔡尔特（Child）——东印度公司无所不能的领袖，又最擅长给该公司辩护。他反复阐明自己的观点，希望国家制定最高利率，他又对如果英国人的钱被荷兰人提走，那么会如何影响法定最高利率进行探讨（1668）。他觉得应对这个挑战最好的办法就是把债券当作通货，任意转让。因为这样一来，"最起码可以补偿一半我国所有的现款"。还有一个叫配第（Petty）的作家，他是没有困围在党派之争中的，他也和其他人一样，觉得利率从 1 分降到 6 厘，原因就是货币数量增加了（《政治算术》[Political Arithmetic]，1676），他认为，如果一国有太多的铸币，那么放款取利就是合适的弥

补办法（《货币略论》［*Quantulumcunque concerning Money*］，
1682）。

这种想法当然不止英国有，几年以后（1701、1706），法国
商人和政治家都对当时的高利率表示不满，觉得罪魁祸首就是
货币太少了，他们想要通过增加货币流通量的办法，使利率降
下来。

洛克（Locke）也许是率先把货币数量和利率的关系用抽象
语句阐述出来的人，这一点可以从他和配第的论战中看出来。
配第觉得最高利率应该由法律来规定，这一点洛克表示反对，
他觉得这就像对最高地租进行规定一样，不太切合实际，他说，
"货币会从利息方面，每年都有所收获，在这方面，货币的自然
价值（利率）取决于当时流通于一国的货币总量和该国的贸易
总值"。洛克解释，货币有使用价值和交换价值两种价值。前一
种的大小取决于利率，在这方面，货币的性质等同于土地，只
不过一种收入叫作地租，另一种收入叫作利息而已。后一种的
大小取决于货币的数量和商品的数量，和利率没有关系，货币
的性质等同于商品。所以这两种货币数量说的鼻祖都是洛克。
首先，他觉得利率是由货币数量和贸易总值（total value of
trade）之比来决定的；其次，他觉得货币的交换价值，取决于
货币数量和市场上商品总量（total volume of goods）之比。可是
他既身处重商主义世界，也身处经典学派世界，没有弄清楚两
种比例之间的关系，而且他没有注意到灵活偏好状态也有可能
发生变化。可是他尽可能告诉我们，利率的下降并不会直接影
响到物价水平，"只有当利率发生变化以后，带来货币或商品的
进出口，导致商品和货币的比例不同以前时，才会影响到物

价"。也就是说，如果利率的下降带来了现金出口或产量上升，那么物价也会随之发生变化。可是（我觉得）他没有进一步做真正的综合工作。

重商主义者可以轻松辨别利率和资本的边际效率之间的不同，从洛克引自《与友人谈高利贷的一封信》（*A Letter to a Friend Concerning Usury*，1621 年）一段文字中，我们就可以发现这一点："商业因为高利息而垮台。利息既然比商业利润还高，于是富商不再生产，放款取利；小商人就会垮台。"福利雷（Fortrey）在《英国的利益和改良》（*England's Interest and Improvement*）一书中也觉得，利率的下降，可以作为财富增长的手段，而且他也反复说明了这一点。

重商主义者也注意到了，如果灵活偏好太强，累积了很多流进来的贵金属，就不会有利于利率。也有人（比如说孟[Mun]）觉得要想使国家实力增强，国家就应该把金银囤积起来，但别人直接提出了反对：

例如施柔特（Schrötter），他以重商主义者常用的论点为出发点，觉得如果国家大规模囤积金银，那么流动中的货币就会被搜刮殆尽，其后果将是非常严重的……他还觉得，在寺院中保存金银和流向国外的贵金属的净额，二者的性质是一样的，而他觉得后者超级恶劣。戴芬南（Davenant）对东方国家之所以那么穷困（当时人们都相信东方国家所累积的金银，多过任何其他国家）进行解释时，声称是因为国库中的金银没有使用的缘故。如果金银由国家来保存，顶多是瑕瑜互见，还常常伴随着很大的危险，那么私人把金银囤积起来，危险性就更大了。重商主义者大肆对私人囤积金银进行抨击，几乎没有人持反对意见。

（2）重商主义者非常了解商品价格低廉会带来的坏处，也知道过度竞争会对一国的贸易带来不利影响。比如说梅林斯说《商法》（1662 年）："不能因为想要增加贸易而以比别人低的价格出售，最终会对本国造成伤害。因为贸易并不是因为物品价格低廉而增加的，物品之所以价格低廉，是因为货币量太少了，对货物没有太大的需求。相反，反倒是货币充裕时，会加大对商品的需求，物价上升时，贸易反倒会扩大。"海克雪尔教授对这一股重商主义思想进行了这样的归纳：

在 150 年以内，不断有人提出这个观点：假如一国的货币少于其他国家，那么该国一定"卖价低廉，买价高昂"……

在《公共福利的谈话》（*Discourse of the Common Weal*）一书初版中可以窥见这种态度，也就是在 16 世纪中期时，这种态度已经很明确了。海尔斯（Hales）曾经说过："只要外国人愿意把我们的东西买过去，我们为什么要给自己的东西定一个如此低的售价，而使得他们给他们的东西（其中有我们要从他们手中买过来的）定一个高价呢？如果他们以高价出售自己的东西时，低价买进我们的东西，那我们不是蒙受了损失，而他们得到好处了吗？不是我们变穷，他们变富了吗？我宁愿采用现在的办法，他们提高物价时，我们也提高物价。当然有人会因此蒙受损失，可是蒙受损失的人数要少于采用其他办法的人。"几十年以后（1581），该书校订者完全认可这种观点。17 世纪内，又反复出现这种态度，并没有什么变化。比如说，梅林斯相信，之所以出现这种不好的情况，就是因为外国人定的英汇太低的缘故，——这是他一直忧虑的事情。……以后还会继续出现这个观念。在《哲言》（*Verbum Sapienti*）一书中（创作于 1665

年，出版于 1691 年），配第相信，我们要想停下来，不再想方设法增加货币，"就要等到我们有的货币，无论从哪个方面，都比任何一邻邦所有者都要高时才行"。从上面的引书入手创作到出版这段时间内，考克（Coke）说过，"只要我们的金银多于邻国，那么就算在现有基础上下降 $\frac{1}{5}$，我也无所谓"（1675 年）。

（3）重商主义者又是最早觉得"怕货"（fear of goods）和货币稀少是产生失业的原因。2 世纪以后，经典学派驳斥了这一观点：

1426 年意大利的佛罗伦斯，是最早把失业现象当作不允许进口的原因的实例之一。……英国在这方面的立法，最起码可以追溯到 1455 年。……1466 年法国颁布的法令，尽管成立了在以后都非常有名的里昂的丝织工业，可是因为没有对外货进行抵制，所以没有太大意思。可是该法令曾经提到过：数以万计的失业男女，也许会因此得到工作。可见这种论据在当时有多么盛行……

英国是最开始对这个问题进行激烈讨论的国家，大概在 16世纪中叶或者更早一些，在亨利第八和爱德华第六两个朝代。这里只能列举一些书名，著作年代应该不会比 1530—1540 年还晚。其中有二种，大概是由克来蒙特·阿姆斯特朗（Clement Armstrong）创作的……根据他的说法，英国市场每年都被进口的洋货填满，这样不仅会让货币减少，而且还会对手工业造成损坏，于是有很多平民，失去了谋生的手段，不得不闲置下来，干些偷盗、乞讨的营生。

据我了解，1621 年英国下议院在货币稀少这个话题上所展开的辩论，可以称之为重商主义者对这种情况最具有代表性的讨论了。当时经济极为萧条，尤其是布匹出口业。国会中享有极高声望的议员之一，爱德文·桑迪斯（Edwin Sandys）爵士，仔细描绘了当时的情形，他说农工差不多处处都受到打压，因为国内货币稀少，布机不再织布了。农民不得已违约，"倒不是因为——感谢上帝——土地产量不高，而是因为货币稀少"。于是进行了一场全面的调查，货币究竟去哪了，为什么如此稀少。只要有出口贵金属的嫌疑，或者尽管没有出口贵金属，可是其在国内的活动却足以使贵金属消失的人，都遭到了攻击。

重商主义也发现，采用海克雪尔教授的说法，他们的政策有一举两得的功效，"不仅可以把多余物资消耗掉，据说这样还可以解决失业问题，同时还可以使货币数量增加"，最后使得利率下降。

重商主义者从实践中总结出了很多观点。我们在对这么多观点进行研究以后，必然会出现这样一种感觉，在人类历史上，储蓄倾向总是比投资引诱的长期趋势要强。投资引诱的薄弱，一直是各时代经济问题的核心。现在各种引诱范围的原因，也许就是现在累积了太多资本数量，可是在之前，更重要的可能是那些风险因素。可是结果相同，私人可以通过减少消费的方式来储存财富，可是要增加一个国家的财富，雇主就必须雇用工人，制造持久性资产。可是私人的储蓄意愿，往往比雇主可以感受到的投资引诱要大。

（4）重商主义者非常清楚，他们的政策具有国家的影子，而且可能引发战争。他们坦承，他们追求的是国家的利益和国家实力的相应提升。

重商主义者冷漠地接受国际货币制度一定会带来的结果，这点固然可以批评，可是当代也有思维混乱的人，提倡采用国际金本位制，采取放任政策对待国际借贷，相信和平的实现，最应该倚赖的就是这种政策。对比这两者，还是重商主义者的现实态度要高明一些。

因为，假设在一个经济体系内，存在长久且不易发生变化的货币契约和风俗习惯，又假设该体系的国内货币流通量和国内利率，都主要取决于国际支付差额（像"战前"英国的情形），那么当局就只能通过尽可能争取出超和从邻国进口币材（贵金属）这样的手段，才能对失业问题进行解决。历史上还从来没有比国际金（之前为银）本位更有效的办法，让各国利益产生矛盾。因为在国际金本位以前，一国的国内繁荣直接关系到一国赢得市场和贵金属的成绩。如果幸运的是，金银的新供给非常充裕，那么这种争夺还不会那么剧烈。财富与日俱增，边际消费倾向越来越低，那么这种矛盾就会越发激烈。传统经济学家既然存在逻辑上的问题，其常识又不能对逻辑进行修正，于是只好继续错下去，糟糕得一塌糊涂。有很国家在暗暗探究，想找到一个解决办法，使得国内利率能够自主，放弃金本位下的各种义务。传统经济学家这时就会说，首先得把之前的限制予以恢复，才能实现一般的经济复苏。

实际情况却是正好反过来的。采取不被国际关系所掌控的利率自主政策，又采取可以使一国就业量达到最合适水平的全国投资计划，倒是对人对己都有好处。各国都采取这种政策，之后才能恢复国际的经济健康和经济力量（衡量标准是国内就业量或国际贸易量）。

IV

重商主义者发现问题的存在，可是其分析还不能对其进行解决；经典学派则完全把这个问题忽视了，因为经典学派所假设的前提就是否认这个问题的存在。于是经典理论所得出来的结论明显和常识所得出来的结论不一致。经典学派最突出的成绩，就在于可以把常人相信的东西克服掉，而同时自己却是错误的。就像海克雪尔教授所说：

如果从 11 世纪一直到 18 世纪，常人一直坚持对货币和币材金属的基本态度，那么这种观念就太牢固了。18 世纪以后，还一直存在这种观念，只是不到"怕货"那种程度而已……除了自由放任这一段时期以外，各时代都一直被这种观念所束缚。自由放任学说那样优秀、坚韧，也只不过暂时克服了一下常人的信念。

在货币经济下，"怕货"是常人最本能的态度。必须完全相信自由放任学说，才能和这种态度说再见。可是自由贸易主义否认很多明显因素的存在，所以当自由放任学说无法再让曾经的信徒相信时，也会被人们所唾弃。

我记得波拿·劳（Bonar Law）在面对经济学家时，既生气又愤怒，因为他们不愿意对显而易见的事实予以承认，这让他很费解。我们可以把经典学派经济学说的势力比作某种宗教——也许这种宗教的力量还要强大一些，因为要常人把显而易见的事实否认掉，其难度要明显大于要常人相信一个虚幻的东西。

313

V

我们现在要对一种有关但不一样的学说进行探讨。几千几百年以来，社会上开明舆论都觉得这种学说再明显不过，没什么好质疑的，可是经典学派则批评它太天真了，所以旧事有必要重提一次，表示尊敬。我指的是这样一种学说，利率不会主动调节到一种和社会利益最相符的水准，相反，利率经常会走高，所以贤明当局理应用法令、习惯甚至于道德制裁来加以遏制。

防止高利贷办法可以说是最早被记载下来的经济法令之一了。在上古以及中古时代，就已经明显可见，灵活偏好过度给投资引诱、财富生长所带来的种种坏处了。因为当时生活上的风险随处可见，在降低资本的边际效率的同时，其他方面的灵活偏好就会增加。所以假设在一个社会中，所有人都觉得危险无处不在，那么只有该社会想尽种种办法，把利率遏制住，使利率不会太高，才能使投资引诱更充分。

我之前所了解到的他人的观点，让我觉得中古时代教会在看待利率这个问题时，太过于可笑了。中古时代很多对贷款报酬和投资报酬的不同加以区别讨论，只是狡辩，想从中找到一个出口而已。现在我再去查看这些讨论，觉得他们倒真是费了不少心血，将经典学派混乱的东西——利率和资本的边际效率分辨清楚了。现在我觉得，经院学派的探讨宗旨在于，找到一种可以提升资本的边际效率表的策略，而且用法令、风俗习惯和道义制裁等方式把利率压低。

　　对于禁止高利贷法，亚当·斯密的态度还不算太强硬。因为他非常清楚，个人的储蓄未必会用在投资上，也可以用于放债。他同意把利率定低点，因为这样可以增大储蓄用在新投资上的可能，减少用在放债上的可能。因为这一原因，他提议温和地运用高利贷法。边沁则对这点表示严厉批评。边沁的批评关键在于，亚当·斯密果然拥有他身为苏格兰人的谨慎，太过于小心了，对于"创办人"太苛责了。如果对最高利率进行规定，那么对于从事正当的、有利于社会的风险者来说，其所获回报就太少了。边沁所说的创办人（projectors）覆盖面很广，"只是为了得到财富（或任何其他对象），想要得到财富的支援，想要得到新发明的渠道，都属于；……这样的人追求的都是进步、改善。如果对最高利率进行规定，这样的人受到的打击将最沉重……总的来说，只要人类的智慧必须以财富的资助为倚赖时，都会遇到阻碍"。当然，假如法令会对人民承担正当风险加以阻碍，那么就应该予以反对。边沁接着说："在这种情况下，高瞻远瞩的人将不会再选择创办任何事业，不对事业的好坏进行权衡，因为他根本都没有创办的意愿。"

　　边沁所说，有没有曲解亚当·斯密的愿意，还有待商榷。难道边沁是用 19 世纪的口气（尽管该文是 1787 年创作的），对着 18 世纪说话吗？因为只有在投资引诱最强的时代，才能看到理论上的投资引诱也许还有待完善。

VI

这里还应该提一下一个让人啧啧称奇的、没有引起人关注的先知——西尔维·盖赛尔（Silvio Gesell, 1862—1930 年）。在他的著作中，确实有很多真理性成分，可是出现的时间非常短暂，没有能指出问题的要害。在"战后"几年，他的信徒把他的著作不停地寄给我，可是因为他的论证明显有不足之处，所以我当时没有发现其中的长处。等到我凭一己之力，得出自己的结论以后，我才意识到其著作有多么重要——也许没有经过充分研究的直觉都会遭受这样的命运。在当时，我和其他学院经济学家一样，把他独有的观点看作天方夜谭。我想本书的读者中，极少有人知道盖赛尔的重要性，所以我会多用一点笔墨来对他进行评论。

盖赛尔是一位德国人，在南美阿根廷经商，事业上取得了非凡的成绩。80 年代的经济恐慌给阿根廷带来了特别大的打击，所以他由此开始对货币问题进行研究。《币制改革为走向社会国家之桥》（*Die Reformation im Münzwesen als Brücke zum Sozialen Staat*）是他的首本著作，1891 年出版于阿京。同一年，在相同的地方，他发表了名为《事物精华》（*Nervus Rerum*）的著作。在这本书中，他阐述了他对货币的基本观念。退休以前，他又出了很多书和小册子。1906 年他退休以后到了瑞士，这时家底已非常殷实的他，不需要再为生计奔波，晚年他一直在两件他觉得人生最令人愉悦的事上下功夫：一是著作，二是农业试验。

他的著作的第一部分，《全部劳动产物权之实现》（*Die Ver-*

wirklichung des Rechtes auf den vollen Arbeitsertrag）于 1906 年在瑞士日内瓦出版；第二部分，《利息新论》（*Die neue Lehre vom Zins*）于 1911 年在柏林出版。合订本《经由自由土地和自由货币达到的自然经济秩序》（*Die natürliche Wirtschaftsordnung durch Freiland und Freigeld*），翻译成英文是《自然经济秩序》（*The Natural Economic Order*），于 1916 年在"大战"时期，同时在柏林和瑞士两地出版，在他生前一共发行了六版。1919 年 4 月，盖赛尔因为加入在位时间极短的巴威里亚苏维埃内阁，任财政部长，后因此受到军法审判。生前最后 10 年，他在柏林和瑞士两地进行宣传工作，取代了亨利·乔治（Henry George）的地位，拥有了大量的具有宗教热诚的信徒，世界各地都有他的信徒，多达数千人，他也因此被尊称为教义的先知。1923 年，德瑞自由土地自由货币协会和其他各国的相似组织，首次在瑞士巴塞尔城召开了第一次国际大会。自从 1930 年他去世以后，像他这样的学说所掀起的狂潮，又由其他先知所引领。我觉得，后继之人都没有他突出。英国这种运动的领袖是布希（Büchi）博士，可是其文献又好像来自于美国德克萨斯州圣安东尼欧地方。美国是这种运动的集中地。费雪（Irving Fisher）教授是学院经济学家中仅有的一个了解其价值的人。

　　他的信徒把他装饰得像个先知，虽然盖赛尔的主要著作的创作方式还是科学的、冷静的，可是全书依然随处可见对社会正义感的朝拜，好像（可能有人会觉得）不符合科学家的身份。他传承亨利·乔治的那部分，虽然是这项运动的主要能量源泉，可是却不是最重要的，没太大意思。全书的宗旨在于建立一个反马克思的社会主义，又反抗自由放任学说。他所依据的理论不同于马克思。首先，对于经典学派的假设，他是不承认的，而马克思是承认的。其次，他提议把阻碍竞争的条条框框都删除，而不提倡把竞争撤销。我相信我们的后代从盖赛尔那里所学到的东西，要多于从马克思那里所学的东西。只要读者阅读一下英译本《自然经济秩序》（*The Natural Economic Order*）的序言，就会了解盖赛尔的品行。我觉得，要想对马克思主义做出解答，还得从这篇序文所指引的方向去研究。

在货币和利息论方面，盖赛尔做出了杰出贡献。首先，他很好地区分开了利率和资本的边际效率，他觉得利率对实际资本的扩张速度进行了约束。其次，他指出利率根本上就是个货币现象。因为货币有个显著的特点，货币持有人所需要承担的保藏费非常低，所以才显出货币利率的重要性。只要财富的持有需要承担保藏费，其之所以可以产生收益，就是因为货币有收益，货币规定了一个标准。他以各时代非常稳定的利率作为例证，解释利率不是由纯物质因素来决定的，因为后者在不同时代间的差异，相比利率的差异要大得多。用我的名词来说就是：利率取决于心理因素，心理因素不会有什么变化，所以利率非常稳定。而变动幅度很大的资本的边际效率表，取决于一特定利率下实际资本的扩张速度，而不是利率。

可是盖赛尔氏学说有个很大的不足之处。他提出，因为存在货币利率，所以贷出去的商品也能够得到收益。他采用鲁宾逊·克鲁索和另一个陌生人的假想的对话，对这点进行解释——这段是经济学上最负盛名的寓言之一。可是他在找出原因，对货币利率和其他商品利率的不同，不能是负数进行解释时，却没有深入对货币利率必须是正数的原因进行说明。他也没有对货币利率的高低为什么不是（如同经典学派所说的那样）取决于生产资本上收益的大小进行说明。这是因为他脑海里没有灵活偏好这一观念，所以利率论，他只创建了一半。

因为他的理论有待完善，所以他的著作在学术界并没有引起关注。可是他已经从自身理论出发，提出了可行性建议。他所提出的方针，也许推行起来很难，可是倒也算是找到了病因并开出了药方。他说，货币利率对实际资本的扩张进行了约束，如果去掉这个约束，那么在近代，实际资本会快速扩张，在一段极短的时间内，也许利率会降为零才恰当。所以第一件最关键的事情就是把货币利率压低。他觉得把货币利率压低，只要让货币和其他无法产生收益的商品一样，负担保藏费用就行了。于是他提出了知名的"加印"货币（"stamped"money）这个方案，他也因此而蜚声海内外，并得到费雪教授的赞赏。根据这个方案，流通钞券（当然一定把几种银行货币都包括在内）如同保险单一样，每月都一定要加贴印花，才能使其不贬值。邮局出售印花，而印花费用，当然可以根据情况应变处理。根据我的理论，应该先把哪种新投资量方和充分就业相符确定下来，然后把该投资量的资本的边际效率算出来，印花费用的数量大概和货币利率（忽略印花费用）和该资本的边际效率的差数相等。盖赛尔自己主张，每周应该贴 0.1%，每年应该贴 5.2%。在现在的状况下，这个数目好像有点高，可是正确的数目究竟是多少，则只能来源于一次次试验和错误，而且也一定得不停地变化，不能固定下来。

加印货币所代表的思想，倒是没什么问题的，而且可能真能够找到可以小范围内实行的方法。可是还有很多难题，盖赛

尔没有想办法解决。其中一个就是，盖赛尔没有意识到，具有
灵活升值的物品并不只有货币，其他物品也有，只是程度有别
而已。货币就是因为具有灵活升值，而且大于其他任何东西，
所以才显得尤为重要。所以假设采用贴印花的办法，把流通钞
券的灵活升值去除掉，那么将又涌现出一大批取代品，像银行
货币、即期债务、外币、宝石、金银等。我在前面都说过，之
前可能有过一段时期，大家都愿意把土地牢牢握在手中，无论
土地会有什么样的收益，所以利率因此上升了。可是在盖赛尔
体系下，因为土地属于国家所有，倒省去了这个可能性。

VII

上面所论述的各种学说，基本上都是对有效需求的一个组
成分子进行讨论的，也就是投资引诱的欠缺。可是把另一个组
成分子的欠缺，也就是消费倾向的欠缺作为失业的另一个原因，
也有很长时间了。在 16、17 世纪，后一种对当代经济的病态所
进行的说明还不算重要，直到最近才越来越重要，可是经典学
派也不认同这种解释。

尽管在重商主义思想中，批评消费不足并没有占据很重要
的地位，可是海克雪尔教授也列举了很多案例，说明"奢侈
有好处，节约有坏处，也是一个坚不可摧的信念"。之所以失业
的原因要归咎到节约的头上，有这样两个方面的原因：一是，
大家都相信如果某量货币不进行交易，那么实际收入也会下降；
二是，大家都相信储蓄，货币将离开流通环节。1598 年，拉斐
玛斯（Laffemas）在《置国家于繁华的金银财富》（*Les Trésors et*

richesses pour mettre I'Estat en Splendeur）一书中，大肆指责那些反对使用法国丝织品的人。原因是，购买法国奢侈品的人，都是为穷人的生活着想，而守财奴使穷人失去谋生的手段而走向死亡。1662 年，配第给"奢侈，建造凯旋门等等"申辩，说这些费用，终归要回到酿酒师、裁缝、鞋匠、面包师等人的口袋中去的。福特雷也曾经为华丽的服饰申辩。施柔特（1686 年）反对节约消费，希望服饰再华丽一些。1690 年，巴邦（Barbon）就说过："尽管挥霍这个缺点不利于个人，可是却有利于商业……贪婪这个缺点，则不利于个人和商业。"1695 年加莱（Cary）说：如果所有人都多消费一些，那么所有人的收入就都会多一些，"而且所有人都可以生活得更滋润"。

巴邦氏的思想，在贝尔纳德孟迪维尔（Bernard Mandeville）《蜜蜂之寓言》一书渲染下，开始风靡。这本书在人文科学史上名声很差。1723 年，英国中爱塞克斯（Middlesex）州的大陪审官们都曾经宣判这本书是垃圾。据说，这本书只得到过一个人的辩护，那就是约翰逊（Johnson）博士。博士说："该书没让我觉得迷惑，倒让我以更开阔的眼光看待这个世界。"这本书的邪僻之处，从斯梯芬（Leslie Stephen）《本国人名辞典》对该书的简要介绍中可以找到：

孟迪维尔该书激起了民愤。这本书用模棱两可的结论，宣扬了一种具有嘲讽意味的道德观，吸引了人们的眼光……他觉得拉动经济增长的是消费，而不是储蓄。直到现在，这种经济邪说还依然存在。他的理由如下：首先，他认可遁世者的观点，觉得人类的欲望基本上都是邪恶的，所以才会出现人的一些恶言恶行。其次，他又认可普通人的观点，觉得财富是所有人的福利。由此，他可以轻而易举地推断出：只要有文明的出现，就免不了有恶习……

《蜜蜂之寓言》是一首寓言诗，说的是一个经济很发达的社会，突然有一天，有公民决定不再过奢靡的生活，国家也裁减军备，大家把财富都省下来，最后乱成一团。因为大家都以节俭为荣，所以奢侈品就都闲置下来，如原来的衣服、车马、宫室之类的奢侈品，要么被卖了还债，要么任由其荒废。最后导致土地宫室等价格暴跌，以提供奢侈品为生的人失去了谋生的门道，再加上各行各业都已满员，也无法换一种谋生方式。因此得到了这样的教训：

只是凭借优良的品质，是不能让国家走向兴旺富强的，想要恢复古代的辉煌，在崇尚节俭的同时，也要考虑到普通人的生存。

寓言诗后面还附有评语，现在我摘录两则给大家看看，借以说明该诗还是有理论依据的：

因为在个人家庭中，精打细算、储蓄，确实可以增长财富，于是有人就会觉得，不管国家的自然条件怎样，是富庶还是贫困，如果所有人都愿意采用这个办法，那么国家的财富也会增长。比如说，有人觉得如果每个英国人都像他们某些邻国的居民一样节俭，那么英国人的财富肯定比现在还要多。我觉得这是不对的。

孟迪维尔总结道：反之，

想要使国家走向兴旺发达，就必须让所有人都充分就业。为了达到这一目标，政府首先就应该鼓励所有制造、技术、手工业的发展，只要是人类智慧得以完成的，都应该予以鼓励。

其次，政府要对农渔二业的发展进行奖励，使土地也像人一样发光发热。国家只有凭借这样的政策，才能走向繁荣富强，而不是靠对奢侈的限制，鼓励节约的规章制度。因为，金银的价值可以自由升降，社会享受多少取决于土地产出量和人民的劳动，这二者联合起来，才是一种真正意义上比巴西的金、普多西的银更可靠，更没有止境，也更加实际的财富。

难怪两世纪以来，这种经济邪说遭到了道学先生和经济学家的一致攻击。这两种人自己成立了一套严谨的说法，觉得国家和个人只有尽可能节俭，没有其他更好的办法。他们自觉这种说法要胜过别人的理论。取代配第氏的"穷奢极侈，建造凯旋门等等"的是格拉斯顿（Gladstone）的锱铢必计的国家财政，国家没有财力开办医院、广场、高等建筑，甚至不愿意动用财政力量保全历史古迹，更别提鼓励音乐戏剧的发展，这些都只能通过个人慈善事业来举办，或者让极度挥霍之人来资助了。

一百年以后，上流社会又开始出现孟迪维尔的学说。马尔萨斯晚年开始严肃地用有效需求不足这个观念来对失业现象进行解释。在我所写的《论马尔萨斯》一文中，对此进行了详细探讨。这里只摘录一两段最能代表他思想的内容：

世界各个地方，差不多都闲置了大量生产力。对此，我的观点是，用实际收入品的分配方法不妥当，导致继续生产的动机不够充分……我觉得假如大家都想把财富积累起来，而且想越快越好，那么就代表着非生产性消费一定会大规模下降，这样一来，生产动机会受到严重阻碍，那么还没有到最佳时机，财富的增长就遇到了阻碍……可是假设想方设法积累财富的动机，是为了在劳工和利润之间划开一条分界线，导致将来积累财富的动机和能力受到大肆破坏，而每天新增的人口，又没有谋生的手段，那么我们还能说，这种积累财富的动机，或大肆储蓄，不会给国家带来不好的影响吗？

问题是：假设生产增加，和地主与资本家的非生产性消费增加不成比例，导致资本停止运行，之后使得劳力的需求停止，我们还可以说，这种情形不会危害到国家吗？如果地主和资本家的非生产消费一开始就和社会过剩物资紧密配合，那么就会持续产生生产动机，对于劳力的需求，既然不会先过分扩张，之后也不会突然减少。这种情况不是比前一种情况更富足，更愉悦吗？如果真是这样，那么我们还能说，节约可能不利于生产，却有利于国家吗？又怎么可以说，在没有生产动机时，地主和资本家增加非生产性消费，不管怎样，都不是合适的政策呢？

亚当·斯密说过：资本的增加来自节俭，只要是在生活上节约的人，都是公众要感恩的人。还说财富增加与否，取决于生产是不是比消费还多。这些命题基本上都没什么问题，毋庸置疑……可明显也不是全对。如果过度储蓄，也会对生产动机产生毁灭性作用。如果每个人都过着最简朴的生活，那么肯定不会存在更富足的生活……这两个极端都是很明显的。所以在两个极端间肯定存在一点，在该点时，假如考虑生产能力和消费意愿，那么就会大大激励财富的增长。可是政治经济学还没有这个能力确定这个点在什么地方。

英明智慧的人所提出的观点中，我所看到的最不完整立论，和事实出入最大的要属萨伊氏之说。萨伊氏说，消耗掉或破坏掉一件物品，就相当于把一条出路堵死了。这种说法的立论是商品之间的关系，而不是商品和消费者之间的关系。我不禁要反问一下，如果除了面包和水以外，半年都不再有其他消费，那么商品的需求会变成什么样？商品堆积如山，出路在哪里？广阔的市场又在哪里？

可是李嘉图完全不理会马尔萨斯的说法。等到约翰·斯图亚特·穆勒对工资基金进行探讨时，这场论战才看到了最后的光明。穆勒氏是被这场论战浸染过的，他的工资基金说强有力地驳斥了马尔萨斯晚期的思想。后人否认穆勒的工资基金说，可是却全然忽略了这样一个事实：马尔萨斯之所以被打倒，就是因为这种说法。之后这个问题便没有再拿来讨论，也没有再出现在经济学理论中，倒不是因为这个问题已经得到了圆满的解决，而是经济学家都闭口不提。凯恩克劳斯（Cairncross）先生最近想从一些不太重要的维多利亚时代的作家中，找到这个问题的源头，但没有什么收获，或者比期望还低。消费不足之说始终潜伏着，一直到 1889 年，才又出现在霍布森（J. A. Hobson）和穆莫里（A. F. Mummery）二人合著的《工业生理学》（*The Physiology of Industry*）一书中。半个世纪以来，霍布森凭借着一腔果敢和热情，著书对正统学派发动攻击，可是并没有起到作用。该书是第一册，也是最关键性的一册，如今已经没有人记得了。可是从某种意义上来说，在经济思想史上，这本书的出版代表着时代的转折。

该书是和穆莫里一起写的。霍布森氏这样描述该书的创作过程：

在 80 年代中期，我开始慢慢形成我的异端经济学说。亨利·乔治对土地价值的抨击，各种社会主义团体对劳工阶级被剥削的情形进行的暴露，还有两位鲍斯（Booth）先生对伦敦贫穷状态的披露，都让我受到了很大的触动，可是这一切都没有动摇我对经济学的信心。我之所以在经济学方面产生动摇，其实是因为一个偶然因素。我在爱克塞特（Exeter）城一个中学任教时，结识了一位叫穆莫里的商人，这个不管是当时还是以后，都因为爬山而被大家所知晓的人。他发现了一条可以登上马脱红峰（Matterhorn）的新路，不幸的是，1895 年，当他在攀登喜马拉雅山南加帕罢峰（Nanga Parbat）时殒命。当然，我并不是在这方面和他有交集。可是这个人在智力方面的成就，也像他爬山一样，登峰造极，还总是独辟蹊径，自成一派。我们对储蓄过度这个问题展开过辩论，他觉得储蓄过度会导致商业低迷、劳资二者就业不足。有很多时候，我都用正统经济学的所有方式，想推翻他的论据，可最后都失败了。于是我们二人分别著书，宣扬储蓄过度论，书名叫作《工业生理学》，出版于 1889 年。这是我首次公开踏上异端之路，当时我根本不知道这件事会产生多么严重的后果。那时我刚离开中学教学的岗位，开创新事业，在大学课程普及部做讲师，讲授经济学和文学。首次让我惊诧的是，伦敦大学习课程普及委员会让我停止教授经济学，因为有一位经济学教授的出面干涉，这个人不仅读了我的书，而且觉得这本书的荒诞无异于证实地球是方的。他觉得，假如所有储蓄都用来增加资本结构和工资基金，那么有用储蓄的数量怎么会有限度？既然储蓄是工业进步之源，那么阻止储蓄就相当于阻止工业前进，所以审慎的经济学家，都是非常痛恨储蓄的过度之说的。之后又经历了一件事情，使我自觉犯了多大罪似的。尽管我不能在伦敦教授经济学，可是牛津大学课程普及运动要开放一些，容许我任教，让我到乡下去发表演讲，可是规定我只能讲和劳工阶级生活相关的实际问题。当时有个慈善事业协会，正在策划一套系统演讲，专门对经济主题进行演讲，请我也准备一讲。我已经欣然接受，可是突然，没有理由地，对方取消了邀约。可是就在那时，我还没有发现：因为我对无限制节俭的美德表示质疑，我已经犯了很大的罪。

在这本早年著作中，霍布森和其合著人痛斥经典经济学比其晚年的著作还要直接。因为这个原因，再加上这本书是他首次阐述自己的理论，所以我专门从该书引录一些内容，指出这两位作家的指正和直觉的意义有多么重大。二氏在该书序言中，对他们所抨击的结论的性质进行了说明：

储蓄不但会让个人财富增加，也会让社会财富增加。消费不仅会让个人穷困潦倒，还会让社会经济低迷。这句话就相当于说，所有经济利益的源泉就是爱钱，节俭不但会让其本人拥有更多钱财，还可以使工资上涨，让失业者有工作可做，让方方面面都受益。从报纸到最新经济学巨著，从教学讲坛到国会议院，这句话被反复提及。现在要质疑这句话，根本就像是亵渎了神灵。可是一直到李嘉图出版其著作时，睿智之人和很多经济学家都对这种学说进行了批判。其最后之所以被人认可，只不过因为工资基金说无法被推翻而已。现在工资基金说已经崩溃，可是这种说法还傲然屹立着，这个道理只是因为发表这个学说的人太有声望了。经济学批评家只敢对这个学说的细枝末节之处进行攻击，不敢攻击这个学说的核心内容。现在我们想指出：首先，这些结论是说不通的；其次，储蓄习惯也许过度了；再次，如果过度储蓄，那么社会会走向穷困，工人会失去工作，工资会下降，整个工商界会变得一片灰暗，这就是所谓的低迷……

生产的目的，是为了给消费者提供效用和便利。从对原料进行处理开始，直到变成一种效用或一种便利被人消费掉为止，生产过程都是持续的。资本仅有的一个用途，就在于协助生产这些效用和便利。那么所用资本的多少，当然会因为每天或每周所消费效用和便利的总量的不同而发生变化。储蓄在让现有资本总量增加的同时，也会在其他方面减少效用和便利的消费量，所以如果过度储蓄，那么积累下来的资本数量就会比事实上所需要的数量多，于是演变成一般的生产过剩。

上面所引用的最后这句话，好像起源于霍布森氏的错误。他觉得，如果过度储蓄，那么实际累积下来的资本就会比实际所需要的数量多。如果真是这样，倒只是预测出现偏差所导致的一点不太重要的危害，最重要的危害是，如果充分就业情况下储蓄倾向比事实上所需的资本数量要大，那么除非预测出现问题，要不然就无法实现充分就业。一两页以后，霍布森把另一半问题已经说得非常准确了，可是他还没有发现，利率的改变和商业信任状态的改变也许会带来的影响，他好像假设这两个因素是固定的：

所以我们可以给出论断，自从亚当·斯密以来，经济学家所依据的基础——也就是每年的产量取决于该年可用的天然原素、资本和劳力三者的总数量，确实是有问题的。相反，这三者的总数量只对产量的最高限度进行了规定，产量当然不能比这个限度还高，可是如果因为过度储蓄，导致供给太多，给生产带来影响，那么产量能够——而且真的可以——远低于这个最高限度。也就是说，在现代工业社会的一般情况下，是消费对生产起到了约束作用，而不是生产反过来对消费起到了约束作用。

最后，霍布森也发现了，他这种学说直接关系到正统学派用来保护自由的种种论据是不是正确：

正统经济学家经常以自由贸易的种种为依据，对美国和其他采取保护主义国家加以指责，认为它们是傻瓜，根本不知道经营之道。现在不能再批评了，因为这种种论据，都是以"供给不能过度"这个假设为基础的。

霍布森在该书中所用论据当然还算不上齐全，可是这是首次清楚地表示：资本不是来源于消费倾向，而是来源于需求，而需求又来自于现在和将来的消费。下面这段引文，是拼凑起来的，从中可以窥到霍布森氏的一般思路：

假设一个社会的商品消费量将来不变，那么现在增加该社会资本肯定没什么利润。储蓄和资本只要增加一次，而且增加后维持原样，那不远的将来的消费量就一定会对应上升。……我所说的未来消费中的未来，不是指10年、20年或50年以后，而是指最靠近现在的未来。……如果因为节约而小心动机，所以人们现在要多储蓄，那么他们一定会愿意在将来多消费……不管在生产过程的哪一点，只要和经济原则相吻合，能派上用场的资本数量，用来供应当前消费所要求的都不多。……很显然，我一个人的节俭，不会对社会整体的节俭造成影响，而只会对这个整体节俭中的某一部分进行决定，是由我，还是由他人来实行。今后，我们还要指出，社会上一部分推行节俭之道，是如何强迫别人收入小于支出的。……很多现代经济学家都不承认消费可能会出现不足的现象，我们可以找到一种可以让社会出现这种问题的经济力量吗？如果真的可以找到，那么商业机构还会加以阻拦吗？下面要指明：首先，在所有高度组织化的工业社会中，总会有一种力量推动过度节俭；其次，通常认为商业机构可以采取的阻碍之道，也许根本没有作用，或者不会对这种严重后果起到预防作用。……李嘉图用来对马尔萨斯和蔡尔莫斯（Chalmers）二氏的论证，言简意赅，可是之后的经济学家，好像都认可这个学说，并觉得论述得很详细。李嘉图说："购买产物，不外乎用产物和劳役，货币只是交易的媒介。所以当生产增加时，购买能力和消费能力也会对应上升，所以不可能存在生产过度。"（李嘉图：《经济学原理》，第 362 页）

霍布森和穆莫里都清楚，除了作为通过货币来支付的费用以外，利率并不具备其他意义。反对者会说："利率（或利润）会下降到足对储蓄产生遏制的程度，使生产和消费之间恢复正常关系。"二氏在作答时，说："假如利润降低。可以诱导人们少储蓄，那么这种方法不外乎这样两个途径：一是诱导人们多消费，或者诱导人们少生产。"而第一条途径，二人觉得随着利润的下降，社会的总收入也会下降，"我们找不到理由说：当平均收入正处于下降阶段时，由于节俭能够得到的回报也在下降的过程中，所以人们会加大消费"。而对于第二种途径，二人说："我们一直都承认，如果供给过度，利润下降，那么生产就会受到阻碍。相反，承认存在这种阻碍，是我们论据的核心。"

可是因为二人还没有建立自己的利率理论，所以他们的理论还有待完善，所以霍布森（特别在他以后的著作中）难免过于关注消费不足所带来的投资过度（意指投资没有利润可图），而没有对消费倾向过于薄弱时所带来的失业进行说明，因为消费倾向过于薄弱话，需要充裕的新投资量才能弥补，而却得不到。当然，有时因为盲目的过于乐观，所以这种大小的新投资量也还是存在的。可是通常情况下，因为利率规定了一个水平，而利润比利率低，所以根本不会出现这种投资量。

"大战"以后，不断出现消费不足之说，其中最有名的要属道格拉斯（Douglas）少校之说。当然，道格拉斯少校之说之所以有影响，基本上还是由于对于他所提出的批评，正统学派无法给出解答。可是另一方面，他的细致诊断，特别有所谓 A＋B 定理，包括了很多虚幻的东西。如果道格拉斯少校的 B 项，只把雇主所提出的折旧准备金包括进去了，而现在还没有进一步完善，那么所言倒还是有道理的。可是即便这样解释，我们还需要顾及：其他方面的新投资和消费支出的上升，可以抵消这种折旧准备金。道格拉斯少校比正统学派略胜一筹之处在于，最起码他没有彻底漏掉当代经济体系的主要问题，可是他不能和孟迪维尔、马尔萨斯、盖赛尔、霍布森等相媲美，——在勇敢的异端军中，他只能算是一个小兵，而不是少校。后面这几个人，甘愿只通过直觉窥探真理，也绝不认可错误的说法。而道格拉斯少校的那种来自简单逻辑推理的错误说法尽管清晰明白，虽然前后相呼应，可是却是以违背事实为基础的。

第二十四章
结语：略论"通论"可以引起的社会哲学

I

我们所赖以生存的经济社会，其最明显的不足之处就在于，不能提供充分就业，财富和收入的分配不太公正。从本书的理论中，可清楚地瞥见第一种缺点的影响，可是它在两个重要的方面也和第二种缺点有关。

19 世纪末期以来，所得税、超额所得税、遗产税等直接税，在去除财富和收入差距过大方面已有了很大的进步，特别是在英国。很多人都愿意再往前推进这种办法，可是因为两种担心，而不免畏首畏尾：当然一部分是因为担心会因此助长人们有意偷税漏税的风气，也担心因此会让人们潜在的承担风险的动机下降。可是最主要的原因还是人们相信：资本的生长取决于个人储蓄有多强烈的愿望，大部分资本的增加来源于富人过剩收入中的储蓄。我所提出的论据并不对第一种担心造成影响，可是应该会对第二种忧虑带来影响。我们清楚，在实现充分就业以前，资本的生长并不取决于消费倾向的低下，相反，会因为低下的消费倾向而受到阻碍。只有在充分就业的情况下，消费倾向低下才会对资本生长有利。而且，从经验中，我们得知，在如今这种局面下，各公私机关通过偿债基金的方式进行储蓄已经大有余裕，所以如果现在采取方案，对收入进行重新分配，以达到把消费倾向提高的目的，那么可能会有利于资本的生长。

现在还有一种理念很盛行，觉得遗产税会减少一国的资本财富，这正好可以用来解释，对于这些问题，公众依然不甚了解。现在假设国家把遗产税税收用于平常支出，因为它会对所税和消费税起到减免的作用，那么在这种财政政策下，虽然高额遗产税可以起到增加社会消费货币的作用。可是因为消费倾向持续上升时，在一般情况下（也就是排除充分就业的情况），会同时增加投资引诱，所以一般推断和真理是完全反过来的。

所以我们可以得出结论：在如今的形势下，财富的生长不仅不得益于富人的节约（像一般所设想的那样），相反，也许还会受到这种节约的阻碍。所以，给社会财富悬殊极大的现象进行辩护的一个主要理由就站不住脚了。我并不是说，再没有其他理由可以在某种情况下，给某种程度上的财富不均进行申辩，而不被上面的理论所影响。可是我们的理论，确实把从前之所以不敢大胆行动的最重要的理由去除了。特别会影响到我们对遗产税的态度，因为有很多可以给收入不均进行辩护的理由却不适用于遗产的不平等。

从我本人角度来说，我相信确实存在社会的和心理的缘由，可以给财富和收入的不均进行辩护，可是像如今一样，不均得如此严重，那就找不到辩护的理由了。人类很多有意义的活动，一定要具备发财这个企图才行，也需要私有财产这个环境，才能发挥最大的效用。而且，因为存在发财机会和私有财产的存在，人类很多不安全的个性也许会变成粗暴、让所有都给个人权势开道，或其他形式的妄自尊大。我们宁愿让一个人做他银行存款的暴君，也不愿他去残害同胞。当然，有人要说，后者要采取前者的方式，可是最起码有时前者也可以取代后者。可是要对这些活动进行激励，要对这些性格予以满足，赌注不需要像现在这么大。即便大量减少赌注，只要进行这个游戏的人都习惯于小赌，依然可以实现目标。我们不要混淆了改变人性和管理人性。在一个理想社会中，人们可以受到教育、感化、环境等的影响，对赌注一点兴趣都没有，可是如果一般人或社会上大部分都强烈想要发财，那么在遵守规定和限制的前提下，允许存在这种发财的游戏，也许才是英明果敢的政治家的风格。

II

可是从我们的论证中，我们还可以总结出第二个更重要的推论，关系到财富不均的前景，那就是利率论。截止到现在，人们之所以觉得有必要保证相当高的利率，就是因为觉得一定要这样，储蓄的诱惑力才足够充分。可是我们在前面说过，有效储蓄的数量取决于投资数量，而在充分就业限度内，激励投资者就是把利率压低。所以我们不妨以资本的边际效率表为参考，把利率下降到可以实现充分就业的那个点。

毋庸置疑，以这个标准规定的利率，肯定要远低于现行利率。当资本数量慢慢上升时，资本的边际效率表也要下降，如果低利率多少有利于维持充分就业，那么利率也许还要坚定地朝下走才行，除非社会全体（包括国家在内）的消费倾向会发生比较大的变化。

我相信资本的需求规定很严格，这就是说，资本数量很容易就增加到使其边际效率下降到很低的那个点。这并不是说，使用资本品可以不付出任何代价，而是说，从资本品取得的收益，除了用于弥补折旧费用，余下的也只能用于偿付风险、技能和决策的运用的费用。总的来说，耐久性资产在其整个使用过程中所产生的总收益，就如同只能短暂使用的商品一样，只能对劳力成本、一些风险成本和实行技能和管理等必须付出的代价进行弥补。

这种情况非常符合某种程度的个人主义，可是坐收利息这个阶级（rentiers）确实会慢慢消亡，资本家也慢慢不能再以资本的稀少性来扩大其压力。在如今的局面下，利息和地租的性质是一样的，并不是真正牺牲的报酬。资本的所有者就是因为资本稀少，所以才得到利息，就好像地主是因为土地稀少，所以才得到地租一样。可是土地稀少还有其他真正的原因，而资本稀少却没有。在很长一段时间中，根本不存在什么资本稀少的必要理由。这里所说的理由，是指一种真正牺牲，假如没有利息作为回报，那么这种牺牲就没有人愿意承担。比如说，如果资本数量还不算丰富，而私人的消费倾向又准备把充分就业下的所有收入都用于消费，完全不进行一丁点儿储蓄，那么资本稀少就找到了真正的理由。可是即便是这种情况，还可以借由国家之手，来开办集体储蓄，保持储蓄在一定水平上，使资本数量持续上升，直到它不再有稀少性。

所以我觉得，资本主义中坐收利息阶级的存在，只是一种过渡现象，等到其任务结束时就会消亡。坐收利息阶级一旦不存在了，资本主义就会得到很大的改善。我的观点还有一个很大的好处：坐收利息阶级和一点意义都没有的投资者的自然消亡，并不是突然发生的，而只是延长了近来在英国可以看到的现象，所以不需要改革。

所以在实施新政时，最好确定两个目标：一是增加资本数量，使得资本达到不再有稀少性的程度，毫无价值的投资者就不能再坐收利益了。二是成立一个直接税体系，使得理财家、雇主和像这样的人物的智慧、决定、行政技能等，在得到合理回报的情况下服务于社会。这些人都对本行有很大的兴趣，所以即便回报远低于现在，他们依然愿意服务。上面两个目标并没有什么难以操作的地方。

而国家（公共意志的代表人）应该在什么范围内，想办法增加并补充投资引诱；应该在什么范围内激励一般人的消费倾向，而且又可以在一两百年内使得资本不再稀少，那么只能取决于经验。或许，当利率下降时，消费倾向的增强很容易，所以在充分就业的情况下，资本的累积速度不会大于现在。如果是这样的话，那么对于大笔收入和大笔遗产征收更高的税，或者还会受到批评。也就是通过这个政策实现充分就业时，资本的累积速度要远小于现在。请不要觉得我否认这种结果的可能性，或否认这种结果的出现有很大的可能。在这些问题上，如果对普通人在不一样的环境中会有什么样的反应进行推断，难免太过于武断。可是，要是接近充分就业很容易，而且资本的累积速率又远大于现在，尽管不是很大，可最起码把当代一个重要问题解决了。而在什么样的范围内，采取什么样的方式，可以要求本世代人给后人创造一个充分投资的环境，而且又符合情理，那又是另一个问题了，需要另行处理。

III

上述理论在其他几方面的意义倒是挺传统的。当然，有几件事情，现在由私人来掌控，将来会由国家统一管理，可是还有很多活动没有受到影响，国家必须采取对租税体系进行改变、对利率进行规定，以及其他方法，来对消费倾向进行指引。此外，单凭银行政策本身来对利率产生影响，好像还不能达到最合适的投资量。所以我觉得，要实现最靠近充分就业的状态，仅有的一个办法，就是由社会来统一管理投资这件事情，可是这也不是一点妥协折中的余地都没有的，还有很多办法，可以使国家的权威和私人的主动性相互结合。此外，好像没有多么充分的理由要实行国家社会主义，使政府权限涵盖社会上大多数经济生活。最关键的倒不是生产工具归国家所有，只要国家可以扮演决策者的作用：（a）资源用来使生产工具增加的量应该很多，（b）拥有这种资源的人，其基本回报也应该很多，那么国家才算履行好了其职责。而且，实行社会化的各种必需环节，也可以逐步引入，不需要把社会上的一般传统破坏掉。

我们批评经典学派理论，倒不在于找出其分析有什么逻辑上的问题，而在于找出该理论所依据的几个暗中假设极少或根本没有得到满足，所以在对实际问题进行解决时，是不能采用这个理论的。可是如果管理以后，总产量和充分就业下的产量没有太大的差距，那么从这一点开始，经典学派的理论还是没有问题的。现在假设产量既定，也就是说，如果产量多少的决定性因素，在经典学派的思想体系中找不到，那么经典学派所进行的分析，比如说个人为了得到个人利益，而对生产的物品、采取什么样的方法（也就是哪种生产原素要用到多大的比例）生产，以及怎样把最终的产物价值在各生产原素间进行分配等等，依然没有问题。再者，尽管我们看待节俭这个问题有不同的看法，可是对于现代经典学派所说，在充分竞争和不充分竞争两种情况下，公益和私利二者平行不悖的程度怎么样，也没有什么好批评的。所以除了消费倾向和投资引诱二者，控制权必须在中央，以方便二者相互融合以外，实在找不出原因，要使经济生活的社会化程度高于从前。

更具体地对这一点进行表述就是：从已就业的生产原素的角度来说，我认为找不出任何理由，可以说现有经济体系对生产原素的使用大多不恰当。当然，预测难免出现问题，即便是处于中央统一管理之下也是无法规避的。如果有 1000 万人愿意而且能够工作，其中得到工作的有 900 万人，我们没有证据说这 900 万人的劳力使用不恰当。我们之所以质疑现行经济制度，倒不是因为这 900 万人应该去干别的工作，而是剩下的这 100 万人也应该就业。现行制度的不足之处就在于实际就业者的数量，而不在于实际就业者在哪里就业。

所以，对于盖赛尔之说，我是赞同的。要对经典学派理论的不足之处进行弥补，不在于全盘抹杀"曼彻斯特体系"（Manchester System），而在于指出必须具备什么样的环境，自由使用经济力量，才能最大限度发挥生产潜力。当然，为了保证充分就业所一定要有的中央管制，原有的政府机能已经扩大了很多。近代经典学派也曾经吸引过大家的目光，在几种情况下，经济力量不能自由运行，必须在政府的管束或指引下，可是私人依然可以负责一大块地方，由私人的主动性来推动。在这片区域内，还是可以找到个人主义的传统优点。

让我们暂停一下，先回顾一下都有哪些优点。一部分当然是效率高，这是管理分散和追求个人利益的优势。决策分散以及个人对效率进行负责的好处，也许大于 19 世纪的设想，而当代反对借助和采用利己心的意见好像有点过分。此外，如果可以去除坏处，那么个人主义就可以最大限度上保障个人自由。这就是说，在个人主义之下，个人选择权的行使范围，要远大于在任何其他经济体系下。而且，个人主义又可以最好地保证生活的丰富，因为生活的丰富就来源于个人的广阔选择，而集权国家最大的损失，就是失去了这种丰富的、多样化的生活。假如生活具有多样性，那么不仅可以保持传统，效法古人，又可以发挥自己的想象力，独辟蹊径，让现有生活更加富有色彩。生活方式就会受到传统、想象、实验三者的支持，当然改善起来要容易得多。

政府机能必须扩大，才能让消费倾向和投资引诱相适应，这对于 19 世纪的政论家来说，或者对于当代美国理财家来说，是极大地冒犯了个人主义。可是我极力拥护它，觉得这是仅有的一个可以操作的办法，可以防止现行经济形态的毁灭，又是让私人积极性适当运用的前提。

所以，假设有效需求欠缺，那么不仅浪费资源会是公众难以接受的耻辱，而且如果私人企业家想动用这些资源，也必然会遇到多重危险。企业这种赌博有很多数值为零的筹码，假如赌徒们有精力，心存希冀，玩遍所有纸牌，那么赌徒全体的结果是输的。截止到现在，世界上财富的增加量，总比个人正储蓄（positive individual savings）的总数要少，二者之所以存在差距，就是因为有人尽管有胆识，有策动力，可是不走运，技术也不高超，所以赔本了。赔本的数额刚好和二者的差额相等。可是如果有效需求充足，那么技术和运气只要中平就行了。

现在的极权国家好像把失业问题解决了，可是是以效率和自由为代价的。有一点毫无疑问，那就是世界上不可能一直对失业现象进行忍受，而我觉得，除了短暂的兴奋期以外，失业现象和现在的资本主义式的个人主义密不可分。可是科学分析问题以后，可能可以把病治好了，还可以保留效率和自由。

IV

我偶尔提过，这种新体系可能比旧体系更对和平有利。这一点有必要再重申一遍，着重说明。

战争的发生有各种各样的原因，独裁者这样的人觉得把人民争强好斗之心利用起来，发动战争特别容易。而且独裁者觉得，战争——最起码在预期中是这样——是一件激动的事情。可是争强好斗之心，只会让独裁者极易把群众的热情带动起来。此外，还有经济方面的原因，也就是人口上的重负和相互抢夺市场。在19世纪的战争中，第二种因素也许占据主导地位，将来也许还是这样，所以需要在这里讨论一下。

我在前面一章中指出，假如19世纪下半期的正统办法派上用场，对外实行金本位，对内实行开放式政策，那么就只会出现抢夺市场的局面，政府根本没有什么好办法可以减轻国内的经济重担。因为在该种体系下，可以对长期的，或断断续续的就业量不足现象进行解决的各种办法都无法用，除了一个，那就是对国际往来账上的贸易差额进行改善。

所以经济学家尽管一直对国际体系进行称颂，觉得不仅可以享受国际分工所带来的好处，还可以对各国的利益进行协调，可是在这种体系中，确实存在着不和睦的势力。有些政治家相信，如果一个一直以来富裕的国家不注重抢夺市场，那么其繁荣也维持不了多久。这些人倒是有常识，科学认清了事实。可是如果各国可以采取国内政策提供充分就业，还可以维持人口趋势方面的平衡，那么就不会出现什么重大经济力量，使各国利害冲突。在这种情况下，还存在合理的国际分工和国际借贷的空间，可是已经不想急切地对外宣传本国产品，或不接受外国商品了。之前之所以发生这样的行为，倒不是因为一定要保证收支平衡，而是因为有意要让收支不平衡，造成对自己有利的贸易差额。国际贸易的性质也会和现在不一样；国际贸易不再是一种危险重重的办法，因为要保持国内就业量，因此必须对进口进行限制，尽可能向国外宣传本国产品，即便这种办法取得了成功，也只是让邻国承担失业问题，让邻国的情况更加糟糕。不，国际贸易将大变样，将在互惠的前提下，各国愿意自由地交换商品和劳役。

V

期待实现这种思想，会不会只是一种想象呢？这种思想会不会受到人们的欢迎，变成社会演变的驱动力呢？这种思想所压制的利益，会不会强于所要服务的利益呢？

我不想在这里做出解答。而应该采用什么样的办法才能慢慢实践这些思想，就算只是写出大纲，也必须再重新写一本书。可是假设这种思想是正确的（作者本人一定要进行这样的假设，才能写下去），那么我现在敢预测，说这种思想将来不会发挥多大的作用肯定是不对的。在如今这个时候，人们都希望有一个最根本的论断，并乐于接受这个论断，而且只要说得合情合理，就很愿意去试试。即便抛开这些当代情绪，经济学家和政治哲学家的思想的力量之大，通常超乎人们的想象。实际上统治世界的，就是这些思想。很多实践家自以为跳脱了很多学理，可是却通常是某个已故经济学家的奴仆。狂人当政，自以为受到了上天的启发，实际上是来源于狂想，是来源于很多年以前的某个学者。我非常确定，既得利益的势力难免被夸大了，事实上它根本比不上思想缓慢的侵蚀力。这当然不是指现在，而是指历经一段岁月以后。原因是，在经济哲学和政治哲学这方面，一个人的年龄到了 25 岁或 30 岁以后，极少再认可新说，所以公务员、政客，甚至鼓动家在当前时局加以运用的各种理论通常不是最接近的。可是早早晚晚，不管好坏，危险的都是思想，而不是既得权益。